海南省高等学校科学研究项目（Hjjg2013-09）
海南省中西部高校提升综合实力工作资金项目
海南省委宣传部和海南大学共建马克思主义学院项目
海南大学教育教学研究项目（Hdjy1218）

张云阁 ◎ 主编

普罗米修斯的自白
——马克思哲学思想研究

"跨越卡夫丁峡谷思想"研究

马克思的共同体思想研究

马克思的唯物史观

意识形态批判

宗教批判

人学研究

实践观

中国社会科学出版社

图书在版编目(CIP)数据

普罗米修斯的自白：马克思哲学思想研究／张云阁主编．—北京：中国社会科学出版社，2016.6
ISBN 978-7-5161-9491-1

Ⅰ.①普… Ⅱ.①张… Ⅲ.①马克思主义哲学-研究 Ⅳ.①B0-0

中国版本图书馆 CIP 数据核字(2016)第 308815 号

出 版 人	赵剑英
责任编辑	任　明
特约编辑	芮　信
责任校对	石春梅
责任印制	李寡寡

出　　版	中国社会科学出版社
社　　址	北京鼓楼西大街甲 158 号
邮　　编	100720
网　　址	http://www.csspw.cn
发 行 部	010-84083685
门 市 部	010-84029450
经　　销	新华书店及其他书店

印刷装订	北京市兴怀印刷厂
版　　次	2016 年 6 月第 1 版
印　　次	2016 年 6 月第 1 次印刷

开　　本	710×1000　1/16
印　　张	19.5
插　　页	2
字　　数	322 千字
定　　价	85.00 元

凡购买中国社会科学出版社图书，如有质量问题请与本社营销中心联系调换
电话：010-84083683
版权所有　侵权必究

目 录

第一章 历史唯物主义的澄明之境
　　——《德意志意识形态》第一章的研究 …………………（1）
　一 "感性活动"："抽象的个人"向"现实的个人"过渡的
　　　桥梁 ………………………………………………………（1）
　二 "现实的生活生产"："编写"历史的"尺度" ……………（11）
　三 "按照美的规律来构造"：历史发展"有目的的意志" ……（22）
　参考文献 ………………………………………………………（33）

第二章 唯物史观生成论研究 …………………………………（36）
　一 绪论 ………………………………………………………（36）
　二 继承中的扬弃：对前马克思唯心史观的分析 ……………（43）
　三 黑暗中的摸索：从《青年在选择职业时的考虑》到
　　　《莱茵报》 …………………………………………………（45）
　四 迷惑中的前进：从《论犹太人问题》到《神圣家族》 ……（49）
　五 唯物史观的诞生地：《德意志意识形态》 ………………（54）
　参考文献 ………………………………………………………（60）

第三章 马克思主义实践观研究 ………………………………（64）
　一 导论 ………………………………………………………（64）
　二 马克思主义实践观的历史发展脉络 ………………………（69）
　三 实践："类生命"存在方式 …………………………………（75）
　四 实践：超越本体论思维方式的新的思维方式 ……………（79）
　五 实践：开启"历史之谜"的钥匙 …………………………（89）
　六 马克思主义实践观的当代回响 ……………………………（95）
　参考文献 ………………………………………………………（98）

第四章 马克思意识形态批判理论的实践维度
——马克思早期思想研究 (101)
- 一 实践：马克思意识形态批判理论的逻辑起点 (101)
- 二 实践：马克思意识形态批判理论的"批判的武器" (110)
- 三 实践：追寻马克思意识形态批判理论当代价值的根源 (130)
- 参考文献 (134)

第五章 马克思宗教批判思想研究 (138)
- 一 马克思唯物主义无神论思想的历史生成 (138)
- 二 "世俗基础的自我分裂"：宗教产生的根源 (148)
- 三 "外衣"与"帮凶"：宗教的社会作用 (151)
- 四 "虚幻的太阳"：宗教的本质体现 (154)
- 五 "两个只有"：宗教消亡的前提条件 (161)
- 参考文献 (166)

第六章 马克思人学思想生成论研究 (171)
- 一 理性的人：马克思人学思想的出场路径 (171)
- 二 异化的人：马克思人学思想的推进路径 (177)
- 三 自由而全面发展的人：马克思人学思想的理论旨归 (184)
- 四 马克思人学思想的当代发展 (193)
- 参考文献 (201)

第七章 马克思人的本质论研究 (205)
- 一 马克思人的本质论的历史溯源 (206)
- 二 马克思人的本质论的演化轨迹 (212)
- 三 马克思人的本质论的全景展示 (220)
- 四 马克思人的本质论的终极指向 (230)
- 结语 (236)
- 参考文献 (236)

第八章 马克思主义整体性的人学维度
——马克思与黑格尔、费尔巴哈思想比较分析 (240)
一 感性活动的人：马克思主义的出场路径 (240)
二 人的异化劳动：马克思主义的批判重心 (247)
三 人类社会和社会化的人类：马克思主义的立足基础 (255)
四 人的全面而自由的发展：马克思主义的理论旨归 (262)
参考文献 (270)

第九章 马克思"跨越卡夫丁峡谷"思想研究 (274)
一 绪论 (274)
二 马克思"跨越论"思想的由来 (277)
三 马克思"跨越论"思想的深度解析 (284)
四 中国跨越"卡夫丁峡谷"的理论与实践 (295)
参考文献 (303)

后记 (305)

第一章

历史唯物主义的澄明之境

——《德意志意识形态》第一章的研究

摘　要：本文以《德意志意识形态》第一章为研究对象，以整体性和全面性的人的生成是历史唯物主义作为新世界观变革的一个重要维度这一思想统领全文，以《德意志意识形态》第一章为文本依据，紧紧围绕"人"这个核心问题进行分析阐释，通过对"感性活动"、"现实的生活生产"、"历史发展中意识的作用"的具体而系统地剖析，进而澄明由马克思开启新世界观变革即历史唯物主义中整体性和全面性的人的生成。

关键词：历史唯物主义；《德意志意识形态》第一章；感性活动；澄明之境

传统阐释路线强调历史唯物主义中人的物质性因素，忽视人的主观能动性和历史的主体性因素，西方马克思主义强调历史唯物主义中人的主体性因素，忽视人的物质性因素。从而，马克思在历史唯物主义中呈现的一个完整的、全面的、活生生的、具体的人被遮蔽了，"现实的个人"变成了一个被肢解了的抽象的人。实践问题和理论问题促使我们要重视《德意志意识形态》的作用，笔者从现有的文本出发，重新阐释马克思《德意志意识形态》的费尔巴哈章，澄明由马克思开启的新世界观变革即历史唯物主义中整体性和全面性的人的生成，彰显历史唯物主义变革的当代意义。

一　"感性活动"："抽象的个人"向"现实的个人"过渡的桥梁

德尔斐神庙"认识你自己"的神谕，在西方哲学体系里，又被表述为著名的斯芬克斯之谜，这是一个自人类有史以来最难解答的一个人生哲学命题。但西方哲学始终没有给予斯芬克斯之谜以科学的解答，直到马克思和恩格斯创立了历史唯物主义。本文走入马克思和恩格斯所创造的历史唯物主义的澄明之境——《德意志意识形态》第一章，也就是通过重新阅读《德意志意识形态》第一章来解蔽传统阐释路线和西方马克思主义对历史唯物主义的遮蔽，澄明历史唯物主义的本来面目。当然本文重点研究《德意志意识形态》第一章，这并不代表笔者排斥马克思和恩格斯的其他著作，相反为了说明问题，在必要的情况下也会引用马克思和恩格斯的其他著作来印证。

（一）"感性活动"：历史唯物主义的逻辑起点

由于黑格尔是近代哲学的完成者，并且"黑格尔哲学……是形而上学之一切"①，因此马克思对黑格尔的超越也就是对整个近代哲学的超越，对全部形而上学的终结。马克思是通过扬弃费尔巴哈的"感性存在"和对黑格尔"纯存在"的批判来终结整个西方传统哲学，进而创立自己的"感性活动"哲学。换而言之，"感性活动"是历史唯物主义的逻辑起点。

西方哲学史上对斯芬克斯之谜的解答是和哲学的重大基本问题密切相关的，对哲学的重大基本问题的回答不同，对斯芬克斯之谜的解答也就不同，因此在这个被黑格尔誉为"堆满死人的头盖骨的战场"上，对斯芬克斯之谜的解答和西方哲学史上的派别一样多。恩格斯在《路德维希·费尔巴哈和德国古典哲学的终结》中总结整个西方哲学史："全部哲学，特别是近代哲学的重大的基本问题，是思维和存在的关系问题"②，"哲学家依照他们如何回答这个问题而分成了两大阵营。凡是断定精神对自然界来说是本原的，从而归根到底承认某种创世说的人（而创世说在哲学家那里，例如在黑格尔那里，往往比在基督教那里还要繁杂和荒唐得多），组成唯心主义阵营。凡是认为自然界是本原的，则属于唯物主义的各种学派"③。制造马克思和恩格斯分裂的人总是拿这句话当作恩格斯的病垢来进行批判，其实恩格斯重点不是表述自身，而是在总结过去。"从费尔巴哈的抽象的人转到现实的、活生生的人，就必须把这些人作为在历史中行

---

① 吴晓明：《形而上学的没落》，人民出版社2006年版，第4页。
② 《马克思恩格斯选集》第4卷，人民出版社1995年版，第223页。
③ 同上书，第224页。

动的人去考察"①，恩格斯实际上已经看到，西方传统哲学的阿基琉斯之踵是它寻求一切现实世界背后的"终极存在"的解释，实际上，不管这个"终极存在"是"精神"还是"物质"，都是一种脱离现实世界的抽象本体，从这种抽象的本体是无法认识现实世界的。

黑格尔把世界的本源归结为"纯存在"，其实"纯存在"本身就规定了黑格尔哲学的唯心主义性质，因为"纯存在"本身就蕴含着"绝对精神"，"绝对精神"也就是"纯存在"的展开。黑格尔认为思维和存在统一于绝对精神，绝对精神是一独立主体，是万事万物的本原与基础，通过自然、社会和思维体现出来的绝对精神，揭示它的发展过程及其规律性，实际上是在探讨思维与存在的辩证关系，在唯心主义基础上揭示二者的辩证统一。在黑格尔看来，人类思维运动的逻辑是人类思维所自觉到的"思维和存在"所服从的统一规律体系。黑格尔用"想象的主体的想象活动"化解了思维和存在之间的矛盾，只不过这个矛盾是在思维的领域解决的。思存关系并没有得到根本解决，斯芬克斯仍然是一个未解之谜。

费尔巴哈不满于黑格尔对客体的唯心主义理解，提出用感性来规定客观事物，用感性存在批判观念存在，把人提到哲学研究的中心地位，这是一个正确的路向。费尔巴哈认为，黑格尔哲学的根本问题在于颠倒了存在与思维的关系，因此现在的任务就是要把黑格尔颠倒了的关系再颠倒过来。"在黑格尔看来，思维就是存在，思维是主体，存在是宾词"，其实思维与存在的真正关系应该颠倒过来——"存在是主体，思维是宾词。思维是从存在而来的，然而存在并不来自思维"②。既然思维来自于存在，那么，哲学的构建也就必须从感性存在开始，而不是像思辨哲学那样从抽象思维开始。更重要的是费尔巴哈认为哲学只有"一心一意转向现实的人"③，思存关系的问题才能解决，也就是说"思维与存在的统一，只有在将人理解为这个统一的基础和主体的时候，才有意义，才有真理"④。思维是感性基础上的人的思维，没有在人以外的独立的思维，如果没有感性，就永远找不到一条走向客体、走向存在的道路。费尔巴哈认为，"人

---

① 《马克思恩格斯选集》第4卷，人民出版社1995年版，第241页。
② 《费尔巴哈哲学著作选集》上卷，三联书店1959年版，第114—115页。
③ 同上书，第97页。
④ 同上书，第181页。

的本质是感性","感性不是别的,正是物质的东西和精神的东西的真实的、非臆造的、现实存在的统一"①,人是思维与存在统一的基础,人是最现实的、真正实在的存在,是有血有肉的人,不是男人就是女人,人的存在只能归功于感性;人是肉体和灵魂相统一的感性存在。费尔巴哈将"感性存在"作为他哲学的逻辑起点,试图借助人把一切超自然的东西归结于自然,再借助于自然,把一切超人的东西归结于人,从而最终实现主观与客观、思维与存在、自然世界和属人世界的真正统一。

但这在马克思看来"费尔巴哈比'纯粹的'唯物主义者有很大的优点:他承认人也是'感性对象'。但是,他把人只看作是'感性对象',而不是'感性活动',因为他在这里也仍然停留在理论的领域内,没有从人们现有的社会联系,从那些使人们成为现在这种样子的周围生活条件来观察人们——这一点且不说,他还从来没有看到现实存在着的、活动的人,而是停留于抽象的'人',并且仅仅限于在感情范围内承认'现实的、单个的、肉体的人',也就是说,除了爱与友情,而且是观念化了的爱与友情以外,他不知道'人与人之间'还有什么其他的'人的关系'"②。这段话是对费尔巴哈中肯的评价,更深刻地是指出了他的"感性"概念的重大缺陷,即没有从现实的历史活动出发去考察"感性",也没有看到从事现实历史活动的"人"。这样,费尔巴哈的所谓"感性"也就成了抽象的、空洞的感性。这样的感性只是徒有其名的抽象,因而也就不可能在此基础上建立起任何的感性确定性。虽然这将哲学从天上拉回到了地上,从虚无缥缈的彼岸世界降到有血有肉、有情有欲的现实人间,实现了人的现实化并恢复了唯物主义的传统,但是"感性存在"依然是一个抽象的东西,在恩格斯看来,费尔巴哈"紧紧地抓住自然界和人;但是,在他那里,自然界和人都只是空话。无论关于现实的自然界或关于现实的人,他都不能对我们说出任何确定的东西。但是,要从费尔巴哈的抽象的人转到现实的、活生生的人,就必须把这些人作为在历史中行动的人去考察"③。

"费尔巴哈没有走的一步,必定会有人走的",马克思是揭开斯芬克

---

① 《费尔巴哈哲学著作选集》下卷,三联书店1962年版,第514页。
② 《马克思恩格斯选集》第1卷,人民出版社1995年版,第77—78页。
③ 《马克思恩格斯选集》第4卷,人民出版社1995年版,第240—241页。

斯之谜的那个真正的俄狄浦斯,"对抽象的人的崇拜,即费尔巴哈的新宗教的核心,必定会由关于现实的人及其历史发展的科学来代替"①。马克思把"对象、现实、感性"看成"感性活动",即一种能动的活动,并把它当作物质与精神、思维与存在统一的基础,作为新唯物主义即历史唯物主义的起点。在马克思之前,斯芬克斯之谜之所以没有得到科学的解答,是因为西方传统的哲学家都仅仅把这个任务当作理论任务,而没有看作实践的问题,他们不是把实践当作"卑污的犹太人的表现形式"加以鄙视,就是把实践看成是理论实践,认为实践就是思想的改造。相反,在马克思看来"人的思维是否具有客观的真理性,这不是一个理论的问题,而是一个实践的问题。人应该在实践中证明自己思维的真理性,即自己思维的现实性和力量,自己思维的此岸性。关于思维——离开实践的思维——的现实性或非现实性的争论,是一个纯粹经院哲学的问题"②。将"感性活动"作为历史唯物主义的逻辑出发点,马克思就为人们提供了一个从人自身的活动去理解人的本质特性,从而把人理解为富于自身创造力的活生生的现实的人。人是自己劳动创造的产物,人的本质就在生产实践之中。因此只有把"对象、现实、感性"看成"感性活动""并合理地理解为革命的实践",才能最终实现主观与客观、思维与存在、自然世界和属人世界的真正统一。马克思"感性活动"理论的确立,不仅使哲学最终摆脱了单纯思辨的传统,开始从人的实践活动出发,来观察事物、现实和感性,使唯物主义的世界观在历史领域得到了科学的诠释;而且"感性活动"理论的确立,奠定了马克思主义哲学理论的基石,建构了历史唯物主义逻辑体系的真实起点。

(二)"感性活动":"现实的个人"存在的根本方式

如前所述,在西方哲学史上,哲学家对斯芬克斯之谜的解答众说纷纭。在康德那里人是先验的自我和经验的自我的统一,在黑格尔那里人的本质是自我意识或抽象的精神劳动;与前两者不同,费尔巴哈则把人仅仅看成是"感性存在"。不管是哪种解释,"德国的批判,直至它最近所作的种种努力,都没有离开过哲学的基地。这个批判虽然没有研究过自己的

---

① 《马克思恩格斯选集》第4卷,人民出版社1995年版,第241页。
② 《马克思恩格斯选集》第1卷,人民出版社1995年版,第55页。

一般哲学前提，但是它谈到的全部问题终究是在一定的哲学体系即黑格尔体系的基地上产生的。不仅是它的回答，而且连它所提出的问题本身，都包含着神秘主义"①。之所以问题本身都包含着神秘主义，是因为"这些哲学家没有一个想到要提出关于德国哲学和德国现实之间的联系问题，关于他们所作的批判和他们自身的物质环境之间的联系问题"②。

但在马克思看来：

第一，"现实的个人"是现实世界的主体，"现实的个人"通过"感性活动"作用于现实世界。正是这种"感性活动"使"现实的个人"从动物界中分化出来，成为社会的主体性存在。这是对西方传统哲学将人的理解局限于抽象思辨所作的根本否定，同时又是阐述历史唯物主义的起点。哲学历来把人与自然的关系作为研究的主题，并随着时代的变化不断变换其理论形态。事实上，哲学所面对的问题即人与全部自然界的矛盾的本质是人与人化自然的矛盾，即人同自己的活动及其产物的矛盾。这正是哲学主题从"物"向"人"转换的根据所在，也是人渐渐进入哲学，使哲学成为人"在场"的哲学的依据。人不是先验的自我意识，也不是"感性存在"，而是"感性活动"。人生活在世界中，人通过自己的感性活动，和自然融为一体。"现实的个人""通过实践创造对象世界，改造无机界，人证明自己是有意识的类存在物，就是说是这样一种存在物，它把类看作自己的本质，或者说把自身看作类存在物"③。人既受动，又能动，因此，作为对象的主体和作为主体的对象，"现实的个人"在感性活动中建构世界，同时也发展着自身。

第二，"现实的个人"不断通过人的"感性活动"发展自身。现实的人的本质就在于他的感性活动，而费尔巴哈只是"把人只看作是'感性对象'，而不是'感性活动'"，所以费尔巴哈设定"一般人"不是"现实的历史的人"，而只能是"德国人"，即离群索居的个人。在这种情况下，费尔巴哈"不可避免地碰到与他的意识和他的感觉相矛盾的东西"，他"不得不求助于某种二重性的直观"把这二者等同起来，通过求助于爱的哲学来解决这个矛盾。因此马克思饶有风趣地讽刺"甚至连最简单

---

① 《马克思恩格斯选集》第1卷，人民出版社1995年版，第64页。
② 同上书，第66页。
③ 同上书，第46页。

的'感性确定性'的对象也只是由于社会发展、由于工业和商业交往才提供给"费尔巴哈的"感性确定性"感知的。① 在这个意义上马克思是赞同黑格尔的,因为"黑格尔的《现象学》及其最后成果——辩证法,作为推动原则和创造原则的否定性——的伟大之处首先在于,黑格尔把人的自我产生看作一个过程,把对象化看作非对象化,看作外化和这种外化的扬弃;可见,他抓住了劳动的本质,把对象性的人、现实的因而是真正的人理解为他自己的劳动的结果"②。但是与黑格尔"自我精神"的出发点不同,历史唯物主义的"出发点是从事实际活动的人",历史唯物主义的"前提是人",马克思多次强调人的自然存在的优先地位。但是这个人"不是处在某种虚幻的离群索居和固定不变状态中的人,而是处在现实的、可以通过经验观察到的、在一定条件下进行的发展过程中的人"③。于是,虽然"可以根据意识、宗教或随便别的什么来区别人和动物",但是人和动物的本质区别是"感性活动",因为"人们生产自己的生活资料,同时,间接地生产着自己的物质生活本身"④。人之为人,不是在于人有意识,不是在于人是一个纯粹意识的主体,而是在于人通过感性活动发展自身。因此,马克思说"人通过人的劳动而诞生"⑤,恩格斯说"劳动创造了人本身"⑥。

第三,"现实的个人"不断通过"感性活动"创造人的现实。"现实的个人"的"感性活动"首先是物质生产活动,即物质资料的生产和再生产,因为现实的人要在现实的社会中生存和发展,首先就需要衣、食、住以及其他东西,因此"现实的个人"的"感性活动"就是生产满足这些需要的资料,即生产物质生活本身。"现实的个人"在已有的物质生活条件下,进行物质生产和劳动,进而创造新的物质生活条件。在马克思看来:"环境的改变和人的活动或自我改变""一致"⑦,"人创造环境"⑧,

---

① 《马克思恩格斯选集》第 1 卷,人民出版社 1995 年版,第 75—76 页。
② [德] 马克思:《1844 年经济学哲学手稿》,人民出版社 2000 年版,第 101 页。
③ 《马克思恩格斯选集》第 1 卷,人民出版社 1995 年版,第 73 页。
④ 同上书,第 67 页。
⑤ [德] 马克思:《1844 年经济学哲学手稿》,人民出版社 2000 年版,第 92 页。
⑥ 《马克思恩格斯选集》第 4 卷,人民出版社 1995 年版,第 374 页。
⑦ 《马克思恩格斯选集》第 1 卷,人民出版社 1995 年版,第 55 页。
⑧ 同上书,第 92 页。

人自己的活动造就和创造了现实生存的环境，而现实的环境又造就和创造了现实的个人。人的实践性不仅揭示了人与环境的关系，而且使个人的主观世界和客观世界通过实践有机统一起来。"正是在改造对象世界中，人才真正地证明自己是类存在物。这种生产是人的能动的类生活。通过这种生产，自然界才表现为他的作品和他的现实。因此，劳动的对象是人的类生活的对象化：人不仅像在意识中那样在精神上使自己二重化，而且能动地、现实地使自己二重化，从而在他所创造的世界中直观自身。"① 正是在这种自觉的实践活动中创造了人与自然的物质的现实社会环境。

"个人怎样表现自己的生活，他们自己就是怎样。因此，他们是什么样的，这同他们的生产是一致的——既和他们生产什么一致，又和他们怎样生产一致。"② 人通过自己的实践活动，体现自己作为现实的个人的本质。人的实践水平是怎样的，他们创造的世界就会怎样，而他们创造的现实社会是怎样的，他们自己就是怎样的。总之，"感性活动"是"现实的个人"存在的根本方式。

（三）"感性活动"："整个现存的感性世界的基础"

首先使用"感性世界"一词的哲学家是康德，在康德看来感性世界是与自在世界对应的概念，用感性世界来陈述由人类的表象、经验所构成的世界与自在之物的区别，从而确认人类理性的界限。费尔巴哈一定没有理解康德的"感性世界"，他认为"存在是从自身、通过自身而来的——存在只能为存在而产生。存在的根据在它自身中，因为只有存在才是感性、理性、必然性、真理，简言之，存在是一切的一切"③。费尔巴哈把"感性世界"和"自在世界"等同了，于是人类生活于其中的"感性世界"就是以其自身为根据的自在的实体，这也就是马克思所批判的直观的唯物主义的直观性。马克思与康德一样，没有把"感性世界"等同为"自在的世界"，超越了费尔巴哈；更深刻的是马克思把"感性活动"作为"整个现存的感性世界的基础"，超越了把自在之物在人们的心灵中引起的知觉或表象当作感性世界的基础的康德。

---

① 《马克思恩格斯选集》第 1 卷，人民出版社 1995 年版，第 47 页。
② 同上书，第 67—68 页。
③ 《费尔巴哈哲学著作选集》上卷，三联书店 1959 年版，第 115 页。

马克思在其早期著作尤其是《1844年经济学哲学手稿》和《德意志意识形态》中曾使用"人的世界"和"对象世界"等不同的词语来表达"感性世界"的概念。感性世界的范围就是人的感性活动（实践活动）所涉及的人类生活其中的"活生生的现实世界"[①]。用马克思的自己的词语解释这个"感性世界"应该包括"历史的自然和自然的历史"。但是如果要让圣布鲁诺之流理解，必须把"从事实际活动的人"[②]从自然和历史中拿出来。马克思认为"从事实际活动的人"是历史和自然统一的基点，因为人既是一个自然存在同时又是一个历史存在（社会存在）。具体地说来，"整个现存的感性世界"[③]主要包括四大范畴："人的统治之下的自然界"、"从事实际活动的人"、"人类社会或社会的人类"和人的精神世界。简单地说，现实的感性的自然界、社会、思维乃至人本身都是以人的"感性活动"为基础的。

首先，"人再生产整个自然界"[④]。"人的统治之下的自然界"是人的"感性活动"的结果，是"人通过自己的活动按照对自己有用的方式来改变自然物质的形态"[⑤]的成果，因此，由人的"感性活动"生成的自然界才是真正现实的属人的自然界。"被抽象地理解的，自为的，被确定为与人分离开来的自然界，对人来说也是无"[⑥]，也就是说人类还不能掌握的自然界对人类来说是没有意义的，因此只有"人的统治之下的自然界"才是人的自然界。但这并不代表马克思否认自然界的优先地位，相反他认为："没有自然界，没有感性的外部世界，工人什么也不能创造。它是工人的劳动得以实现、工人的劳动在其中活动、工人的劳动从中生产出和借以生产出自己的产品的材料"[⑦]，因此"在实践上……自然界……是人的无机的身体"[⑧]。尽管在人的感性世界"外部自然界的优先地位仍然会保持着"，但这种"优先性""只有在人被看作是某种与自然界不同的东西

---

① 《马克思恩格斯选集》第4卷，人民出版社1995年版，第240页。
② 《马克思恩格斯选集》第1卷，人民出版社1995年版，第73页。
③ 同上书，第77页。
④ 同上书，第46页。
⑤ 《马克思恩格斯全集》第23卷，人民出版社1972年版，第87页。
⑥ [德] 马克思：《1844年经济学哲学手稿》，人民出版社2000年版，第116页。
⑦ 《马克思恩格斯选集》第1卷，人民出版社1995年版，第42页。
⑧ 同上书，第45页。

时才有意义"①。不理解天然的原始自然界与"人的统治之下的自然界"的区别,甚至混淆它们之间的区别把"人的统治之下的自然界"和天然的原始自然界相等同,也就使自然界变得抽象而不可理解。离开了工人和工人的"感性活动",在整个原始的天然的自然界中,就无所谓有什么"优先地位",人也就只能跟动物一样生产自身,人就不是人而只能是动物的一种。由于"费尔巴哈从来不谈人的世界,而是每次都求救于外部自然界,而且是那个尚未置于人的统治之下的自然界",每当人的"感性活动"导致"一项新的发明,每当工业前进一步,就有一块新的地盘从这个领域划出去",于是马克思讽刺说"用来说明费尔巴哈这类论点的事例借以产生的基地,也就越来越小了"。② 因此,如果仅仅把周围自然界看成不依赖于人的活动的现成存在,就会落入旧哲学的樊篱。

其次,"从事实际活动的人"、"人类社会或社会的人类"和人的精神世界也是人"感性活动"的结果。上面已经论述了"从事实际活动的人"是人"感性活动"的结果这一命题,在这里就不再赘述。"人类社会或社会的人类"和人的精神世界同样也是人"感性活动"的结果。"正像社会本身生产作为人的人一样,社会也是由人生产的"③,整个社会也是"从事实际活动的人"的"感性活动"的产物。不仅如此,"从他们的现实生活过程中还可以描绘出这一生活过程在意识形态上的反射和反响的发展。甚至人们头脑中的模糊幻象也是他们的可以通过经验来确认的、与物质前提相联系的物质生活过程的必然升华物","发展着自己的物质生产和物质交往的人们,在改变自己的这个现实的同时也改变着自己的思维和思维的产物。不是意识决定生活,而是生活决定意识"。④"不仅五官感觉,而且连所谓精神感觉、实践感觉(意志、爱等),一句话,人的感觉、感觉的人性,都是由于它的对象的存在,由于人化的自然界,才产生出来的。"⑤ 这就是说人的意识或人的精神世界也是在一定的"感性活动"的条件下才产生和发展的。

---

① 《马克思恩格斯选集》第1卷,人民出版社1995年版,第77页。
② 同上书,第97页。
③ [德]马克思:《1844年经济学哲学手稿》,人民出版社2000年版,第83页。
④ 《马克思恩格斯选集》第1卷,人民出版社1995年版,第73页。
⑤ 《马克思恩格斯全集》第3卷,人民出版社2001年版,第305页。

因此"感性世界决不是某种开天辟地以来就直接存在的、始终如一的东西,而是工业和社会状况的产物,是历史的产物,是人世世代代活动的结果,其中每一代都立足于前一代所达到的基础上,继续发展前一代的工业和交往,并随着需要的改变而改变它的社会制度"。因此,"感性活动"不仅是"现实的个人"存在的根本方式,而且是"整个现存的感性世界的基础"。"感性活动"是"抽象的个人"向"现实的个人"过渡的桥梁,"感性活动"是历史唯物主义的逻辑起点。换而言之,历史唯物主义的本体论就是实践活动的生成论。

二 "现实的生活生产":"编写"历史的"尺度"

"感性活动"理论是马克思和恩格斯在哲学上批判"抽象的人"的最有力武器,"感性活动"也是哲学语言中最具体的抽象。如果"感性活动"还给一些批评家落下抽象的口实,那么"现实的生活生产"的表述很好地解决了这个问题。"现实的生活生产"是"感性活动"的具体阐述,或者可以这样说,前者是生活语言,后者是哲学语言,它们表达了同样一个意思,因为"在思辨终止的地方,在现实生活面前,正是描述人们实践活动和实际发展过程的真正的实证科学开始的地方"[①]。马克思通过"感性活动"已经解决的主客体的完整与统一被肢解了。因此必须从"现实的生活生产"的视野来理解"感性活动",必须用"现实的生活生产"的生活语言来充实"感性活动"这个哲学语言。

(一)"现实的生活生产":"追求着自己目的的人的活动"

在马克思看来"现实的生活生产"也就是"追求着自己目的的人的活动"。于是问题出来了:人的目的是什么?这是一个价值问题,需要从人自身来得到解答。人类的"感性活动""造成了人类自身的二重性"[②]。即人类既是一个自在之物,又是一个自为之物,二者统一于"感性活动"。作为自在之物,人类和动物一样必须能够生存;作为自为之物,人类不仅仅满足于生存,而是超越生存获得发展。于是人类自身的两个需要

[①] 《马克思恩格斯选集》第 1 卷,人民出版社 1995 年版,第 73 页。
[②] 孙正聿:《辩证法研究》(上),吉林人民出版社 2007 年版,第 174 页。

也就产生了,即:人类需要获得生存条件,人类需要获得发展条件。换一种表达,这也就是人类的两个目的,即生存和发展。前一种表现为生命活动或生存活动,后一种表现为生活活动。当然这二者是相互联系的,不仅二者的主体都是人,而且生命活动制约生活活动,生活活动是为了提高生命活动质量,从而发展生命活动。更不容忽视的是在现实生活中人的生命活动和生活活动并没有严格的区分和界限,也就是说在现实生活中并不存在单纯的生命活动和生活活动,生命活动和生活活动是一枚硬币的两面。人的生命活动和动物的生命活动是有本质区别的,因为人的生命活动也就是人的生活活动。因此为了避免机械观点的出现,就不能把二者割裂单独论述,把这两种活动看成两种因素。

第一,生产物质生活是人的"第一个历史活动"。

在《德意志意识形态》第一章中,马克思首先从人最基本的生命活动出发,认为生产物质生活是人的"第一个历史活动",即"人们为了能够'创造历史',必须能够生活。但是为了生活,首先就需要吃喝住穿以及其他一些东西。因此第一个历史活动就是生产满足这些需要的资料,即生产物质生活本身"[1]。按照人们为了能够创造历史,先得生活,而为了生活就得进行物质生活生产的思路,人类的第一个历史活动就是生产基本的生活资料,进行物质生活生产。这句话不仅强调指出物质生活生产在人类历史中的重要性,是现存世界的基础,而且明确指出人类历史活动的开端是由人的需要的产生和满足引起的,需要是物质生活生产与再生产得以存在的前提。因此可以说,人的需要的产生和满足的过程,就是历史的发展的过程。但理解这句话需要注意:区别于动物,人的这种需要和活动,都是在人的意识的指导下进行的,是人的有意识的活动。这种需要是人已经意识到了的需要,因此它是随着人的实践活动而不断发展的。在历史演进的过程中,无论是人的需要的产生,还是人的需要的满足,都必须通过人的实践来实现。这是人自己生命的生产,除此之外,人还要进行他人生命的生产。"每日都在重新生产自己生命的人们开始生产另外一些人,即繁殖。"[2] 理解这句话需要注意:与动物的繁殖相区别,动物只是凭着它的本能去适应环境来维持它的生存并复制自己;人则通过社会活动,维持

---

[1] 《马克思恩格斯选集》第1卷,人民出版社1995年版,第79页。

[2] 同上。

和发展自己。

总之,"生命的生产,无论是通过劳动而达到的自己生命的生产,或是通过生育而达到的他人生命的生产,就立即表现为双重关系:一方面是自然关系,另一方面是社会关系"①,"凡是有某种关系存在的地方,这种关系都是为我而存在的;动物不对什么东西发生'关系',而且根本没有'关系';对于动物来说,它对他物的关系不是作为关系存在的"②,而只能把它看成对象化。于是人的生命活动和动物的生命活动是有本质区别的,人除了有自然关系还有社会关系,而动物则没有关系。

第二,物质生活生产中"共同活动方式"的重要作用。

马克思认为"这种生产方式不应当只从它是个人肉体存在的再生产这方面加以考察。它在更大程度上是这些个人的一定的活动方式,是他们表现自己生活的一定方式、他们的一定的生活方式"③。马克思没有明确区分吃喝住穿等基础需要和在此基础上的新的需要即发展的需要。他认为"已经得到满足的第一个需要本身、满足需要的活动和已经获得的为满足需要而用的工具又引起新的需要"④,而这种新的需要的产生同样也是"第一个历史活动"。但是马克思把自己和他人生命的生产区分为自然关系和社会关系,并认为"这种家庭起初是唯一的社会关系,后来,当需要的增长产生了新的社会关系而人口的增多又产生了新的需要的时候,这种家庭便成为从属的关系了"⑤。这是自然关系和社会关系在时间上的区分,即既然自然关系和社会关系具有历时性,那么它们在空间上是不是也是有所区别呢?这个回答是肯定的,"这是这样的历史活动,一切历史的一种基本条件,人们单是为了能够生活就必须每日每时去完成它,现在和几千年前都是这样"⑥。这说明马克思认识到了不同需要之间的差别的。因为越是基础需要,自然关系的表现就越多;相反越是新的需要,社会关系的表现就越多。二者在关系上表现为没有端点的连续统一体。

---

① 《马克思恩格斯选集》第 1 卷,人民出版社 1995 年版,第 80 页。
② 同上书,第 81 页。
③ 同上书,第 67 页。
④ 同上书,第 79 页。
⑤ 同上书,第 80 页。
⑥ 同上书,第 79 页。

为了区分自然关系和社会关系，马克思指出"社会关系的含义在这里是指许多个人的共同活动，至于这种活动在什么条件下、用什么方式和为了什么目的而进行，则是无关紧要的"①。之所以马克思说活动在什么条件下、用什么方式和为了什么目的而进行是无关紧要的，是因为这个活动是相对于自然关系而言的。实际上"共同活动方式"在物质生活生产中起着重要作用。"一定的生产方式或一定的工业阶段始终是与一定的共同活动方式或一定的社会阶段联系着的，而这种共同活动方式本身就是'生产力'；由此可见，人们所达到的生产力的总和决定着社会状况，因而，始终必须把'人类的历史'同工业和交换的历史联系起来研究和探讨。"② 意思很明显，包括"共同活动方式"的"生产力的总和决定着社会状况"。

第三，人的活动的目的是被意识到了的目的。

上面已经指出不管是满足人的最基本的需求还是满足人的更高需求，都是被意识到了的需求，换而言之，人的活动的目的是被意识到了的目的。"意识一开始就是社会的产物，而且只要人们存在着，它就仍然是这种产物。"③ 接着马克思回顾了意识的发展历程。一方面，"意识起初只是对直接的可感知的环境的一种意识，是对处于开始意识到自身的个人之外的其他人和其他物的狭隘联系的一种意识"，"它也是对自然界的一种意识，自然界起初是作为一种完全异己的、有无限威力的和不可制服的力量与人们对立的，人们同自然界的关系完全像动物同自然界的关系一样，人们就像牲畜一样慑服于自然界，因而，这是对自然界的一种纯粹动物式的意识（自然宗教）"④；"另一方面，意识到必须和周围的个人来往，也就是开始意识到人总是生活在社会中的。这个开始，同这一阶段的社会生活本身一样，带有动物的性质；这是纯粹的畜群意识，这里，人和绵羊不同的地方只是在于：他的意识代替了他的本能，或者说他的本能是被意识到了的本能"，并且"由于生产效率的提高，需要的增长以及作为二者基础

---

① 《马克思恩格斯选集》第 1 卷，人民出版社 1995 年版，第 80 页。
② 同上。
③ 同上书，第 81 页。
④ 同上书，第 81—82 页。

的人口的增多，这种绵羊意识或部落意识获得了进一步的发展和提高。"①

(二)"现实的生活生产"：历史"交替"的脐带

马克思认为人类的生活活动"一开始就表明了人们之间是有物质联系的。这种联系是由需要和生产方式决定的，它和人本身有同样长久的历史；这种联系不断采取新的形式，因而就表现为'历史'"②，"历史不外是各个世代的依次交替"③。于是问题出来了：历史是怎样不断采取新的形式的？各个世代是怎样依次交替的？历史是怎样成为一个连续统一体的？换句话说历史"交替"的脐带是什么？

第一，"物质生活的生产"的局限性。

寻找历史"交替"的脐带，必须从"物质生活的生产"的局限性说起。因为历史"交替"的脐带就表现为"物质生活的生产"的局限性的破除。马克思认为："物质生活的生产由于各个人本身的局限性还被认为是自主活动的从属形式，而现在它们竟互相分离到这般地步，以致物质生活一般都表现为目的，而这种物质生活的生产即劳动（它现在是自主活动的唯一可能的形式，然而正如我们看到的，也是自主活动的否定形式）则表现为手段。"④ 这就是说由于人本身没有得到全面而自由的发展，因此人本身是存在局限性的。因此，"现在"不应把物质生活的生产看成自主活动的从属形式，而应该把物质生活的生产看成自主活动唯一可能的形式。更深刻的是马克思也把物质生活的生产看成是自主活动的否定形式，这是因为受局限的人或"偶然的"个人"只能用摧残生命的方式来维持他们的生命"⑤。

具体来说：为了实现受局限的人的自主活动，特别是为了保证自己的生存，各个人必须占有现有的生产力总和，但是这种占有"受所要占有的对象的制约，即受发展成为一定总和并且只有在普遍交往的范围里才存

---

① 《马克思恩格斯选集》第1卷，人民出版社1995年版，第82页。
② 同上书，第81页。
③ 同上书，第88页。
④ 同上书，第128页。
⑤ 同上。

在的生产力的制约",又"受进行占有的个人的制约"。① 这是因为"占有就必须带有同生产力和交往相适应的普遍性质","各个人的自主活动受到有局限性的生产工具和有局限性的交往的束缚,他们所占有的是这种有局限性的生产工具,因此他们只是达到了新的局限性";同样"对这些力量的占有本身不外是同物质生产工具相适应的个人才能的发挥。仅仅因为这个缘故,对生产工具一定总和的占有,也就是个人本身的才能的一定总和的发挥"。②

第二,"现实的生活生产"的固定化。

"物质生活的生产"的局限性导致"社会活动的这种固定化,我们本身的产物聚合为一种统治我们、不受我们控制、使我们的愿望不能实现并使我们的打算落空的物质力量"③,于是"人们自己创造自己的历史,但是他们并不是随心所欲地创造,并不是在他们自己选定的条件下创造,而是在直接碰到的、既定的、从过去承继下来的条件下创造"④,同时"这是一些现实的个人,是他们的活动和他们的物质生活条件,包括他们已有的和由他们自己的活动创造出来的物质生活条件"⑤。

首先,由于"每一代都利用以前各代遗留下来的材料、资金和生产力;由于这个缘故,每一代一方面在完全改变了的环境下继续从事所继承的活动,另一方面又通过完全改变了的活动来变更旧的环境"⑥,"人们不能自由选择自己的生产力"⑦。具体来说,"任何生产力都是一种既得的力量,是以往的活动的产物"⑧。因此生产力是"决定于在他们以前已经存在、不是由他们创立而是由前一代人创立的社会形式。后来的每一代人都得到前一代人已经取得的生产力并当作原料来为自己新的生产服务,由于这一简单的事实,就形成人们的历史中的联系,就形成人类的历史,这个历史随着人们的生产力以及人们的社会关系的愈益发展而愈益成为人类的

---

① 《马克思恩格斯选集》第 1 卷,人民出版社 1995 年版,第 129 页。
② 同上。
③ 同上书,第 85 页。
④ 同上书,第 585 页。
⑤ 同上书,第 67 页。
⑥ 同上书,第 88 页。
⑦ 《马克思恩格斯选集》第 4 卷,人民出版社 1995 年版,第 532 页。
⑧ 同上。

历史",由此马克思得出结论:"人们的社会历史始终只是他们的个体发展的历史,而不管他们是否意识到这一点。他们的物质关系形成他们的一切关系的基础。这种物质关系不过是他们的物质的和个体的活动所借以实现的必然形式罢了。"①

最后"人们能否自由选择某一社会形式呢?决不能。在人们的生产力发展的一定状况下,就会有一定的交换和消费形式。在生产、交换和消费发展的一定阶段上,就会有相应的社会制度、相应的家庭、等级或阶级组织,一句话,就会有相应的市民社会。有一定的市民社会,就会有不过是市民社会的正式表现的相应的政治国家"②。可以把市民社会理解为"现实的生活生产"的横切面。值得人们注意的是,由于"资产阶级社会是最发达的和最多样性的历史的生产组织","那些表现它的各种关系的范畴以及对于它的结构的理解,同时也能使我们透视一切已经覆灭的社会形式的结构和生产关系。资产阶级社会借这些社会形式的残片和因素建立起来,其中一部分是还未克服的遗物,继续在这里存留着,一部分原来只是征兆的东西,发展到具有充分意义,等等。人体解剖对于猴体解剖是一把钥匙。反过来说,低等动物身上表露的高等动物的征兆,只有在高等动物本身已被认识之后才能理解。因此,资产阶级经济为古代经济等等提供了钥匙",但是这"决不是像那些抹杀一切历史差别、把一切社会形式都看成资产阶级社会形式的经济学家所理解的那样"③。也就是说资产阶级社会和古代社会是不能等同的,它们之间有本质区别。

第三,局限性和固定化的解除。

在《德意志意识形态》中,马克思不仅明确指出"物质生活的生产"的局限性及其导致的"现实的生活生产"的固定化,而且还指明了解除局限性和固定化的方向。

首先,"只有完全失去了整个自主活动的现代无产者,才能够实现自己的充分的、不再受限制的自主活动,这种自主活动就是对生产力总和的占有以及由此而来的才能总和的发挥","过去的一切革命的占有都是有限制的;各个人的自主活动受到有局限性的生产工具和有局限性的交往的

---

① 《马克思恩格斯选集》第 4 卷,人民出版社 1995 年版,第 532 页。

② 同上。

③ 《马克思恩格斯选集》第 2 卷,人民出版社 1995 年版,第 23 页。

束缚，他们所占有的是这种有局限性的生产工具，因此他们只是达到了新的局限性"，即"他们的生产工具成了他们的财产，但是他们本身始终屈从于分工和自己的生产工具。在迄今为止的一切占有制下，许多个人始终屈从于某种唯一的生产工具"，但是"在无产阶级的占有制下，许多生产工具必定归属于每一个个人，而财产则归属于全体个人"。①

其次，由于"占有还受实现占有所必须采取的方式的制约"，因此"占有只有通过联合才能实现，由于无产阶级本身固有的本性，这种联合又只能是普遍性的，而且占有也只有通过革命才能得到实现，在革命中，一方面迄今为止的生产方式和交往方式的权力以及社会结构的权力被打倒，另一方面无产阶级的普遍性质以及无产阶级为实现这种占有所必需的能力得到发展，同时无产阶级将抛弃它迄今的社会地位遗留给它的一切东西"。②

最后，"只有在这个阶段上，自主活动才同物质生活一致起来"，这不仅与"各个人向完全的个人的发展以及一切自发性的消除相适应的"，而且与"劳动向自主活动的转化"，与"过去受制约的交往向个人本身的交往的转化，也是相互适应的"，"随着联合起来的个人对全部生产力的占有，私有制也就终结了"。③马克思也对这个条件进行了限定，"无论哪一个社会形态，在它所能容纳的全部生产力发挥出来以前，是决不会灭亡的；而新的更高的生产关系，在它的物质存在条件在旧社会的胎胞里成熟以前，是决不会出现的"④。于是"现实的生活生产"的主体"偶然的"个人也就变为"有个性的"个人。关于这一点马克思在《1857—1858年经济学手稿》中作了更具体的概括："人的依赖关系（起初完全是自然发生的）"、"以物的依赖性为基础的人的独立性"和"建立在个人全面发展""基础上的自由个性"。⑤

马克思在致帕·瓦·安年科夫的信中指出："后来的每一代人都得到前一代人已经取得的生产力并当作原料来为自己新的生产服务，由于这一

---

① 《马克思恩格斯选集》第1卷，人民出版社1995年版，第129页。

② 同上。

③ 同上书，第130页。

④ 《马克思恩格斯选集》第2卷，人民出版社1995年版，第33页。

⑤ 《马克思恩格斯全集》第46卷（上），人民出版社1979年版，第104页。

简单的事实，就形成人们的历史中的联系，就形成人类的历史，这个历史随着人们的生产力以及人们的社会关系的愈益发展而愈益成为人类的历史。由此就必然得出一个结论：人们的社会历史始终只是他们的个体发展的历史，而不管他们是否意识到这一点。他们的物质关系形成他们的一切关系的基础。这种物质关系不过是他们的物质的和个体的活动所借以实现的必然形式罢了。"① 这意味着，人类在创造历史的过程中有一种连续性，这种连续性使得人们创造历史不必每次都从零开始。因此，"物质生活的生产"的局限性、局限性导致的"现实的生活生产"的固定化以及局限性和固定化的解除都表现为"现实的生活生产"本身。也就是说，"现实的生活生产"促使"物质生活的生产"的局限性的解除，并使新的局限性作为解除的副产品而产生，直至这种局限性的彻底消除。可以这样说，"现实的生活生产"是历史"交替"的脐带。

（三）"现实的生活生产"："历史过程中的决定性因素"

传统阐释路线认为，《德意志意识形态》首次系统地阐明了"历史决定论"的基本观点，这个概括是对唯物史观理论体系的最初的经典表述。"这种历史观就在于：从直接生活的物质生产出发阐述现实的生产过程，把同这种生产方式相联系的、它所产生的交往形式即各个不同阶段上的市民社会理解为整个历史的基础，从市民社会作为国家的活动描述市民社会，同时从市民社会出发阐明意识的所有各种不同理论的产物和形式，如宗教、哲学、道德等等，而且追溯它们产生的过程。这样当然也能够完整地描述事物（因而也能够描述事物的这些不同方面之间的相互作用）。"② 传统阐释路线认为对这句话的理解有三个逻辑要点：其一，全部理论的出发点即"直接生活的物质生产"，因此物质生产是"现实的生产过程"的决定因素；其二，一定生产方式所产生的交往关系即市民社会是整个历史的基础，也就是说，以物质生产关系为核心的经济结构是其他一切社会结构的基础；其三，社会经济结构制约意识结构的形式和发展。于是，物质生产不仅决定"现实的生产过程"，这个由物质生产决定的"现实的生产过程"又发生连锁反应决定交往关系，

---

① 《马克思恩格斯选集》第 4 卷，人民出版社 1995 年版，第 532 页。
② 《马克思恩格斯选集》第 1 卷，人民出版社 1995 年版，第 92 页。

决定其他一切社会结构的基础，进而制约意识结构的发展。简言之，传统阐释路线认为物质生产是现实生活的基础，是历史过程中的决定性因素。

经过马克思特别是恩格斯的多次强调，更加坚定了传统阐释路线的观点。根据笔者掌握的资料，马克思在《政治经济学批判》序言，恩格斯《在马克思墓前的讲话》[①]，恩格斯在《反杜林论》[②]，恩格斯在《社会主义从空想到科学的发展》[③]，都对这个表述进行再次阐释，都表达了这样一个思想，即"物质生活的生产方式制约着整个社会生活、政治生活和精神生活的过程。不是人们的意识决定人们的存在，相反，是人们的社会存在决定人们的意识"[④]。晚年恩格斯意识到了这个思想被误解的严重性。在 1893 年《致弗·梅林的信》中，恩格斯指出："被忽略的还有一点，这一点在马克思和我的著作中通常也强调得不够，在这方面我们两人都有同样的过错。这就是说，我们都把重点首先放在从作为基础的经济事实中探索出政治观念、法权观念和其他思想观念以及由这些观念所制约的行动，而当时是应当这样做的。但是我们这样做的时候为了内容而忽略了形式方面，即这些观念是由什么样的方式和方法产生的。"[⑤] 这一点早在 1890 年，在《致约·布洛赫》一信中，恩格斯就给予明确肯定："根据唯物史观，历史过程中的决定性因素归根到底是现实生活的生产和再生产。无论马克思或我都从来没有肯定过比这更多的东西。如果有人在这里加以歪曲，说经济因素是唯一决定性的因素，那么他就是把这个命题变成毫无内容的、抽象的、荒诞无稽的空话。"[⑥]

坚持传统的阐释路线的人一定不会明白，为什么历史唯物主义的创始者会否认由他们建立的观点。其实这不是历史唯物主义的创始者否认由他们建立的观点，问题的关键是这根本就不是他们的观点，这是传统的阐释路线对历史唯物主义的歪曲，于是历史就变成了一切由经济决定的空话。

[①] 《马克思恩格斯选集》第 3 卷，人民出版社 1995 年版，第 776 页。

[②] 同上书，第 617—618 页。

[③] 同上书，第 740—741 页。

[④] 《马克思恩格斯选集》第 2 卷，人民出版社 1995 年版，第 32 页。

[⑤] 《马克思恩格斯全集》第 39 卷（上），人民出版社 1974 年版，第 94 页。

[⑥] 《马克思恩格斯选集》第 4 卷，人民出版社 1995 年版，第 695—696 页。

西方马克思主义用西方社会之外的东方社会即亚细亚的生产方式来批判这个观点。其实这仍然没有抓住问题的关键，明确地说它们根本没有理解"现实生活的生产"。

对于这种经济决定论的观点，恩格斯在1890年《致康·施米特》一信中对它进行了批判。他说："我们的历史观首先是进行研究工作的指南，并不是按照黑格尔学派的方式构造体系的诀窍"，但"对德国的许多青年著作家来说，'唯物主义'这个词大体上只是一个套语，他们把这个套语当作标签贴到各种事物上去，再不作进一步的研究，就是说，他们一把这个标签贴上去，就以为问题已经解决了"。① 就是在这个意义上，马克思说自己不是一个马克思主义者。

传统阐释路线遮蔽历史唯物主义的关键是把"直接生活的物质生产"当成全部"现实生活的生产"。马克思早在《德意志意识形态》中就对这一区分作了明确的论述，即"这种生产方式不应当只从它是个人肉体存在的再生产这方面加以考察。它在更大程度上是这些个人的一定的活动方式，是他们表现自己生活的一定方式、他们的一定的生活方式"②。在马克思那里，人不仅要生存，而且要生活，要发展。"人并不是抽象的栖息在世界以外的东西。人就是人的世界，就是国家、社会。"③ 以一定的方式进行生产活动的个人，通过一定的途径最终实现了由"个体和类的关系"向人与社会关系的转化。正是从这个意义上说，人的本质在现实性上"是一切社会关系的总和"④。简言之，"现实的生活生产"才是"历史过程中的决定性因素"。

通过论述"现实的生活生产"是"追求着自己目的的人的活动"、"现实的生活生产"是历史"交替"的脐带和"现实的生活生产"是"历史过程中的决定性因素"这三个命题，我们可以说"现实的生活生产"是"编写"历史的"尺度"。

---

① 《马克思恩格斯选集》第4卷，人民出版社1995年版，第691—692页。
② 《马克思恩格斯选集》第1卷，人民出版社1995年版，第67页。
③ 同上书，第452页。
④ 同上书，第56页。

三 "按照美的规律来构造": 历史发展 "有目的的意志"

传统的阐释路线和西方马克思主义不仅遮蔽了"现实的生活生产"在历史中的作用,而且遮蔽了作为"生活决定"的意识在历史发展中的作用。在传统的阐释路线看来,"物质生活的生产"是本原,意识只是"物质生活的生产"的派生物;相反在西方马克思主义看来意识形态的革命就是现实的革命。因此,传统阐释路线的"主要缺点是:对对象、现实、感性,只是从客体的或者直观的形式去理解,而不是把它们当作人的感性活动,当作实践去理解,不是从主体方面去理解。因此,结果竟是这样",和传统阐释路线相反,西方马克思主义"却发展了能动的方面,但只是抽象地发展了,因为唯心主义当然是不知道现实的、感性的活动本身的"[①],夸大了意识的作用。总之,传统阐释路线和西方马克思主义都遮蔽了意识在历史中的真正作用。因此,澄明意识在历史发展中的本来面目就显得十分必要。

(一) 意识:人类"现实生活"的边界

在西方哲学史中,"意识"是在"存在"之中的,但它又想在"存在"之外对"存在"进行整体的把握,这就导致"意识"在"存在"之外找不到立足点,而冒着放弃自身的危险仅仅在"意识"内部对"存在"进行把握。这也就是被现代哲学家所批判的"意识的内在性"。马克思对这一点看得十分清楚,他深刻地指出"意识在任何时候都只能是被意识到了的存在",接着马克思对存在进行限定,认为这个存在和哲学史上的存在不是一个概念,"人们的存在就是他们的现实生活过程"。[②] 也就是说,意识之外的世界对人类来说是存在的无,即意识是人类"现实生活"的消极界限;存在只有表现在意识之中才能构成对人类有意义的存在,即意识是人类"现实生活"的积极界限。

首先,意识是人类"现实生活"的积极界限。

---

① 《马克思恩格斯选集》第 1 卷,人民出版社 1995 年版,第 58 页。

② 同上书,第 72 页。

马克思认为应该"从他们的现实生活过程"出发,"描绘"人类"现实生活过程""在意识形态上的反射和反响的发展",甚至连"人们头脑中的模糊幻象"也是"可以通过经验来确认的、与物质前提相联系的物质生活过程的必然升华物"。这是因为"发展着自己的物质生产和物质交往的人们,在改变自己的这个现实的同时也改变着自己的思维和思维的产物。不是意识决定生活,而是生活决定意识"。①

具体来说,"人以一种全面的方式,就是说,作为一个总体的人,占有自己的全面的本质。人对世界的任何一种人的关系——视觉、听觉、嗅觉、味觉、触觉、思维、直观、情感、愿望、活动、爱"②。也就是说,人的感觉和自我意识是人实现自己本质的必要的手段,只有通过人的感觉、自我意识,人才能现实地占有外在的对象,才能在现实的活动中确证自己人的本质。总之,他的个体的"一切器官,正像在形式上直接是社会的器官的那些器官一样,是通过自己的对象性关系,即通过自己同对象的关系而对对象的占有,对人的现实性的占有;这些器官同对象的关系,是人的现实性的实现(因此,正像人的本质规定和活动是多种多样的一样,人的现实也是多种多样的),是人的能动和人的受动,因为按人的方式来理解的受动,是人的一种自我享受"③。

随着生产效率的提高,人类需求的增多以及作为二者基础的人口的增加,人的意识获得了进一步的发展和提高,人类的实践水平也就达到了新的高度。"与此同时分工也发展起来。分工起初只是性行为方面的分工,后来是由于天赋(例如体力)、需要、偶然性等等才自发地或'自然形成'分工。分工只是从物质劳动和精神劳动分离的时候起才真正成为分工",这个新高度就是意识"从这时候起""才能现实地想象:它是和现存实践的意识不同的某种东西;它不用想象某种现实的东西就能现实地想象某种东西。从这时候起,意识才能摆脱世界而去构造'纯粹的'理论、神学、哲学、道德等等"。④

马克思还认为"在全部意识形态中,人们和他们的关系就像在照相

---

① 《马克思恩格斯选集》第1卷,人民出版社1995年版,第73页。

② [德]马克思:《1844年经济学哲学手稿》,人民出版社2000年版,第85页。

③ 同上书,第85页。

④ 《马克思恩格斯选集》第1卷,人民出版社1995年版,第82页。

机中一样是倒立呈像的","这种现象也是从人们生活的历史过程中产生的"。① 因为"意识、自我意识在自己的异在本身中也就是在自身。……这里首先包含着：意识——作为知识的知识——作为思维的思维——直接地冒充为它自身的他物，冒充为感性、现实、生命，——在思维中超越自身的思维"②。也就是说意识是对人类现实生活过程的反映，不管这个反映是正确的还是错误的。人的意识不仅可以反映人类现实生活过程，而且可以在思维中超越人类现实生活过程，现实的想象，如果这个想象是立足实际的，那么这个想象就是理想，这就为历史的发展确立了目标。于是"历史的全部运动"不仅可以表述为"现实的产生活动——它的经验存在的诞生活动"，对"它的思维着的意识来说，又是它的被理解和被认识到的生成运动"。③

其次，意识是人类"现实生活"的消极界限。

与此同时，意识之外的世界对人类来说是存在的无，意识也是人类"现实生活"的消极界限。这是因为"这种意识并非一开始就是'纯粹'的意识。'精神'从一开始就很倒霉，受到物质的'纠缠'，物质在这里表现为振动着的空气层、声音，简言之，即语言"④。此外"不言而喻，'怪影'、'枷锁'、'最高存在物'、'概念'、'疑虑'显然只是孤立的个人的一种唯心的、思辨的、精神的表现，只是他的观念，即关于真正经验的束缚和界限的观念；生活的生产方式以及与此相联系的交往形式就在这些束缚和界限的范围内运动着"⑤。马克思对费希特派的哲学家进行了调侃，他认为"在某种意义上，人很像商品。因为人来到世间，既没有带着镜子，也不像费希特派的哲学家那样，说什么我就是我，所以人起初是以别人来反映自己的"⑥。正因为如此"在发展的早期阶段，单个人显得比较全面"，如果仅仅以这个为借口，"留恋那种原始的丰富，是可笑的，相信必须停留在那种完全空虚之中，也是可笑的"，"因为他还没有造成

---

① 《马克思恩格斯选集》第1卷，人民出版社1995年版，第72页。
② [德]马克思：《1844年经济学哲学手稿》，人民出版社2000年版，第109页。
③ 同上书，第81页。
④ 《马克思恩格斯选集》第1卷，人民出版社1995年版，第81页。
⑤ 同上书，第83页。
⑥ 《马克思恩格斯全集》第23卷，人民出版社1972年版，第67页。

自己丰富的关系,并且还没有使这种关系作为独立于他自身之外的社会权力和社会关系同他自己相对立"。① 也就是说在马克思看来人类由于缺乏意识导致的单个人的全面不是人类的理想。

意识对人类"现实生活"的消极界限主要表现在：一方面,"意识起初只是对直接的可感知的环境的一种意识,是对处于开始意识到自身的个人之外的其他人和其他物的狭隘联系的一种意识","它也是对自然界的一种意识,自然界起初是作为一种完全异己的、有无限威力的和不可制服的力量与人们对立的,人们同自然界的关系完全像动物同自然界的关系一样,人们就像牲畜一样慑服于自然界,因而,这是对自然界的一种纯粹动物式的意识（自然宗教）"②;"另一方面,意识到必须和周围的个人来往,也就是开始意识到人总是生活在社会中的。这个开始,同这一阶段的社会生活本身一样,带有动物的性质；这是纯粹的畜群意识,这里,人和绵羊不同的地方只是在于：他的意识代替了他的本能,或者说他的本能是被意识到了的本能"③,"人们是自己的观念、思想等等的生产者,但这里所说的人们是现实的、从事活动的人们,他们受自己的生产力和与之相适应的交往的一定发展——直到交往的最遥远的形态——所制约"④。这就是说意识在其最初阶段——"纯粹动物式的意识"就是一种狭隘的意识；随着历史的发展,意识仍然受到"现实生活"的"生产力和与之相适应的交往"的制约。

不仅如此,那些虚假的意识,当然不能称作知识,阻碍了人类的"现实生活"的进程。"任何神话都是用想象和借助想象以征服自然力,支配自然力,把自然力加以形象化；因而,随着这些自然力实际上被支配,神话也就消失了"⑤,这并不是说马克思就把"神话"当成对人类无意义的意识进行消灭,而是说随着人类征服和支配自然,"神话"在人类的"现实生活"的进程中存在的根基消失了,但是这并不代表"这种发展排斥一切对自然的神话态度,一切把自然神话化的态度；因而要求艺术

---

① 《马克思恩格斯全集》第46卷（上）,人民出版社1979年版,第109页。
② 《马克思恩格斯选集》第1卷,人民出版社1995年版,第81—82页。
③ 同上书,第82页。
④ 同上书,第72页。
⑤ 《马克思恩格斯选集》第2卷,人民出版社1995年版,第29页。

家具备一种与神话无关的幻想"①，"他们的艺术对我们所产生的魅力，同这种艺术在其中生长的那个不发达的社会阶段并不矛盾。这种艺术倒是这个社会阶段的结果，并且是同这种艺术在其中产生而且只能在其中产生的那些未成熟的社会条件永远不能复返这一点分不开的"②。

（二）意识："最蹩脚的建筑师"的最"高明的地方"

马克思关于意识的大量论述是用动物和人相比较而阐述的，因为只有现实的人才具有意识，因此这是从意识的主体角度来阐述的。马克思对意识进行了区分，认为意识可以分为对象意识和自我意识。其中对象意识就是人类对除了自身之外的对象的意识，而自我意识就是把自身作为对象的意识。因此"知识是意识的唯一的对象性的关系。——意识所以知道对象的虚无性，就是说，意识所以知道对象同它之间的差别的非存在，对象对它来说是非存在，是因为意识知道对象是它的自我外化，就是说，意识所以知道自己——作为对象的知识——是因为对象只是对象的外观、障眼的云雾，而就它的本质来说不过是知识本身，知识把自己同自身对立起来，从而把某种虚无性，即在知识之外没有任何对象性的某种东西同自身对立起来；或者说，知识知道，当它与某个对象发生关系时，它只是在自身之外，使自身外化；它知道它本身只表现为对象，或者说，对它来说表现为对象的那个东西仅仅是它本身"③。对象意识和自我意识都是以知识的方式通过语言表现出来。"一方面为了使人的感觉成为人的，另一方面为了创造同人的本质和自然界的本质的全部丰富性相适应的人的感觉，无论从理论方面还是从实践方面来说，人的本质的对象化都是必要的"④，人只有意识到外部世界，意识到自己的活动和思想是外部世界的规定和反映，才能意识到自己，意识到自己的内部世界，才能形成自我意识，因此"人不仅通过思维，而且以全部感觉在对象世界中肯定自己"。⑤ 马克思深刻地指出，以"思维"和"知识"等作为意识的对象是人的较高层次的

---

① 《马克思恩格斯选集》第 2 卷，人民出版社 1995 年版，第 29 页。
② 同上书，第 29—30 页。
③ ［德］马克思：《1844 年经济学哲学手稿》，人民出版社 2000 年版，第 108—109 页。
④ 同上书，第 88 页。
⑤ 同上书，第 87 页。

自我意识的对象，这是对人的知识即对象意识与自我意识的反思。人就是在对自我意识不断反思中获得发展的。

首先，劳动生产了美的意识。

澄明意识在历史发展中的本来面目之前，首先要弄清楚什么是意识，但是要弄清楚意识，就必须弄清楚意识是怎么产生的。马克思认为"思想、观念、意识的生产最初是直接与人们的物质活动，与人们的物质交往，与现实生活的语言交织在一起的。人们的想象、思维、精神交往在这里还是人们物质行动的直接产物。表现在某一民族的政治、法律、道德、宗教、形而上学等的语言中的精神生产也是这样"①。也就是说"意识一开始就是社会的产物，而且只要人们存在着，它就仍然是这种产物"②。动物之所以没有意识，是因为"动物和自己的生命活动是直接同一的"，它"不把自己同自己的生命活动区别开来"，"它就是自己的生命活动"，而"人则使自己的生命活动本身变成自己意志的和自己意识的对象"，因此"他具有有意识的生命活动"。③ 这说明，劳动在改造客观世界的同时改造主观世界，使人具有自我意识，即人意识到自己有意识，因而能够对自己的生命活动作出安排。这个有意识的生命活动就是人的劳动，"劳动的对象是人的类生活的对象化：人不仅像在意识中那样在精神上使自己二重化，而且能动地、现实地使自己二重化，从而在他所创造的世界中直观自身"④。正是由于人的意识和自我意识，人才能够有目的、有计划地、及时地调整人的"现实生活"。

马克思所说的"劳动生产了美"，不仅是指表层含义上的美的东西，使这东西具有某种属性，而更主要是指"劳动生产了智慧"⑤，劳动生产了美的意识，也就是人具有了认识美的能力。人把美的意识赋予美的东西，从此美的东西沾染上了人赋予的意义。在马克思看来"只有音乐才激起人的音乐感；对于没有音乐感的耳朵说来，最美的音乐毫无意义"，"因为我的对象只能是我的一种本质力量的确证，就是说，它只能像我的

---

① 《马克思恩格斯选集》第1卷，人民出版社1995年版，第72页。
② 同上书，第81页。
③ 同上书，第46页。
④ 同上书，第47页。
⑤ 同上书，第43页。

本质力量作为一种主体能力自为地存在着那样才对我存在,因为任何一个对象对我的意义(它只是对那个与它相适应的感觉来说才有意义)恰好都以我的感觉所及的程度为限","因此,社会的人的感觉不同于非社会的人的感觉"①,"人的眼睛与野性的、非人的眼睛得到的享受不同,人的耳朵和野性的耳朵得到的享受不同"②,"忧心忡忡、贫穷的人对最美丽的景色都没有什么感觉;经营矿物的商人只看到矿物的商业价值,而看不到矿物的美和独特性;他没有矿物学的感觉"③,这是因为"只是由于人的本质客观地展开的丰富性,主体的、人的感性的丰富性,如有音乐感的耳朵、能感受形式美的眼睛,总之,那些能成为人的享受的感觉,即确证自己是人的本质力量的感觉,才一部分发展起来,一部分产生出来。因为,不仅五官感觉,而且连所谓精神感觉、实践感觉(意志、爱等等),一句话,人的感觉、感觉的人性,都只是由于它的对象的存在,由于人化的自然界,才产生出来的"④。从这个意义上说人为自然立法或者人是万物的尺度。

其次,人按照美的规律来创造。

马克思在《资本论》第一卷中用蜘蛛的活动和织工相比较,用蜜蜂建筑蜂房和建筑师建筑房屋相比较,他认为虽然蜘蛛和蜜蜂有很高超的"技术",但是"最蹩脚的建筑师从一开始就比最灵巧的蜜蜂高明的地方,是他在用蜂蜡建筑蜂房以前,已经在自己的头脑中把它建成了","劳动过程结束时得到的结果,在这个过程开始时就已经在劳动者的想象中存在着,即已经观念地存在着"⑤。"人懂得按照任何一个种的尺度来进行生产,并且懂得处处都把内在的尺度运用于对象",即"人也按照美的规律来构造",而动物却不能这样,它"只是按照它所属的那个种的尺度和需要来建造"⑥。这就是说人们在现实中对客观世界进行改造之前,已经对客观世界在意识中进行了改造,而且这种改造是按照美的尺度进行的。

---

① [德]马克思:《1844年经济学哲学手稿》,人民出版社2000年版,第87页。
② 同上书,第86页。
③ 同上书,第87页。
④ 同上。
⑤ 《马克思恩格斯选集》第2卷,人民出版社1995年版,第178页。
⑥ 《马克思恩格斯选集》第1卷,人民出版社1995年版,第47页。

恩格斯进一步指出:"人离开动物越远,他们对自然界的影响就越带有经过事先思考的、有计划的、以事先知道的一定目标为取向的行为的特征。动物在消灭某一地带的植物时,并不明白它们是在干什么。人消灭植物,是为了腾出土地播种五谷,或者种植树木和葡萄,他们知道这样可以得到多倍的收获。"[1] 也就是说,美的尺度和意识的界限是一致的,美的尺度是随着人类的实践发展而发展的。人可以在一定"现实生活"的基础上把"美"作为对象,对"美"进行抽象的建构,然后再以这个抽象为标准,指导现实的生活过程。并在这个新产生的现实生活的基础上,产生新的"美的尺度",于是历史的车轮不断前进。

恩格斯在其著作《自然辩证法》一书中对这个过程进行了总结,"随同人,我们进入了历史。动物也有一部历史,即动物的起源和逐渐发展到今天这样的状态的历史。但是这部历史对它们来说是被创造出来的,如果说它们自己也参与了创造,那也是无意识的。相反地,人离开狭义的动物越远,就越是有意识地自己创造自己的历史,未能预见的作用、未能控制的力量对这一历史的影响就越小,历史的结果和预定的目的就越加符合"[2]。人既在历史(现实生活)中接受"美",又在历史(现实生活)中更新"美",使更新后的"美"超越先前的"美",于是在更新后的"美"的指导下,现实生活也就创造了历史。

(三) 意识:"超过同时代的经验关系"成为"以后某个时代的斗争"的理论

为了说明意识的特性,"美"在上面的论述中是一个抽象的概念。"美"只有具体化之后才对人类有意义,哲学就是具体化之后的那个抽象的美,特别是由马克思和恩格斯创立的历史唯物主义是"超过同时代的经验关系"成为"以后某个时代的斗争"的理论。

首先,哲学都是自己时代精神的精华。

马克思认为一个时代最迫切的问题不是找到认识到的问题的答案,而是认识到这个问题本身。所以对问题答案的批判要从问题的发问方式着

---

[1] 《马克思恩格斯选集》第4卷,人民出版社1995年版,第382页。

[2] 同上书,第274页。

手。"问题是时代的格言,是表现时代自己内心状态的最实际的呼声"①,在马克思看来,问题只要被找到了,问题本身就成为现实,答案随之而来,也就是说"世界史本身,除了用新问题来回答和解决老问题之外,没有别的方法",因此"每个时代的谜语是容易找到的。这些谜语都是该时代的迫切问题,对答案中个人的意图和见识起着很大作用"。②

但是并不是每一个人都能发现问题,这"需要用老练的眼光才能区别什么属于个人,什么属于时代,那么相反,问题却是公开的、无所顾忌的、支配一切个人的时代之声"③。这正是哲学家开创的伟大事业,"哲学家并不像蘑菇那样是从地里冒出来的,他们是自己的时代、自己的人民的产物,人民的最美好、最珍贵、最隐蔽的精髓都汇集在哲学思想里"④。哲学家用"老练的眼光"将"工人的双手建筑铁路的精神"塑造成哲学家头脑里的哲学体系。因此,哲学是处在世界之中的,不过"哲学在用双脚立地以前,先是用头脑立于世界的;而人类的其他许多领域在想到究竟是'头脑'也属于这个世界,还是这个世界是头脑的世界以前,早就用双脚扎根大地,并用双手采摘世界的果实了"⑤。

虽然哲学产生于人类的实践活动,但是不可否认的是"任何真正的哲学都是自己时代的精神上的精华"⑥,"各种外部表现证明,哲学正获得这样的意义,哲学正变成文化的活的灵魂,哲学正在世界化,而世界正在哲学化,——这样的外部表现在一切时代里曾经是相同的"⑦。

最后,传统哲学家"改变世界"的欲望。

"哲学不仅在内部通过自己的内容,而且在外部通过自己的表现,同自己时代的现实世界接触并相互作用"⑧,马克思认为世界正在哲学化,但是为什么他又说"哲学家们只是用不同的方式解释世界,问题在于改

---

① 《马克思恩格斯全集》第1卷(上),人民出版社1995年版,第203页。

② 同上。

③ 同上。

④ 同上书,第219—220页。

⑤ 同上。

⑥ 同上书,第220页。

⑦ 同上。

⑧ 同上。

变世界?"① 这不是自相矛盾吗?

其实"纯粹的'解释世界'哲学和'改变世界'的哲学都是不存在的。每个哲学都必须具备'解释世界'和'改造世界'这两样功能"②。"解释世界"哲学和"改变世界"哲学并不是简单的二元对立。马克思承认黑格尔哲学"改变世界"的欲望,说它"像普罗米修斯从天上盗来天火之后开始在地上盖屋安家那样,哲学把握了整个世界以后就起来反对现象世界"③。因此不能简单的把传统哲学看成纯粹的"解释世界"哲学。同时马克思和恩格斯创立的历史唯物主义只有具备了"解释世界"的功能,才能完成"改变世界"的任务。区别"解释世界"哲学和"改变世界"哲学的关键在于:"这两种解释原则和功能在一种哲学中总是要有一个主从关系问题、谁为谁服务的问题。"④

虽然哲学家都有"老练的眼光",但是对他们来说,"从思想世界降到现实世界是最困难的任务之一"⑤。哲学家在头脑里构建的思维,变成一种独立的力量,并认为那就是现实生活的全部,这种独立的力量支配着人类的整个现实生活。因此,青年黑格尔派把"观念、思想、概念,总之,被他们变为某种独立东西的意识的一切产物",当成"人们的真正枷锁,就像老年黑格尔派把它们看作是人类社会的真正镣铐一样","青年黑格尔派只要同意识的这些幻想进行斗争就行了"⑥。但是这种斗争都是在"纯粹的思想领域"中发生的。他们认为仅仅用新的意识代替旧的意识就可以消除束缚他们的限制。正是在这个意义上马克思说"青年黑格尔派玄想家们尽管满口讲的都是所谓'震撼世界的'词句,却是最大的保守派"⑦。青年黑格尔派用黑格尔的方法对黑格尔体系的出走,并没有成功逃离意识的内在性。

---

① 《马克思恩格斯全集》第1卷(上),人民出版社1995年版,第57页。
② 张云阁:《马克思思维方式论——马克思哲学与费尔巴哈哲学关系研究》,武汉大学出版社2007年版,第229页。
③ 《马克思恩格斯全集》第40卷,人民出版社1982年版,第136页。
④ 张云阁:《马克思思维方式论——马克思哲学与费尔巴哈哲学关系研究》,武汉大学出版社2007年版,第230页。
⑤ 《马克思恩格斯全集》第3卷,人民出版社1965年版,第525页。
⑥ 《马克思恩格斯选集》第1卷,人民出版社1995年版,第65页。
⑦ 同上书,第66页。

那么哲学的秘密在哪里呢？哲学语言仅仅是哲学思想的直接现实，人的现实则是其现实生活本身。由于"这些哲学家没有一个想到要提出关于德国哲学和德国现实之间的联系问题，关于他们所作的批判和他们自身的物质环境之间的联系问题"①，因此这些哲学家依据时代仅仅谋求改变精神世界，并把精神世界看作世界的全部。"哲学家们只要把自己的语言还原为它从中抽象出来的普通语言，就可以认清他们的语言是被歪曲了的现实世界的语言，就可以懂得，无论思想或语言都不能独自组成特殊的王国，它们只是现实生活的表现。"②

最后，"改变世界"是历史唯物主义的理论旨趣。

马克思和恩格斯对资本主义社会进行了解剖，"事实日益令人信服地证明，资产阶级经济学关于资本和劳动的利益一致、关于自由竞争必将带来普遍和谐和人民的普遍福利的学说完全是撒谎"③。因此"真理的彼岸世界消逝以后，历史的任务就是确立此岸世界的真理。人的自我异化的神圣形象被揭穿以后，揭露具有非神圣形象的自我异化，就成了为历史服务的哲学的迫切任务。于是，对天国的批判变成对尘世的批判，对宗教的批判变成对法的批判，对神学的批判变成对政治的批判"④，马克思和恩格斯从人的现实生活出发，开始了从地上到天上的革命。

马克思并不否认社会意识的重要作用，但是"批判的武器当然不能代替武器的批判，物质力量只能用物质力量来摧毁"，用精神力量摧毁物质力量是永远不能成功的，"但是理论一经掌握群众，也会变成物质力量。理论只要说服人，就能掌握群众；而理论只要彻底，就能说服人。所谓彻底，就是抓住事物的根本。但是，人的根本就是人本身"⑤。也就是说，用人自由而全面发展的理论说服群众，掌握理论的群众也就成了摧毁旧社会的物质力量，"只有通过无产阶级作为无产阶级——这种意识到自己在精神上和肉体上贫困的贫困、这种意识到自己的非人性从而把自己消

---

① 《马克思恩格斯选集》第1卷，人民出版社1995年版，第66页。
② 《马克思恩格斯全集》第3卷，人民出版社1965年版，第525页。
③ 同上书，第364—365页。
④ 《马克思恩格斯选集》第1卷，人民出版社1995年版，第2页。
⑤ 同上书，第9页。

灭的非人性——的产生，才能做到这点"①。"对德国来说，彻底的革命、全人类的解放，不是乌托邦式的梦想，确切地说，部分的纯政治的革命，毫不触犯大厦支柱的革命，才是乌托邦式的梦想"②，"这个解放的头脑是哲学，它的心脏是无产阶级。哲学不消灭无产阶级，就不能成为现实；无产阶级不把哲学变成现实，就不可能消灭自身"③，思想的解放必将引导现实的革命，使得德国的革命成为最彻底、最根本的革命，完成人的解放，实现人的自由。

值得注意的是，关于革命的条件，马克思指出"共产主义——它的事业——只有作为'世界历史性的'存在才有可能实现"④。"无论哪一个社会形态，在它们所能容纳的全部生产力发挥出来以前，是决不会灭亡的；而新的更高的生产关系，在它存在的物质条件在旧社会的胎胞里成熟以前，是决不会出现的"⑤，所以马克思已经提出了人类解放的任务，这个任务的完成却要依靠解决任务的物质条件的产生，但是，"一切内在条件一旦成熟，德国的复活日就会由高卢雄鸡的高鸣来宣布"⑥。

董良杰　武汉大学马克思主义学院　讲师

参考文献

[1]《马克思恩格斯选集》第1卷，人民出版社1995年版。
[2]《马克思恩格斯选集》第2卷，人民出版社1995年版。
[3]《马克思恩格斯选集》第3卷，人民出版社1995年版。
[4]《马克思恩格斯选集》第4卷，人民出版社1995年版。
[5]《马克思恩格斯全集》第1卷（上），人民出版社1995年版。

---

① 《马克思恩格斯全集》第2卷，人民出版社1957年版，第44页。
② 《马克思恩格斯选集》第1卷，人民出版社1995年版，第12页。
③ 同上书，第16页。
④ 同上书，第87页。
⑤ 《马克思恩格斯全集》第13卷，人民出版社1962年版，第9页。
⑥ 《马克思恩格斯选集》第1卷，人民出版社1995年版，第16页。

[6]《马克思恩格斯全集》第1卷，人民出版社1956年版。
[7]《马克思恩格斯全集》第2卷，人民出版社1957年版。
[8]《马克思恩格斯全集》第3卷，人民出版社2001年版。
[9]《马克思恩格斯全集》第3卷，人民出版社1965年版。
[10]《马克思恩格斯全集》第13卷，人民出版社1962年版。
[11]《马克思恩格斯全集》第23卷，人民出版社1972年版。
[12]《马克思恩格斯全集》第39卷（上），人民出版社1974年版。
[13]《马克思恩格斯全集》第40卷，人民出版社1982年版。
[14]《马克思恩格斯全集》第46卷（上），人民出版社1979年版。
[15]马克思：《1844年经济学哲学手稿》，人民出版社2000年版。
[16]《列宁选集》第1卷，人民出版社1995年版。
[17]《列宁选集》第2卷，人民出版社1995年版。
[18]《列宁选集》第3卷，人民出版社1995年版。
[19]［苏］布哈林：《历史唯物主义理论》，李光谟等译，人民出版社1983年版。
[20]［俄］普列汉诺夫：《普列汉诺夫读本》，王荫庭译，中央编译出版社2008年版。
[21]《费尔巴哈哲学著作选集》上卷，三联书店1959年版。
[22]《费尔巴哈哲学著作选集》下卷，三联书店1962年版。
[23]［苏］克鲁普斯卡娅等：《回忆列宁》，人民出版社1982年版。
[24]［匈］卢卡奇：《历史与阶级意识》，杜章智、任立、燕宏远译，商务印书馆1999年版。
[25]［意］葛兰西：《实践哲学》，徐崇温译，重庆出版社1990年版。
[26]［德］柯尔施：《马克思主义和哲学》，王南湜、荣新海译，重庆出版社1989年版。
[27]广松涉：《文献学语境中的〈德意志意识形态〉》，彭曦译，南京大学出版社2005年版。
[28]孙正聿：《哲学通论》，辽宁人民出版社1998年版。
[29]孙正聿：《辩证法研究》（上），吉林人民出版社2007年版。
[30]张云阁：《马克思思维方式论》，武汉大学出版社2007年版。
[31]韩立新：《新版〈德意志意识形态〉研究》，中国人民大学出

版社 2008 年版。

[32] 吴晓明:《形而上学的没落》,人民出版社 2006 年版。

[33] 俞吾金:《问题域的转换——对马克思和黑格尔关系的当代解读》,人民出版社 2007 年版。

[34] 韩立新:《〈德意志意识形态〉编辑问题的新进展》,《马克思主义与现实》(双月刊) 2007 年第 6 期。

[35] 吴晓明:《作为历史科学方法论的历史唯物主义》,《中国社会科学》2008 年第 1 期。

第二章

唯物史观生成论研究

摘　要：正像罗马不是一天建成的那样，唯物史观的形成也不是一蹴而就的，而是经历了一个漫长的发展时期：纵观马克思的一生，唯物史观的形成经历了他从中学到任职《莱茵报》期间主要受黑格尔唯心主义的影响，以唯心主义的历史观出场的时期；从《论犹太人》到《神圣家族》在处理现实生活问题中马克思遇到困惑，用黑格尔的理性无法解决现实生活问题促使马克思关注市民社会和国家；在《黑格尔法哲学批判导言》中，马克思揭示了无产阶级的产生是响应时代的号召，并在此基础上指出了无产阶级的使命；而《1844年经济学哲学手稿》对异化劳动的全面阐释，层层深入地解剖劳动让我们洞悉了那个时代的黑暗，此时马克思思想虽深受费尔巴哈的影响，但其思想已由唯心转向唯物，在《神圣家族》中，马克思指出了物质生产、群众在历史发展中的重要性；最后是《关于费尔巴哈的提纲》和《德意志意识形态》的发表，此时马克思的思想深化到社会内部，揭示社会的发展规律，彻底清算了费尔巴哈人本主义的影响和残余，完成了从异化劳动理论到唯物史观的飞跃，标志着马克思唯物史观的最终形成。

关键词：历史观；马克思的唯物史观；生成

一　绪论

（一）问题的提出及其意义

人类历史发展的长河中，每个瞬间都绽放出不同的光彩。所谓历史观，就是人们对于社会历史发展的根本观点和看法。总览历史，主要有两种历史观：唯心史观和唯物史观。唯心史观认为历史起源于人的精神、意识，意识是第一性的，物质是第二性的，持有唯心主义历史观的人就无法找到正确的历史源头,所以唯心史观无法长期指导人们正确地进行生产、生活,而必须让位于由马克思创立的唯物史观。

　　作为马克思思想体系最重要的组成部分,唯物史观是他在继承和发展前人历史观点的基础上,立足于历史实际,结合他自身的所见所闻而形成的关于历史的总的观点,它的诞生,预示着马克思思想发展的成熟,实现了一个质的飞跃,也标志着马克思理论体系逐步完善。

　　历史上,某些卓越的学者有可能在某个方面揭示了历史发展的一些规则,如资产阶级历史学家发现了阶级和阶级斗争现象,英国古典经济学家亚当·斯密、大卫·李嘉图看到了劳动与价值,物质生产、财富增长和社会发展的关系,但得出的结论却是有利于巩固资产阶级统治的。帮助广大的贫苦大众,为他们谋求幸福,是马克思克服一切困难不断前进的动力,因而代表了资本主义社会中底层群众利益的唯物史观理论才有如此巨大的作用。

　　任何时候,真正的哲学都是时代思想的精髓。而马克思所创造的唯物史观是至今为止对世界影响范围最广的理论系统。就如同西方学者所言,不仅仅是在马克思主义国家,马克思的思想产生了影响。在全球范围内,他让我们对事物的看法、评价、诊断的标准都发生了改变。我们是否承认马克思本人以及他的思想都不重要,因为他在我们内心已经获得了高度的认可。就如达尔文发现自然界的进化规律一样,马克思发现了剩余价值学说和唯物史观,为整个世界的发展作出了贡献。

　　学界上有从唯物史观的重建、本质、当代价值等诸多方面对唯物史观进行研究的,在理论和实践方面都进行了探讨,但单从唯物史观的生成方面进行研究的比较少,没能很好地给大家展示出一幅完整的、详细的生成图画,因而本文将从唯物史观的生成视角对其进行深入的全面阐述,立足马克思一生的经历,结合马克思的理论著作及学界对马克思历史观的研究成果,力图从古希腊、基督教时期的历史观概述起,将对马克思唯物史观的形成具有重要影响的几位哲学家——康德、黑格尔、费尔巴哈的历史观进行纵览,让读者对马克思唯物史观的形成脉络一目了然,进一步加深对马克思本人及其思想的理解,此即本文的研究目的和动机。

　　对唯物史观生成论的深入研究,无疑对进一步丰富和发展唯物史观理论体系以及充分挖掘出这一思想生成论在马克思主义思想体系中占有的地位具有重要的理论意义;对马克思唯物史观生成论的研究,也能让我们在重温马克思的经典著作的时候，进一步提高自己的哲学修养，对世界万物的理解在深度和广度上都有所提升。同时，对当代中国特色社会主义事业建设也具有重要的现实意义。

（二）国内外研究现状

对马克思唯物史观展开的研究可谓是众彩纷呈，在这里，我们可以按照区域对其进行总览。

国内学者主要围绕马克思唯物史观产生的渊源、马克思唯物史观的本质和马克思唯物史观的当代价值等方面展开研究。

第一，关于唯物史观产生渊源的追溯。在《重释历史唯物主义》一书中，中国人民大学段忠桥教授给我们初步绘出了马克思唯物史观的形成画景。他认为："马克思所创立的唯物史观是站在诸位学者的肩膀上的，是对前人的继承和发展。"[①] 中国人民大学陈先达教授在《走向历史的深处——马克思历史观研究》中认为马克思唯物史观的产生是时代所赋予的客观条件和已有的历史理论基础相结合的产物，马克思唯物史观的产生顺应了时代要求；此外，陈先达教授还认为："马克思的唯物史观综合吸收了社会文明的一切闪亮理论，对欧洲尤其是古典哲学、古典政治经济学、19世纪空想社会主义这三个方面进行了系统的学习研究和发展。"[②]

第二，关于马克思唯物史观本质的研究。黑龙江大学郭艳君教授在《马克思历史观的生成论本质》中认为马克思的历史观"就其核心内涵来看是生成的，马克思历史观的生成论本质体现在他对人与历史的统一性、人的活动的合目的性与合规律性的统一之中"[③]。关于马克思唯物史观的本质，中国人民大学陈先达教授还断定"马克思所创立的唯物史观主要是想推翻在人类历史长河中一直处于统治地位的唯心主义历史观，通过对人与人的活动的研究深入到对人类历史发展规律的揭示"[④]。中国人民大学郝立新教授提出了以下看法："抛弃了传统决定论与非决定论的对立是马克思对旧的历史观研究范式的超越，是马克思对历史认识领域所作出的

---

① 段忠桥：《重释历史唯物主义》，江苏人民出版社2009年版，第21页。
② 陈先达：《走向历史的深处——马克思历史观研究》，中国人民大学出版社2006年版。
③ 郭艳君：《马克思历史观的生成论本质》，《学习与探索》2010年第3期。
④ 陈先达：《论唯物主义历史观的本质与当代价值》，《高校理论战线》2002年第5期。

巨大贡献，也是唯物史观在历史认识史上实现变革的意义之所在。"①

第三，关于马克思唯物史观意义的研究。陈先达教授在《论唯物主义历史观的本质与当代价值》中认为，"在当代，历史唯物主义是不可超越的，是观察当代世界的科学理论和方法，事关社会主义国家的前途和命运"②，在此，陈先达教授从社会主义国家的角度高度评价了马克思的唯物史观，在全球范围内尤其在社会主义国家，马克思唯物史观的价值都是不可估量的。

国外学者的研究在唯物史观的重新建构、唯物史观的命运前途和马克思唯物史观是否存在等方面展开得比较深入。

第一，关于马克思历史唯物主义的重新建构的研究。代表法兰克福学派最高研究成果的哈贝马斯进行了重新建构马克思的历史唯物主义理论的尝试。"历史唯物主义不是救世药，没法让这个万恶的社会变得更加美好，只能对社会包含的诸多事物中的一个方面或者某一个发展阶段做出说明。历史唯物主义只有通过重建，才能成为一种富有生命力的普遍的社会进化理论。"③ 在此基础上哈贝马斯进一步提出了社会交往理论。

第二，关于马克思历史唯物主义的命运前途的研究。西方解构主义的杰出研究者雅克·德里达曾说："从一个完全不同的角度来看，马克思主义的命运将会怎样？是会继续向前还是走向死亡？这个问题，其实在以前就被提出过，只是提问的语气、侧面不一样，今天晚上正在引起大家共同兴趣的事物也和以前有所区别。"④

第三，关于马克思唯物史观是否存在的论争。国外研究者抱有两种看法：一种是认为马克思的唯物史观是存在的；另一种则是否定的。认为马克思的唯物史观是存在的科恩指出："马克思的唯物史观不仅存在，在未来还有更大的发展空间。"⑤ 日裔美籍学者弗朗西斯·福山则对马克思的

---

① 郝立新：《马克思历史观的本质》，《教学与研究》1990年第1期。

② 陈先达：《论唯物主义历史观的本质与当代价值》，《高校理论战线》2002年第5期。

③ ［法］洛克莫尔：《历史唯物主义：哈贝马斯的重建》，孟丹译，北京师范大学出版社2009年版。

④ ［法］雅克·德里达：《马克思的幽灵：债务国家、哀悼活动和新国际》，中国人民大学出版社1999年版。

⑤ ［英］科恩：《卡尔·马克思的历史理论———一种辩护》，段忠桥译，高等教育出版社2008年版。

历史观持有否定怀疑的态度,他在《历史的终结及最后之人》中说:"自由民主制度是人类意识形态发展的终点和人类最后一种统治形式。历史的发展只有一条路,即西方的市场经济和民主政治。"①

综上所述,经过国内外学者的辛苦耕耘和较为细致的研究,关于马克思的唯物史观研究取得了一定的成果,扩展了人们对马克思唯物史观的认知。但是对其研究仍然存在着空间,特别是欠缺对其生成论的研究,立足文本、深度挖掘文本是基本,也是我的专业特色,我的这篇《唯物史观生成论研究》,概述古希腊、基督教时期历史观的基本主张和核心内容及马克思唯物史观诞生前的唯心史观,因为马克思的唯物史观的形成是站在批判、继承前人思想基础上的,重点放在他从中学毕业到唯物史观的诞生地——《德意志意识形态》的发表,这篇文章里,他辛苦耕耘的理论的几条基本原理都有阐述,全面、仔细地精读、领略马克思一生的几个重要时期,把唯物史观的形成每一个脚印都清晰地反映出来,希望能与众多对马克思唯物史观有兴趣的研究者一起共勉。

(三) 论文结构及理论创新点

作为传统哲学的终结者,马克思的唯物史观是通过批判、扬弃、继承西方特别是德国古典哲学完成的,古希腊、基督教哲学,康德、黑格尔、费尔巴哈的哲学思想,把浩瀚的历史展现在人们面前,但他们的历史观都是唯心的,无法长期占据历史发展长河。而马克思的历史观是唯物的,正确地揭示了历史发展的规律,正确地看待人的历史主体的地位,为人们正确地认识、改造自然和世界提供了钥匙。围绕这些内容,本篇论文将分为五个部分对其展开论述。

第一部分:分为四点。分别是唯物史观生成论这个问题的提出、提出的价值、目前国内外学者的研究水平、文章的结构特点以及此篇文章的写作方法。通过这一部分的四点阐述,明确了此篇论文的撰写原因、撰写目的和撰写途径,为接下来的写作作好理论上的铺垫。

第二部分:分为三点。第一点是概述古希腊、基督教时期历史观的主要特征,古希腊时期的历史观具有强烈的人文感,但人与自然是分开的;

---

① [美] 弗朗西斯·福山:《历史的终结及最后之人》,黄胜强、许铭原译,中国社会科学出版社2003年版。

而基督教时期的历史观更具历史感,强调历史是为了实现上帝的意志;第二点是概述康德与黑格尔的唯心史观,他们两人对马克思的思想有重要影响,两者都强调理性但又各具特色;第三点是概述费尔巴哈的思想对马克思唯物史观的形成有直接影响,但他突出的是抽象的人与历史,是不接地气飘浮在空中的。

第三部分是马克思从中学时期到任职《莱茵报》阶段。此阶段他主要是受家庭成长环境以及黑格尔唯心主义观点的影响,以唯心主义的历史观出场。在其被后人称赞的佳作《青年在选择职业时的考虑》中,其思想火花初次绽放,且光芒绚烂夺目,奠定了马克思本人杰出历史地位的基础。在这里马克思说明了人是历史性的产物,我们的出生、成长环境在我们出生以前,已经在某种程度上被决定了。

1842年马克思加入《莱茵报》编辑部,开始尝试用黑格尔的理性来解决现实生活中遇到的难题,但最终马克思被迫退出《莱茵报》,使马克思从理性主义的幻想中惊醒过来,此时马克思认识到,黑格尔的绝对精神、理性在实际的物质生活中不仅无法解决诸多问题,甚至无法找到合理的解释点,这使得马克思开始怀疑自己的哲学信仰,也促使他开始关注经济问题、关注物质生产。

第四部分是此篇论文的重点也是难点。

此时期是唯物史观形成的关键阶段,在《论犹太人问题》一文中,通过对鲍威尔及其伙伴们观点的分析批评,马克思正确地看待政治解放与人类解放问题,成功地实现了这两个问题的分野,在这里,马克思清晰地指出了这两种解放的不同,至于解放人类这个任务由谁来完成,这是下篇文章的主旨。

人类解放这个任务由谁来完成呢?在《〈黑格尔法哲学批判〉导言》里,马克思给出了答案,这个重担由一无所有的无产阶级来承担,在这篇文章中马克思还厘清了理论与实践的联系,指出了两者在人类历史发展中不同的作用。

在马克思的思想体系中,对人的认识是一个逐步加深、逐渐合理、逐渐科学的过程,那么在此阶段,马克思又是如何认识人的本质的呢?是如何解释的呢?此时,他指出,人的本质不是别的,是自由自觉的劳动。集中对异化劳动进行解释的《1844年经济学哲学手稿》,在唯物史观的形成中占有重要地位,它对无产阶级的阶级地位和人类解放道路也进行了重点阐述。

19世纪40年代,以主观唯心主义为标志的鲍威尔及其伙伴们活跃于历史舞台,他们宣称自己所信奉的自我意识是推动世界历史向前发展的唯一积极因素。为了批判鲍威尔及其伙伴,马克思写了《神圣家族》一文,突出强调了物质生产在社会发展中的作用,指出鲍威尔把"精神"与"群众"对立起来是错误的,此时马克思的群众观、物质生产观初步形成。

第五部分是此篇文章的核心。

笔者将分别从《关于费尔巴哈的提纲》、《德意志意识形态》两篇文章着手,对这两篇文章进行仔细地阅读分析,逐渐加大把握马克思唯物史观生成的理解力度,力求透过现象抓住本质。

首次赢得了"天才萌芽"美誉的文章《关于费尔巴哈的提纲》,它揭示的中心思想是实践在社会生活中起基础性的作用,在这篇1400多字的文章里,马克思明确地指出费尔巴哈乃至他以前的一切哲学家的缺陷,就是忽视了物质生产活动,没有突出强调实践。

在《德意志意识形态》这个唯物史观的诞生地,马克思、恩格斯对国家的认识,对推动历史进步的两对主要矛盾——生产力与生产关系、经济基础与上层建筑,对人民群众在历史发展中的正确地位以及社会发展的五个形态等一系列唯物主义的基本原理都第一次进行了比较详尽的阐述,唯物史观在此真正形成。

立足马克思三个时期的著名文本,深层次把握马克思在不同文本对唯心史观的批判,清晰地展示唯物史观的生成轨迹是本篇论文的内在组织逻辑,牢牢把握、认真吃透文本,在全方位梳理唯物史观形成的过程中,扩展、加深自己的马克思主义哲学素养;对对马克思唯物史观的形成有重要影响的哲学家的历史观思想的研究,做到系统、全面而深入,这种研究视角的切入是本文的创新点。

(四) 研究方法

文本分析法。首先,关于唯物史观,马克思并没有作系统性的论述,而是散落在他大量的经典著作中。对于这些经典著作的研究也就是对马克思的重要文本的研究。通过对马克思重要文本的深入分析和把握,可以获得马克思历史观的最直接、最生动的素材。

逻辑与历史相统一的方法。我们在追寻马克思唯物史观生成的轨迹时，尤其要注意其内在的生成逻辑，马克思的思想形成过程是他深入市民社会、深入物质生产后一个不断升华、不断接近真理的过程。

理论与实践相结合。此理论的创立是马克思理论钻研和革命实践双重探索所得到的结果。我们在探索学习期间，既要认真深入去品析文本、抓住马克思理论研究的思想内核，又要注意文本与当时社会现实、理论与实践的融合，才能取得更好的理解效果。

二 继承中的扬弃：对前马克思唯心史观的分析

（一）人本与历史的张扬：古希腊与基督教时期的历史观

古希腊这座城邦，在人类历史长河中一直闪耀着不一样的光芒，它是西方文明的源泉，也是西方哲学的诞生地。历史观由来已久，饮水思源，可以这么说，历史的发生、发展和变化是从古希腊开始的。循环的历史观是古希腊时期的主导模式，在他们眼中，历史是站在原点兜圈子不向前的，人与自然有联系，但人这个历史主体并不是自然的组成部分，人具有自然属性，人与自然是两个个体，既有联系又有区别，古希腊时期对人自身的认识过于忽视它的社会性而突出它的自然性，所以古希腊时期的历史观是不成熟的。

与古希腊历史观不同的是，基督教的历史观在古希腊哲学目的论的强烈影响下，具有浓厚的历史感。基督教时期历史观的代表人物奥古斯丁认为人类历史是一个有始有终的发展过程，在时间这个序列中，上帝创造世界是开端，万物复归上帝为终点，历史即上帝实现其意志的过程。但基督教时期的历史观也有明显的不足，虽然历史的前进是朝着预定的目标，但是这个目标是上帝，是一种典型的客观的唯心主义，而在马克思看来，历史前进的目的不是为上帝服务，历史是人的活动的历史，是人为了实现自己的价值，历史是动态的。由于基督教时期的历史观把人自身存在的价值和意义给忽视了，那么它强调进步的分量就不是那么重了，与古希腊历史观的强烈人文主义氛围比较起来，就显得更加微乎其微。

（二）自然与理性的狡计：康德与黑格尔的唯心史观

马克思的思想有创新性，但他是在吸收众多德国古典哲学家思想的精髓上不断扬弃发展的，尤其是康德和黑格尔。在历史长河的发展过程中，康德是个具有划时代意义的集众多研究领域为一身的学者，有人曾经如此描述过康德："康德……在近代哲学上恰似一个水库地位的人。康德以前哲学家们的思想在康德这里得到了汇合总结；而康德把各家思想汇总后，再流传出去……述现代哲学的人，无论如何都不能对康德置之不理。"① 这句话足以证明康德在哲学史上的重要作用。康德对人类历史发展贡献最大的是在伦理学领域，"历史研究，用现在的话来说，好比一项业余爱好而并不能占有他的大部分精力"②。从某种程度上说，"康德的历史哲学乃是道德哲学的一种派生品"③。康德理解历史的出发点是理性，但是康德所说的理性是自然的理性而非人的理性，突出自然而忽视人显然不可能成为历史的主旋律。在康德眼中，历史是个受必然性支配的理所应当的符合大自然规律的过程，是为了实现自然发展进程的一项隐蔽的计划，贯穿整个人类历史发展的始终。但是，康德哲学的性质是二元论的，即人的认识能力与自在之物的对立，使本已经被揭示出来的历史的主体性功亏一篑，它又重新被自在之物湮没了，因此从本质上来说，康德的历史观是客观唯心主义的。

与康德突出强调自然不同，黑格尔突出的是绝对精神——理性。理性，在黑格尔眼中，既是历史的起源，也是历史发展的驱动力和历史发展的最终目标。理性拥有自身的不可估量的潜能，成为它所创造的包括自然和人类社会万物在内的根基，还有那丰富多彩的方法和难以估量的驱动力丰富着这种内容。首先，理性是世间万物形成的因子；其次，"理性"是世间万物生长、社会形态持续跃进的内在原因，用马克思唯物史观里的话来说，黑格尔眼中的理性并非是意识而是物质，黑格尔眼中的理性产生世界，决定着世界，它在地球上立足的唯一依据是本身，它奋斗前进的终点是本身，并且它本身还是顺利完成这个过程的助推器，"这种现象存在于

---

① ［日］安倍能成：《康德：实践哲学》，福建人民出版社1984年版，第3页。
② ［英］柯林伍德：《历史的观念》，商务印书馆1997年版，第147页。
③ ［英］沃尔什：《历史哲学导论》，广西师范大学出版社2001年版，第126页。

自然中，也存在于人的思维、人的精神中"①。

（三）抽象的人与历史：费尔巴哈的唯心史观

19世纪40年代，成就费尔巴哈的著作——《基督教的本质》问世了，此书的重要性体现为它首次在哲学史上使唯物主义战胜了唯心主义。关于人，费尔巴哈的人本学思想着重于用生物学上的与一般动物差别不大的人代替有血有肉的、从事物质生产的人，认为生物学上的人——只关注自己的生理需要的人就是人的本质，人与自然是紧密相连不可分割的物质统一体。相比康德、黑格尔的唯心主义是大大向前跨进一步，但是费尔巴哈的唯物主义有一个最大的缺点，因为他所指的人是抽象的人，是不懂实践的人，甚至费尔巴哈对实践的定义都是错的。他认为，在少数人头脑中的东西是理论，在很多人头脑中的东西就是实践，这个对实践的定义是不科学的。任何时候，理论终究是理论，实践终究是实践，"人是一切社会关系的总和"，他们是活生生的有血有肉的必须从事实践活动以满足吃穿住行用等基本需要的。关于历史，既然自然、人都是抽象的，那么在费尔巴哈的心里，历史也无法逃脱抽象的牢笼，既然组成历史的最基本的因素"人"是抽象的，那么历史肯定也是抽象的了。正如马克思的描述，当费尔巴哈以唯物主义者的身份出现时，历史在费尔巴哈眼中是个黑洞、盲区，历史是在费尔巴哈的视线外面的，当费尔巴哈对历史感兴趣而花时间精力去研究时，费尔巴哈就不再是一位唯物主义者，所以人与历史这两个密不可分的事物，在费尔巴哈这里都没能得到正确的定位，费尔巴哈也只能是暂时在历史发展中起作用，他的思想精髓被马克思所吸取，他本人以及他的思想终究还是会被后人所取代。

三 黑暗中的摸索：从《青年在选择职业时的考虑》到《莱茵报》

（一）《青年在选择职业时的考虑》：思想火花的初次绽放

历史选择马克思来发现唯物主义历史观是偶然的，但在这种偶然性中

---

① ［德］黑格尔：《历史哲学》，上海书店出版社1999年版，第9页。

又隐含着某种必然,青年时期的马克思就心怀天下,抱有为人类大众谋幸福的情怀。虽然在这个阶段,马克思主要是受黑格尔唯心主义的影响,以唯心主义的历史观出场,但已有唯物主义的萌芽,为以后唯物主义的形成奠定了基础。

青年时期的马克思便初步展示了他思想的深邃和优异的文字表述才能,中学时期初次绽放的思想火花令人炫目。在他的中学作文中,他认为:"我们在社会上的关系,还在我们有能力对它们起决定影响以前就已经在某种程度上开始确立了。"① 写这篇文章时,马克思的思想还是唯心史观占主要地位,马克思把上帝摆在第一位,但此时唯物主义已经开始萌芽发展。历史的发展是有规律可循的,我们人类生活其中,必须遵循其规律,把发挥自己的主观能动性和尊重历史发展客观规律结合起来,否则就得受到惩罚,这些思想与后来马克思唯物论中的思想不谋而合。对于职业的选择,马克思还惊人地指出,选择从事理论研究、抽象知识的职业的危险性远远高于从事简单的物质生产的活动,但是,如果你立下了毕生为之奋斗乃至不顾牺牲的决心,这些职业还是可以选择的,到最后也许还是合适的。"那些从事抽象真理的研究的职业是最危险的。……如果我们能够为它们竭尽全力,那么这种选择适合也是可以的。"② 不管是从历史中还是从人们日常生活的反思总结中所得到的经验都告诉我们,那些全心全意为广大群众着想的人,是一些快乐的、幸福的人,是值得当时的以及后来的人们尊敬的伟大人物,这样的人也是人们学习效仿的对象。"宗教本身也教诲我们,人人敬仰的理想人物,就曾为人类牺牲了自己——有谁敢否定这类教诲呢?"③

(二)"博士论文":在自我意识和自由的论述中迈向实际斗争

进入大学后,马克思加入了以黑格尔思想为核心的博士俱乐部,开始全面地阅读黑格尔及其弟子的著作,代表着黑格尔的绝对精神、理性对马克思产生了深远影响,此时的马克思信奉理性及自由,认为国家和法是理

---

① 《马克思恩格斯全集》第 40 卷,人民出版社 1956 年版,第 3 页。

② 同上书,第 6 页。

③ 同上书,第 7 页。

性和自由原则的体现。在博士论文中,他写道:"德谟克利特从原子的垂直降落得出世界上有的一切事物都是必然的;伊壁鸠鲁则认为原子的降落稍许偏离直线,否则就会像卢克莱茨在他的教育诗中所提出的那样:哪里还会有自由意志,不受命运摆布的、生物的意志?"①

德谟克利特的唯物主义以其彻底性在古希腊自然哲学家当中独树一帜,德谟克利特认为,任何东西的产生、变化都是有迹可循的,不会莫名其妙地产生,也不会无缘无故地消失。变化起初是微小的,只是部分的分散或结合,除了原子和虚空,其他的一切都是幻想,而原子是无穷多的,形式是变幻莫测的,当原子在空中降落时,较大的原子由于质量较重速度比较快,撞击着小的原子,使较小的原子偏离了它原先运动的轨迹,因此而诞生的偏离轨迹及其形状就成为了世界的基础。

伊壁鸠鲁在继承德谟克利特对原子看法的同时,也有改变,其中最为著名的就是"原子的偏斜"学说,伊壁鸠鲁认为原子是稍作偏斜直线而落的,并非是垂直降落,原子也有自由,也有它的自由意志,并从中引申出自我意识,自我意识就如稍作偏斜的原子一样,并非一直处于被决定的地位,它自己也能起到反作用,反作用于物质。

在这篇文章中,马克思对这两位哲人既作出了肯定也指出了两位哲人的不足,德谟克利特强调了物质而忽视了意识,伊壁鸠鲁突出了意识而对物质重视不够,马克思通过对两者原子论差别的比较,吸收了两者的长处,从德谟克利特那里学到物质是第一位的,运动是绝对的,从伊壁鸠鲁那里学到意识对物质也有反作用,意识不仅能反映物质还能反作用于物质,正确的意识能促进物质的发展,正确的理论能促进实践的进步。马克思在这篇博士论文中已经初步展示了他熟练掌握辩证法的才能,而这一运用辩证法的才能,黑格尔的其他弟子并没有掌握,更别谈熟悉运用。

(三)《莱茵报》:哲学理性的碰壁

马克思获得耶拿大学授予的博士学位后,想在大学校园里谋得一个讲授哲学的职业,他就着手修改博士论文以满足当时任职的要求,但由于布

---

① [德]梅林:《马克思传》,人民出版社1972年版,第52页。

鲁诺因为他的非正统学说得罪了当时的当政者而被剥夺了教职后,马克思在大学谋得一个职位的希冀也就随之付之东流了。

为了实现理想抱负,也是迫于生计,马克思 1842 年初向《莱茵报》投稿,鉴于他出众的写作和管理报社的才能,同年 10 月,他被聘为该报编辑。任职期间,社会主义知识引起了人们的关注并引导人们展开了热烈的讨论,马克思受这些讨论的启迪,对社会问题的兴趣也愈加浓厚,他任职期间的第一篇文章讨论了林木盗窃法案。农妇拾捡枯枝烂叶久而有之且不受法律的管辖,但是 19 世纪 20 年代的农业危机带来的资源匮乏和工业需求的快速增长,迫使法律对这一农妇拾捡枯枝烂叶事件进行了干涉,局势变得紧张而发展迅速,在普鲁士的所有起诉案件中,5/6 涉及林木盗窃、侵占牧场、违犯狩猎、森林违禁等,这个比例在莱茵地区还要高得多。马克思反对制定法律来制裁拾捡枯木者,他严厉甚至是愤怒地谴责当局,立法者应当对侵犯财产的行为加以区别,不具体分析问题而把拾捡枯木者论为盗窃者是不对的,但结果是马克思在 1843 年 3 月 17 日被迫退出《莱茵报》编辑部。

这个事件是马克思思想发展历程中的一个分水岭,以前他都是运用理性来解释并试图解决现实生活中遇到的问题,但很快他的这种人生哲学无法继续发挥作用。"莱茵省议会关于林木盗窃……的讨论……是促使我去研究经济问题的最初动因。"[①] 恩格斯后来的论述也证明了这个情况,正是马克思对林木盗窃法和摩塞尔河地区农民处境的观察和注意,使他的关注视角由政治转为经济,在此基础上逐渐步进社会主义。这个时期,马克思的思想仍然笼罩在黑格尔唯心主义的黑幕下。

正是这次哲学理性的碰壁,运用黑格尔的理性等观念无法解决现实生活问题促使马克思意识到,要解决他所遇到的问题必须把目光转到黑格尔所忽视的市民社会,必须转变以前的思维定式,关注物质生产、经济基础的作用,而不能仅仅运用理性、思维来解决实际生活问题,也正是这次理性的碰壁,促使他开始转移研究重点,把视线从天上转到人间,关注经济,关注物质生产,关注市民社会。

[①]《马克思恩格斯全集》第 1 卷,人民出版社 1962 年版,第 180 页。

四 迷惑中的前进：从《论犹太人问题》到《神圣家族》

（一）《论犹太人问题》：政治解放与人类解放的分野

何为政治解放？何为人类解放？政治解放与人类解放是同一个问题还是两个问题？通过阅读《论犹太人问题》，我们都可以找到马克思提供的答案，虽然与今天的学界认识有差距，但马克思的回答在那个时候是科学合理的。鲍威尔在《犹太人问题》中认为完全可以把犹太人的问题归之为宗教问题，他认为，如果犹太人想要得到解放，就得要求信徒丢弃自己所信奉的宗教。

在《犹太人问题》里，鲍威尔切实地提出了政治解放与人类解放问题，与前面诸多哲学家相比，这是一个巨大的进步，因为他不仅提及了人，还旗帜鲜明地要解放人，要把人从宗教束缚中解放出来，这在以往都是没有的，以前的哲学家不是把人纳入自然的一部分，就是把人当作不知生活生产劳动、不知实践为何的事物。

很明显，鲍威尔的看法也是有缺陷的。马克思指出，鲍威尔的见解还不够深入，因为他没有正确地看待基督教国家和国家，信奉基督教的国家只是广义国家中的一个子集，鲍威尔指责的是国家本身而不是基督教国家，所以马克思指出鲍威尔的错误在于他没有清醒地区分这些概念。

马克思认为，政治解放，首先是正确处理国家和宗教这两者之间的关系，只有当前者不再唯后者马首是瞻时，它才体现出其真正的内涵，此时的政治解放才彻底，而这些，只在这两者的相互作用范围之内而不涉及人。退一步说，就算人不再信奉宗教，就算国家也只以本身而不再以宗教立国，人在这种情况下从旧的社会制度中走了出来，这样还不是人的解放，在这种情况下解放的人是自私自利的人，是一种类生活的存在，是一种与自己的本性相违背的不真实的存在。因此，只有生活在现实的市民社会的人，才是真正的人。这一思想与马克思在其唯物史观最终形成中对"人"的认识是非常接近的，"人"，是一切社会关系的总和，是需要解决吃喝住行用等现实问题的人。

(二)《〈黑格尔法哲学批判〉导言》：无产阶级使命的昭然

在《〈黑格尔法哲学批判〉导言》中，马克思指出法根源于物质的生活关系，正如国家的存在表现，不可以按照外在事物的普遍运动模式及其规律来看待、处理之，而只能把目光聚焦在物质上，即必须把目光放在普遍的人类社会，按照马克思的说法，即要想追究法的根源，得去"市民社会"中探究，法是一种理论的东西，理论不可能来源于理论，可靠的理论必须来源于实践并接受现实社会的考验。这是1843年3月到9月马克思对黑格尔法哲学进行批判的结果，这次批判促使马克思又向唯物主义大大跨近了一步。

揭示理论与实践的关系及其各自在人类历史中的地位是此篇文章的亮点，"批判的武器当然不能代替武器的批判，……无产阶级也把哲学当作自己的精神武器"①。具体而言就是指，物质与意识划归于两个不同的范畴，物质不能代替意识，社会上的不公平、黑暗只能用物质力量来摧毁，但是，如果理论传播的范围特别广，对人们的影响特别深，被人们掌握并用于指导自己的实践，那么理论也就会起作用，那么，这是一种什么样的理论呢？是一种彻底的理论，是一种反映了人的本质的理论，而人的本质就是他自身。

那么我们就会问，德国解放能不能实现呢？有实现解放的条件吗？又有什么可以让人们对德国的解放、对德国的未来之路充满信心？《〈黑格尔法哲学批判〉导言》给予了我们答案，关键就是形成一个阶级，一个被彻底戴上锁链的阶级，这是怎样的一个阶级呢？这个被迫彻底戴上锁链的阶级，它的存在、它的出现就预示着一切等级的解体，它代表的是一个不同寻常的领域，虽然它们承受着人们难以想象的痛苦，但是它们从不要求享有任何机会，它们已经对自己的生活、对自己的未来失去信心，因为它们已经走到了被压垮的边缘。"它不能再求助于历史的权利，而只能求助于人的权利。"② 要改变当前德国的现状，必须付诸实践，也就是举起武器对当前不公正的社会进行反抗。

---

① 《马克思恩格斯选集》第1卷，人民出版社2012年版，第9页。
② 同上书，第15页。

"向德国制度开火！……它的主要情感是愤怒，它的主要工作是揭露。"① 是的，在当时的世界范围内，英国、法国等部分欧洲国家已经进行了工业革命，建立了资本主义的先进制度，所以德国在当时从政治、经济方面来说是一个落后的国家，但是马克思指出，不能因为德国的社会制度落后我们就弃之不理，我们必须批判它乃至推翻它，而这个任务，只能由无产阶级来承担和完成。自此，无产阶级的产生及其使命得以昭然，他们就是要推翻德国现存的社会制度，虽然这种制度已经落后于历史发展潮流，但是仍然得推翻它。

在《〈黑格尔法哲学批判〉导言》中，马克思不仅精辟地论述了"武器的批判"与"批判的武器"各自在人类解放中的作用以及它们之间的相互关系，而且指出了解放德国的可能性——无产阶级的形成，在形成的基础上拿起手中的武器进行反抗，只有这样才有可能取得自身和人类的解放。但是马克思这一愿望在德国的实际发展中并没有成为现实，这既跟无产阶级的不成熟有关，也跟马克思当时思想发展有关，当时的马克思主要是从哲学层面来构思这一画面而没有深入经济层面。

（三）《1844年经济学哲学手稿》：对异化劳动的全面阐述

《1844年经济学哲学手稿》（以下简称"《手稿》"）是马克思走向唯物史观的必经之路。他一步一步地逐渐深入剖析异化劳动，针对当时资本主义社会普遍存在的非人劳动、非人现象作了细致描述。

恩格斯说过，社会制度的更替、社会面貌的翻新、社会革命的爆发都是有原因的，并非无缘无故就出现了的，那么我们应该到哪里去寻找这些历史事件的根源呢？去物质生产中，去商品交换中，去经济学中，去人们生活的社会中。这些主题，都使《手稿》成为人们学习讨论的中心。而《手稿》中最显著的特征，是对异化以及异化劳动理论的阐述，劳动过程、劳动产品、人的类本质以及人与人之间的异化，它们奠定了《手稿》的历史地位，也使《手稿》在19世纪乃至今天都闪烁着异样的光芒。

在《手稿》中，是从劳动的四个不同方面来揭示异化的，深刻地指

---

① 《马克思恩格斯选集》第1卷，人民出版社2012年版，第4页。

出异化劳动的形式和特点。第一个方面就是产品的异化,工人与其劳动成果并非处于它们本该有的状态,相反是处于势不两立的状况之中,工人自己生产出来的产品成为一种凌驾于工人之上的力量。第二个方面是劳动过程的异化,我们知道,产品不是平白无故从天上掉下来的,而是人们通过自己的双手生产出来的,"如果工人不是在生产行为本身中使自身异化"[①],那么工人怎么就不能理所当然地占有、享用自己的产品呢?那么劳动的外化(异化)又是如何表现出来的呢?其实,劳动本应该是一件美好的事情,具有劳动潜能的人在劳动过程中不仅能创造财富,造福他人,美化社会,还能起到锻炼身体、愉悦身心的作用,但是异化的劳动与此相距甚远,在这个过程,劳动者不是在肯定自己而是走向反面,束缚、委屈代替了原本的开心和快乐,在劳动过程中劳动者的整个身心都受到无尽的压榨。在抛出了前面异化劳动的两个方面之后,马克思认为的异化劳动的第三个方面——人同他的类本质相异化。人是群居动物,活动是需要、是能力的展露,但这种活动被广大的贫苦大众当作谋生手段了,劳动在他们那里不是才华展示的途径,而仅仅是为了生活,人与动物的根本区别原本也应由这自由自觉的活动来区分,但是当劳动者把这种活动当作求生计的渠道后,这种区别反而不明显了。劳动的第四个方面就是人同人相异化。由于人是社会存在物,他跟自己的关系确实是存在的,但是如果没有渠道、没有途径就无法显示出来,所以人自己只能通过外人来确证自己的存在,理所当然,当人与自己的本质相异化时,自然而然地就同他人相异化。

  对异化四个方面层层深入的详尽阐述,号召着当时的人们乃至现在的我们为了消除异化而不懈努力,真正的社会是每个人的潜能得到充分挖掘和发挥的社会,在这个社会里,商品应该是受工人支配的,人应该是作为人、按照人的样子来组织社会。使人与人发生关系、把人和人紧密联系在一起的是人自身的本质,而不是什么商品或货币,每一个人的生产不是受外在压力的强迫,而是在施展自己的才华,把能够体现他人本质需要的物品给创造出来,人们在乎的、看重的是自身的需求、自身的价值而不是外物;真正的劳动,并非是出于外在需要、为了谋生而进行的与人的本质不

[①]《马克思恩格斯全集》第42卷,人民出版社1956年版,第95页。

相符合的劳动。

但是，此时马克思的思想还不是一个单独的个体，他自己还没有真正地独立出来，还深受费尔巴哈思想的映射，距离他的成熟思想还有一些差距。在《手稿》中，马克思是以人的类本质作为衡量历史尺度的，还没有涉及生产力和生产关系以及它们两者之间的矛盾运动，它们两者的矛盾运动才是历史发展的根本动因。在《手稿》中，马克思把劳动看成人同动物的根本区别，以劳动作为新的出发点追溯了唯物史观的新道路，此时，马克思的思想朝着成熟更进了一步。但《手稿》对劳动的分析也不是完美无缺的，它从主体人出发来分析劳动，把能够让劳动者充分展示其才能的、没有约束的劳动看成是人的类本质，而我们知道，人及其精髓却绝对不仅仅这么狭隘，此时的马克思狭隘地、错误地把现实的劳动看成异化劳动，此种做法是值得探讨的。自由自觉的劳动不仅是人本质的体现，它还应该是现实社会生活中的，能够促进社会进步和人的发展的，仅从人的本质与异化劳动的对立中来考察它，会导致对劳动的歪曲认识。

（四）《神圣家族》：物质生产观、群众观的初步形成

《神圣家族》的问世，起着一个里程碑的作用。"神圣家族"是对鲍威尔及其伙伴们的别具一格的称谓，他们把改造世界的活动归结为纯粹的思维精神活动，这种活动是对批判的批判，确信人类历史向前进的能量来自于思维、意识、思想等人的头脑中所想出的东西；轻视甚至无视物质生产，更别说突出强调物质生产在人类历史发展中的基础性作用；把群众标榜为"精神的敌人"，认为群众是非批判的、于历史的进步无益的，是一群消极被动的流氓。

鲍威尔及其伙伴的思想有其进步性，他们突出了意识、思想、理论活动的重要性，但是，思想只有反映了社会的现实需要，反映了广大人民群众的需求，才能成为有助于社会发展的力量。因此，推动世界进步的根本性因素是物质而不是意识，意识永远"是被意识到的存在"，是依附于物质生产的存在，它受物质的社会关系的制约。

马克思在指出人们实际从事的社会生产活动诞生历史的同时，也着重强调论述了历史的主体——人在世界进步中的重要作用。他们批判鲍威尔及其伙伴鄙视人民群众的存在、低估群众在历史中的作用，"历史活动是

群众的事业,随着历史活动的深入,必将是群众队伍的扩大"①。可见,革命是历史的火车头,而人是驾驭这辆火车的关键,人是历史前进的直接力量,随着物质生产的发展,随着群众参加社会生活的广度和深度的扩展,广大群众就会意识到自己的利益同少数统治者的利益矛盾,就会在思想上和行动上进行反抗。

鲍威尔及其伙伴一向敌视群众,特别是无产阶级。他们认为工人什么东西也没有创造,因而他们也就一无所有;而且批判的对象不应仅仅集中于社会、特权者和私有主等,还要对无产阶级进行批判。对此,马克思和恩格斯对鲍威尔他们这种种谬论进行了有力的回击。他们通过分析工人在资本主义社会条件下过着非人的生活,指出工人的这种特殊地位必然使他们认识到自身的生活困境,从而完成他们的光荣使命。因为他们是一个彻底被戴上锁链的特殊阶级,他们在资本主义条件下已完全丧失了自我,他们需要反抗和回应这种非人的状态,通过暴力手段来打断锁链。

五 唯物史观的诞生地:《德意志意识形态》

(一)《关于费尔巴哈的提纲》:天才萌芽的出现

《关于费尔巴哈的提纲》(以下简称《提纲》)是马克思对以费尔巴哈为首的唯心主义的清算,这篇文章梳理了马克思从1841年撰写博士论文以来的人生成长轨迹,表明他最后离开了"中间环节",清除了包括费尔巴哈在内的以前哲学家对他的影响。马克思对经济学兴趣的日益加深,使他最终走出了费尔巴哈静止的和非历史的阵地,此时的他已经不再是当初满口称赞费尔巴哈的学生了,马克思已懂得"吸取精华、祛除糟粕"而为我所用,将理论接受实践的检验并为实际生活服务。

《提纲》总共11条,只有1000多字,文章虽短,却因其历史性作用而得到了他一生挚友的高度称赞,说它是无比珍贵的,是首部展示马克思天才思想的著作,是"天才萌芽的文件"。

自19世纪40年代起,费尔巴哈陆续完成了四篇文章,分别为《基督教的本质》、《关于哲学改造的临时纲要》、《未来哲学原理》、《宗教的本

---

① 《马克思恩格斯文集》第1卷,人民出版社2009年版,第287页。

质》等系列，使唯物主义再次戴上王冠，同时也终结了唯心主义的命运。然而，由于费尔巴哈不主张使用阶级斗争的手段实现人的解放而强调通过协调人与人之间的感情关系的办法来解决矛盾，所以他的唯物主义虽然战胜了唯心主义，但它还无法引领当时的工人运动取得胜利的果实，无法为无产阶级改造世界提供正确的方向，因为要想与过去的黑暗世界作彻底的诀别，除了阶级斗争、革命，别无他法。

总览《提纲》十一条，新唯物主义对旧唯物主义的超越可以归纳为以下几点：

在自然这个因素上，马克思是从主体出发理解它的，把自然这个因素与历史的主角"人"紧密地联系起来，两者之间是有确切的关系的，自然是刻上了人的意志烙印的自然界，看到了现实世界是历史的、生成的、发展的，而费尔巴哈的旧唯物主义没有注意到这一点，它把自然看作与人类世界无关的事物。

在对待客观世界上，马克思认为人与客观世界是认识与被认识、改造与被改造的二重关系，而费尔巴哈却只是直观地认识世界，事物的主观能动性方面被唯心主义者注意到了，但也只是抽象地注意到，没有做到从实践方面出发把客观世界看作认识的对象。

在对实践的理解上，费尔巴哈曾错误地认为，暂时只在一个人头脑中存在的东西就是理论，而在许多人头脑中已有的东西就是实践，这个定义在我们今天看来是啼笑皆非的，不管你有多少人知道这个东西，如果人没有发挥主观能动性改造客观世界，就不是实践，马克思也曾指出："费尔巴哈想要研究跟思想客体确实不同的感性客体，但是他没有把人的活动本身理解为客观的活动"①，指的就是费尔巴哈把实践仅仅理解为一种认识或理论活动。

鉴于对"实践"理解的不同，旧唯物主义因而不能理解人、教育、环境三者之间的地位和作用，走向了环境决定论，持有英雄史观，即历史是由少数杰出人物创造的。而马克思认为人的内在本质是由社会环境和人的实实在在的各种各样的活动共同决定的，是两者共同起作用的结果，突出一方而忽视另外一方面的做法是不可取的。

---

① 《马克思恩格斯选集》第1卷，人民出版社2012年版，第133页。

通览《提纲》，马克思革命性的新唯物主义与一切旧哲学的最大的区别是，一切旧哲学只是为了说明世界，而以实践为核心的马克思主义哲学则是为了改变世界。"哲学家们只是用不同的方式解释世界，问题在于改变世界。"①

（二）《德意志意识形态》：唯物史观的诞生地

我们知道，唯物史观是沿着两个方向进展的，一方面是通过劳动揭示物质资料生产的作用，发现社会关系体系——生产力与生产关系、经济基础与上层建筑这两个相互区别而又紧密联系的事物；另一方面是对"人"有科学的认识，肯定人的历史地位，发现人民群众是实践的主体，而这两点马克思在《德意志意识形态》中都淋漓尽致地展示出来了。

《德意志意识形态》第一个重大的贡献是完成了出发点的转移，劳动从作为人的内在本质到作为社会存在的基础。我们知道，在《1844年经济学哲学手稿》中，劳动被看成人区别于动物的标尺。但在《德意志意识形态》中，马克思关于劳动的论述有了很大的不同，他彻底抛弃了把劳动看作人的天性的做法，辩证地分析了物质资料生产，从而正确地挖掘到了唯物主义历史观的立足点。我们不是飘浮在空中的，仅靠幻想是无法存活的，而是一群从事各种实际活动的生物，并且在实际操作的过程中，"还可以揭示出这一生活过程在意识形态上的反射和回声的发展"②。在这段话中，我们可以知道，马克思在此不但进一步批判了黑格尔的理性世界，批判了费尔巴哈旧唯物主义——抽象的只存在于口头的人和历史，而且指出了推动历史发展的主体——这些主体是从事实际活动的人。他还进一步强调，我们即将谈到的问题的主题是人，这个主题不是轻易、随口就能说出的，他们活在现实的生活中，我们除了勇敢面对再无其他选择，这是看得见摸得着、实实在在的人，是这些人的活动和他们所处的环境状况，他们现在所处的状况，既有继承先辈的，也有他们自己劳动智慧创造出来的，"因此，这些前提可以用纯粹经验的方法来确定"③。这些叙述表明，《德意志意识形态》这部著作中的人是现实的人，是从事物质生产的

---

① 《马克思恩格斯选集》第1卷，人民出版社2012年版，第136页。
② 《马克思恩格斯全集》第3卷，人民出版社1956年版，第80页。
③ 同上书，第23页。

人，是历史发展过程中的人，这些人，"既是历史的剧中者，也是历史的剧作者"。在某种程度上，他们被历史环境决定着，在他们出生以前，生活的大环境已经是存在着的了，但这并不表示他们对环境毫无办法，他们可以在尊重规律、尊重现实的情况下不断发挥自己的主观能动性优化自己的生活环境从而推动历史的发展，这些不仅仅是马克思对以费尔巴哈为代表的旧唯物主义者的批判，更是马克思在清算自己以前的哲学信仰。

关于"人"，费尔巴哈所指的人只是原始意义上的生物人，是在现实社会中无法找到的，当然也不可能存活于现实的社会中的，而马克思所指的人是现实生活中的人，这些个人不是离群索居的，也不是与世隔绝的，而是受制于生产力与生产关系的发展，在一定的社会条件下进行物质生产的个人。马克思曾说过："费尔巴哈谈到的是'人自身'，而不是'现实的历史的人'"①，也就是说，马克思强调人的感性活动，而费尔巴哈把人仅仅看成是感性存在，而没有把眼光放于实际生活中，对实践、对感性活动的重视是马克思与其他唯心主义者和旧唯物主义者的根本区别，也正是对实践和人的感性活动的重视，马克思的唯物史观才能真正成为指导无产阶级取得革命胜利的理论武器。

《德意志意识形态》辩证唯物地说清了历史领域中的主体和客体的关系。历史的主体是现实的、从事实际活动的人，各种错综复杂的社会关系是现实的人交往活动的产物，每一个人都生活在特定的历史环境中，这个环境是确定的、既成的，对历史的发展起着一定的作用，同时又受到现有历史环境的制约，人们在面对事物时，并非是毫无顾忌为所欲为的，是既成的也是生成的。"历史的每一阶段都遇到有一定的物质结果，都遇到有前一代传给后一代的大量物质财富和精神财富。"② 由此可见，历史唯物主义从来都是紧紧扣住"人"这个关键因素，把人的能动、创造作用牢牢置于现实的历史环境之中，历史是生成的，而人就诞生在这历史生成的过程中。

历史唯物主义选择把人的物质资料生产作为自己的出发点，决不是远离了对人这个主题的研究，而是在此旗帜鲜明地坚决反对把抽象的人作为研究的出发点，拒绝探讨孤立的、与世隔绝的人。那么人又是以什么样的面貌呈现在世间的呢？这种呈现的面貌是和他的日常生活分不开的，与他

---

① 《马克思恩格斯全集》第3卷，人民出版社1956年版，第48页。
② 同上书，第43页。

们的实践目标和手段是紧密相连的。"因而,个人是什么样的,这取决于他们进行生产的物质条件。"① 实践证明,新的出发点的确立,使对人的认识达到了新的高度,也为唯物史观的确立奠定了正确的基础。

当马克思完全抛弃了把人的本质作为衡量历史尺度的观点时,他的视线就紧紧地盯住客观物质生产过程本身,"从最有效的生活来源来考察现实的生产过程,并把与该生产方式相联系的、它所产生的交往形式,即各个不同阶段上的市民社会,理解为整个历史的基础"②,接着开始在整个社会层面,来探究市民社会的诸多活动,追溯立足于此社会活动的各种思想意识产物,如政治文明、物质文明、制度文明等,而所有这些上层建筑,必须追寻到正确的根基,即物质生产。

在《提纲》中,马克思道出了错综复杂的社会关系的总和构成人的本质,但是我们不禁会问,社会关系又是由什么决定的呢?《关于费尔巴哈的提纲》没有涉及这一层,《德意志意识形态》弃绝了那种把社会矛盾看成社会关系压抑和歪曲人的本质的观点,开始辩证地看待社会矛盾,并决定从社会生产过程自身寻找原因。马克思认为生产过程表现为自然、社会两重关系。在自然关系中,已经不再仅仅是人的本质力量——人所具有的感情、人的欲望、人的感官力量对象化在产品上,还涉及生产力中的重要标志生产工具的运用,运用生产工具来更好地满足人的需求;在社会关系中,人和人不再仅仅是异化的关系,而是人们在生产交往过程中形成的诸多联系——其中实践是基础,社会关系的形成离不开人,离不开人的互相联系,而合作是实现这种联系的最佳途径,"至于这种合作是在什么条件下、用什么方式和为了什么目的进行的,则是无关紧要的"③。马克思不仅指出了生产过程中实际存在着两种关系,而且进一步指出了这两种关系之间的关系,人们互相之间的关系和他们与自然的关系是紧密相连的,是相互制约相互作用的,"生产力与生产关系从来就是相互联系而存在着的……因而也适应于更进步的个人自主活动类型的新的交往形式所代替;新的交往形式又会变成桎梏并为别的交往形式所代替"④。这段话主要是表明,人们在生产过

---

① 《马克思恩格斯全集》第3卷,人民出版社1956年版,第43页。
② 同上。
③ 同上书,第33页。
④ 同上书,第81页。

程中存在着自然和社会两种关系,这两种关系互相关联、制约。其中,在生产力与生产关系这对矛盾体中,当后者符合前者的要求时,后者就能够存在,当后者阻碍生产力的发展时,这种生产关系必然会被淘汰,而我们的社会、我们的历史,在这种适应与淘汰中不断前进,一个社会生产力所达到的发展水平直接决定了这个社会总的面貌和发展结构。

关于历史的本质问题。从《手稿》里,马克思指出历史是人通过人的劳动而诞生的;而在《神圣家族》中,马克思更加明确地说出了历史无非是人类追求自己的目的的活动,但历史究竟是如何发展的?这个问题,在《形态》中给予了人们明确的答案,马克思此时把历史看成物质资料生产方式的变化和前进。

知道了历史的本质后,人们禁不住会问,那么,历史发展的动力是什么呢?历史发展的动力又该去哪里寻找?历史发展的动力在于它本身,这种动力,并不是高居历史之上,也不是历史以外的某种神秘的力量,这种推动力就是历史本身。"按照我们的观点,一切历史冲突都根源于生产力和交往形式(生产关系)之间的矛盾。"[1] 当生产关系适应生产力的发展时,一个国家乃至世界范围内的许多国家都会向前跃进,历史也会不断前进,当生产关系阻碍了生产力的发展时,问题就会层出不穷。就算是在生产力发展水平悬殊的古代,在双方的战争中,战争一方获胜后,到被征服者的领土定居了,也得按照被征服者的生产力发展水平采取适应的管理方法,而不是一味按照自己原来的整套模式运转,因为生产力决定生产关系。在中国,清朝入关就是个很好的例子,本来是骑在马背上的他们,在取得战争的胜利入主中原后,也开始与民生息,重视农业生产,按照前朝的经济发展模式进行社会生产,而不再采用游牧方式。当这两者之间的冲突达到极限时,就会爆发性质比较强烈的极端的事件——革命,当两者的冲突还比较缓和,或者统治阶级比较温和时,就会有改革。"表现为各个阶级之间的冲突,表现为意识的矛盾、思想斗争、政治斗争等等。"[2] 由此,我们更加可以清晰地看出历史发展的动力和根源了。

关于历史的五种形态学说。在《手稿》这篇争议最大的文章里,马

---

[1] 《马克思恩格斯全集》第3卷,人民出版社1956年版,第83页。
[2] 同上书,第411页。

克思曾说道："历史是人的真正的自然史。"① 许多学者认为马克思的这个论断指的是历史的发展规律，但其实马克思这句话指的是历史的内容，即历史是被人、被人类改造的过程，是人把自然界纳为自己这个过程的一部分。但1844年时，马克思尚未摆脱费尔巴哈关于人的本质的异化和复归的思想，并未能科学地认识社会形态更替的实质和规律。在《形态》中，他把所有制形式区分为部落、古代公社、国家所有制、封建的、资产阶级、共产主义所有制等，虽然人们对其划分的科学性、可行性的理解不一，但是学者们都比较认可了这一点。既因为马克思发现了生产力和生产关系运动的规律，说明了社会层次的多样化结构，说明了正因为生产力的发展，社会如何由一种形态过渡到另一种更高级的形态，生产力的发展，不但为各种社会形态的划分提供了客观标准，并且进一步说明了这种更替是一种不以人的意志为转移的必然，也因为马克思的关于社会经济形态发展的揭示，把社会发展的动因和机制给揭示出来，唯心主义从人类社会中也被彻底地驱逐出去了。

自此，唯物史观诞生了。

石灵慧　海南龙泉集团有限公司　文秘

参考文献

1. 著作：

[1]《马克思恩格斯选集》第1—4卷，人民出版社2012年版。

[2]《马克思恩格斯全集》第1卷，人民出版社1960年版。

[3]《马克思恩格斯全集》第2卷，人民出版社1962年版。

[4]《马克思恩格斯全集》第3卷，人民出版社1956年版。

[5]《马克思恩格斯全集》第13卷，人民出版社1956年版。

[6]《马克思恩格斯全集》第40卷，人民出版社1962年版。

[7]《马克思恩格斯全集》第42卷，人民出版社1956年版。

---

① 《马克思恩格斯全集》第42卷，人民出版社1956年版，第169页。

[8] 段忠桥：《重释历史唯物主义》，江苏人民出版社2009年版。

[9] 陈先达：《走向历史的深处——马克思历史观研究》，中国人民大学出版社2006年版。

[10] ［法］洛克莫尔：《历史唯物主义：哈贝马斯的重建》，孟丹译，北京师范大学出版社2009年版。

[11] ［法］雅克·德里达：《马克思的幽灵：债务国家、哀悼活动和新国际》，何一译，中国人民大学出版社1999年版。

[12] ［英］科恩：《卡尔·马克思的历史理论——一种辩护》，段忠桥译，高等教育出版社2008年版。

[13] ［美］弗朗西斯·福山：《历史的终结及最后之人》，黄胜强、许铭原译，中国社会科学出版社2003年版。

[14] ［英］柯林武德：《历史的观念》，张文杰、何兆武译，商务印书馆1997年版。

[15] ［英］爱德华·霍列特·卡尔：《历史是什么?》，陈恒译，商务印书馆1981年版。

[16] ［日］安信能成：《康德：实践哲学》，于凤梧、王宏文译，福建人民出版社1984年版。

[17] ［英］沃尔什：《历史哲学导论》，何兆武译，广西师范大学出版社2001年版。

[18] ［德］康德：《历史理性批判文集》，商务印书馆1990年版。

[19] ［德］黑格尔：《历史哲学》，上海书店出版社1999年版。

[20] ［德］黑格尔：《法哲学原理》，商务印书馆1961年版。

[21] ［德］梅林：《马克思传》，人民出版社1972年版。

[22] 《列宁选集》第2卷，人民出版社1995年版。

[23] 马克思、恩格斯：《德意志意识形态》，人民出版社2003年版。

[24] ［英］戴维·麦克莱伦：《马克思传》，王珍译，中国人民大学出版社2006年版。

[25] ［德］费尔巴哈：《基督教的本质》，荣震华译，商务印书馆1984年版。

[26] ［意］维柯：《新科学》，朱光潜译，商务印书馆1989年版。

[27] 张奎良：《马克思的哲学历程》，上海人民出版社1993年版。

[28] 张奎良：《马克思的哲学思想及其当代意义》，黑龙江教育出版

社 2001 年版。

[29] 何兆武：《马克思历史理论的研究》，北京师范大学出版社 2009 年版。

[30] 俞可平：《全球时代的马克思主义》，中央编译出版社 1998 年版。

[31] 张一兵：《回到马克思——经济学语境中的哲学话语》，江苏人民出版社 2002 年版。

2. 期刊：

[1] 郭艳君：《马克思历史观的生成论本质》，《学习与探索》2010 年第 3 期。

[2] 陈先达：《论唯物主义历史观的本质与当代价值》，《高校理论战线》2002 年第 5 期。

[3] 郝立新：《马克思历史观的本质》，《教学与研究》1990 年第 1 期。

[4] 周勇胜：《创立时期的马克思主义唯物史观》，《厦门大学学报》（哲学社会科学版）1980 年第 3 期。

[5] 廖新泉：《唯物史观体系的起点初探——学习〈德意志意识形态〉》，《辽宁大学学报》（哲学社会科学版）1983 年第 2 期。

[6] 查汝强：《马克思和自然辩证法》，《自然辩证法通讯》1983 年第 4 期。

[7] 刘志洪：《论唯物史观就是马克思的新唯物主义》，《廊坊师范学院学报》（社会科学版）2009 年第 10 期。

[8] 陈新夏：《唯物史观与人的发展理论》，《科学研究》2004 年第 2 期。

[9] 张奎良：《唯物史观与历史唯物主义的生成和特点》，《马克思主义与现实》2012 年第 2 期。

[10] 陆云：《实践观点的思维方式与历史唯物主义的相通性——基于唯物史观之上的马克思主义哲学性质的探讨》，《长白学刊》2011 年第 4 期。

[11] 莫雷：《唯物史观与政治哲学——第七届"马克思主义哲学创新论坛"综述》，《哲学研究》2010 年第 7 期。

[12] 董良杰：《论唯物史观与剩余价值理论的关系》，《思想理论教

育导刊》2012 年第 5 期。

　　［13］董彪：《价值论研究与唯物史观的重建》，《清华大学学报》2013 年第 4 期。

　　［14］黄斌：《历史唯物主义的研究单位与世界历史视野》，《内蒙古社会科学》2012 年第 5 期。

　　［15］成亚慧：《马克思的个人观研究——历史唯物主义视野》，《江苏工业学院学报》2010 年第 6 期。

　　［16］陈志斌：《从马克思的"实践观"看"历史唯物主义"》，《管理观察》2010 年第 10 期。

　　［17］左玉河：《唯物史观与中国历史研究的发展》，《河北学刊》2013 年第 3 期。

　　［18］贺淑珍：《马克思〈博士论文〉中的伊壁鸠鲁哲学》，《南华大学学报》2012 年第 13 期。

　　［19］吴迪：《〈德意志意识形态〉中的世界历史理论》，《学习月刊》2012 年第 10 期。

　　［20］乔翔：《马克思政治解放思想的再认识——兼论邓小平对中国特色民主政治的探索》，《襄樊学院学报》2009 年第 7 期。

　　［21］冯景源：《唯物史观研究需要摆脱单一文本解读的模式——探寻唯物史观"原生态"的方法论原则》，《中国人民大学学报》2009 年第 1 期。

　　［22］张凌云：《唯物史观是马克思在社会科学哲学层次的发现——马克思的发现片论之四》，《江苏行政学院学报》2010 年第 2 期。

　　［23］杨学功：《如何理解唯物史观的"经典表述"》，《理论视野》2010 年第 4 期。

　　［24］俞吾金：《"自然历史过程"与主体性的界限》，《吉林大学社会科学学报》2005 年第 7 期。

　　［25］张友群、张明：《从思辨向科学的飞越——透过马克思异化理论看唯物史观生成的内在逻辑》，《扬州大学学报》（人文社会科学版）2011 年第 3 期。

　　［26］冯海波：《论马克思历史观的三种连续性模式》，《前沿》2010 年第 23 期。

　　［27］隋苗苗：《马克思历史观的生存论意蕴》，《哈尔滨市委党校学报》2013 年第 9 期。

第三章

马克思主义实践观研究

摘　要：实践观是全部马克思主义哲学的首要的基本观点。马克思的实践观是马克思主义理论的基石，全面、科学地把握与理解马克思主义理论体系的关键就在于对马克思实践观的正确解读。本文主要通过对哲学史上实践观的梳理，立足于对马克思经典理论的论述的基础上，对马克思主义的实践观进行了深入的研究与探索。实践活动是人所特有的生存方式，是人之为人的现实活动，是实现双重生命与双重世界否定性统一的基础，只有在实践基础上才能实现生存论意义上的生命自由。从"解释世界"到"改变世界"，实现了对传统哲学本体论思维方式的批判与超越，建立了崭新的"实践观点"的思维方式，这才是马克思主义哲学真正的意义和价值所在。科学实践观的确立，是马克思实现哲学史上伟大革命的关键之点，是解答"历史之谜"的一把钥匙。因此，对马克思主义实践观的把握对我们当代具有重要的理论意义和现实指导价值。

关键词：实践观；马克思主义实践观；当代回响

一　导论

(一) 问题的提出及其意义

马克思主义实践观是国内外学术界研究的热点问题，马克思以实践为基础，对以往哲学进行了批判，实现了认识世界与改造世界的统一、唯物主义与辩证法的统一、唯物主义自然观与历史观的统一。因此，研究马克思主义实践观，有助于我们正确理解与把握科学实践观在马克思主义哲学中的地位及理论意义，有助于我们灵活运用马克思主义哲学中关于实践观的方法论，实现哲学思维视野的开阔，深入探讨当代人类所面临的问题，建立一个合理、科学的世界。

马克思主义哲学的历史使命就是要求我们在实践活动中从"认识世界"转向"改变世界"。在马克思、恩格斯创立哲学理论初期,"实践"的地位已在其文本中凸显出来,至此之后的人类实践活动同样也把"实践"的地位烘托出来,在列宁领导俄国革命和进行苏维埃国家建设时,他指出,实践的观点是马克思主义认识论的首要的、基本的观点。在对新民主主义革命进行艰难探索的实践活动过程中,毛泽东在实践的基础上,初步解决了马克思主义基本原理与中国具体革命实践相结合的根本性问题,完成了关于系统论述实践观的著作,创立了实事求是的思想路线。邓小平同样是把马克思主义实践观的哲学思维作为基础理论,并展开了关于"实践标准"的大讨论,实现了思想路线的拨乱反正,奠定了建设有中国特色社会主义新道路的基础。党的第三代中央领导集体始终把握与发展关于"实践论"的思想,江泽民创造性地提出了"三个代表"的重要思想。以胡锦涛为总书记的党中央领导集体,又创造性地提出了关于构建社会主义和谐社会的根本任务,而社会是人们交互作用的必然结果。因此,它根源于人类的实践活动之中。习近平总书记提出要实现中国梦就必须要坚持走中国特色社会主义的道路,要求我们全国各族人民一定要增强对中国特色社会主义的理论自信、道路自信、制度自信,坚定不移沿着正确的中国道路奋勇前进。因此,我们对于马克思实践观的研究,对我们构建社会主义社会有重大的理论意义和实践指导价值。

目前,在马克思主义哲学研究上我国学界的确是取得了重点突破,但这从根本上说是对实践观研究上的突破。在传统教科书中,虽然把实践作为马克思主义哲学的基本观点,但并没有真正把握和理解实践的本质与意义,只把实践当作"辩证唯物论的认识论"的首要和基本的观点,并不是把它当作马克思主义哲学的基石,也不把它理解为代表新世界观用以观察现实世界的崭新思维方式。

而本文的目的和意义就在于此,简而言之,在看待以往哲学用以观察各种问题的观点时,它们在实践活动中都有其根据,反映实践内容的某一环节或因素,但表现在其理论中时就不能不变成抽象化的原则,从而失去真理的全面性。因此,我们要进一步推进马克思主义哲学的发展步伐,把马克思主义的观点和方法作为研究依据,来回答现实与科学提出的问题,通过对传统教科书的批判,转变旧有哲学观点,将马克思主义哲学立足于实践基础,自觉地以实践作为观察和处理一切问题的出发点,开启人类社会生活的秘密、人的对象世界的秘密。

(二) 国内外研究现状

对马克思主义实践观的研究在学术界从未停止,这主要体现了马克思主义哲学的显著特点,随着理论研究的不断深入,在看待实践观的问题上,也呈现出了一些不足与缺陷,这就需要我们作进一步的深入研究与探索。

在关于马克思主义实践观的研究历程中,西方马克思主义形成了丰富的理论成果,这对于我们进一步正确理解与把握马克思的实践概念具有重要意义。因此,他们对马克思实践观的研究现状我们应该进行全面认识。

早期西方马克思主义的哲学探索历程中对马克思主义实践范畴研究最有代表性的是葛兰西与卢卡奇。葛兰西直接将马克思哲学描述为实践哲学,在他看来,人的主体能动性的历史哲学和人道主义有一种强调实践哲学的革命意义,"实践哲学是绝对的'历史主义',是思想的绝对的尘世化和世俗化,是历史的绝对的人道主义,必须按照这种方式来描绘这种新的世界观的线索"①。他认为马克思主义哲学在现实无产阶级革命实践中的落脚点应是实践。青年卢卡奇直接把马克思主义哲学与历史唯物主义相等同,认为无产阶级革命实践功能是这一理论的核心。在《历史与阶级意识》一书的"再版序言"中,卢卡奇就对自己早期的实践观进行了自我批评,他认为当时自己并没有真正抓住实践的最基本的形式——劳动作进一步探究。

通过以上对马克思实践范畴的理解,我们可以看出他们仅仅是在强调马克思主义哲学革命性实践功能和揭示实践的能动性本质。但是在一定程度上抹杀了对实践的客观性和受动性的理解,容易走向唯心主义。因此,他们并没有真正理解马克思实践范畴的实质。

作为法兰克福派第二代理论家的施密特,他同样对实践问题进行了深入的研究与探索。他在《马克思的自然概念》一书中,对实践的认识主要定位在马克思的《关于费尔巴哈的提纲》和《德意志意识形态》两篇著作中。他把马克思主义哲学的创立看作一种基本方法的革命,却不是一

---

① [匈]葛兰西:《葛兰西文选》(1916—1935),人民出版社1992年版,第538页。

种观念上的变化。因此,物质本体论与实践本体论都无法真正地理解马克思所实现的思想革命的实质,他们只是在实践的社会历史具体发展中,观察先在自然界,观察存在的人类社会的每一个历史时期。

作为当代法国后马克思主义思潮的代表人物鲍德里亚,他在《生产之境》一文中,对马克思的政治经济学批判进行了反批判。这个反批判首先是对马克思政治经济学的基础概念"生产"、"劳动"进行批判,并且这也是他试图对马克思政治经济学批判进行重新解构和超越的立足点。在他看来,马克思主义仅仅是用"生产"作为"本质"或"理性"的代名词,仍然是作为整个西方形而上学之基础的本质主义和基础主义的奠基石,马克思的"生产"、"劳动"概念仍与政治经济学相结合,仍与政治经济学有着共同的基础。鲍德里亚主张对马克思的政治经济学的批判应用符号——政治经济学批判来代替,马克思的生产逻辑的颠覆应用消费逻辑来实现。因此,在对马克思的生产理解的基础上,已不能再用它来对资本主义社会进行阐释了。

在20世纪70年代末,我国学术界对实践观点的探讨源于对真理标准问题的讨论,这次讨论开启了我国马克思主义者对实践范畴的深入思考和重新定位。我国学界多次召开关于马克思主义理论的国内外大会,以高清海、黄楠森、孙伯鍨、肖前、李秀林等为代表的学者们,从不同的角度对马克思主义的实践观进行了阐述,并取得了一系列的成果,为进一步研究打下坚实基础,例如:对马克思主义实践内涵的研究、对实践与实践论以及相关哲学问题或哲学分支的关系中的研究以及关于实践的当代形态的研究等系列问题的研究。

但在实践哲学研究中仍有许多问题存在,而这些问题将会妨碍我们对于理论的进一步深化,需要我们引起足够的重视。例如在对实践概念的理解上,并没有达成一致的意见,甚至还有很大的分歧,需要我们作进一步的研究;在马克思和恩格斯以后的西方思想家把握的问题中,特别是西方马克思主义关于实践思想的研究,还需要进一步的探索,我们如何与之开展合理有效的对话;在对实践哲学的规定及其与马克思主义哲学的关系探究中还有一定的不足与缺陷;在以实践为基础的人的生存与发展方面还缺乏足够的理论依托;在实践"做"的根本特性上和"怎么"的最根本问题上缺乏一定的研究;等等。

（三）论文结构及其理论创新点

全文共分为六部分。在导言这一部分中，主要论述了论文选题的提出及其意义、国内外研究现状以及在研究过程中所存在的一些问题、论文的基本结构及其理论创新点、研究方法四部分内容，这一部分在本文中主要是起到了承上启下的作用，为下文观点的论述奠定了基础。

文章的第二部分主要是从马克思主义实践观的历史发展脉络的角度进行阐述。通过对西方实践观的认识与对近代西方哲学观的研究，主要对前马克思的实践观进行梳理，并在此基础上阐述了马克思主义实践观的发展历程。

文章的第三部分主要是从实践是"类生命"的存在方式的角度进行阐述。首先，从双重生命的存在着手，论证把握人与动物区别的关键就在于人是"种生命"与"类生命"的统一，是一种"超生命"的存在，是实现实践活动的存在物；其次，指出马克思主义哲学之所以优越于其他哲学的关键就在于，它发现了实践是"自然世界"与"属人世界"的否定性统一的基础；最后，提出了人的崇高理想，即人的终极追求，实现人类生存论意义上的生命自由，也就是真、善、美的统一。

文章第四部分主要从实践是一种超越本体论思维方式的新的思维方式的角度进行阐述。首先从马克思主义哲学区别于传统哲学的根本之处在于"实践观点"的思维方式入手，充分展现了马克思是如何批判与终结传统哲学的逻辑脉络，勾勒出了马克思哲学的理论实质——"实践观点"思维方式的确立过程，最后将从逻辑起点的视角来阐释"实践观点"思维方式的历史性超越。

文章第五部分主要从实践是开启"历史之谜"的钥匙的角度进行阐述。主要论述了马克思对"历史之谜"的艰难求解的历程，并在此基础上进一步论证了实践就是开启"历史之谜"的那把钥匙，从而阐述了这把能够开启"历史之谜"的"钥匙"是科学的实践，并对科学的实践是马克思主义哲学之基的理论进行了系统的论述。

文章第六部分主要从马克思主义实践观的当代价值角度进行阐述。通过认真总结与梳理马克思主义实践观对当代社会的发展的作用与影响，分别从实践是开启现代哲学新纪元的立足点、构建社会主义和谐社会的理论源泉、中国特色社会主义之"特色"的三个维度来论述，充分展现了马克思主义实践观在当代的理论意义和现实指导意义。

当前在学界对马克思主义实践观问题的研究主要集中于全局或大的框架上,并没有对理论本身进行深入研究。虽然大多数学者们都试图从不同维度对马克思主义实践观进行阐述,但都因为视角的单一性、系统论述的片面性,不管从理论研究的广度和深度来看,这都不能科学、全面地理解认识马克思主义实践观。而本文的创新之处就在于以实践为切入点来研究马克思主义哲学。通过对马克思主义实践观的分析研究,探索马克思主义哲学的真谛,寻求"人"生命存在的意义,以实践为"批判的武器"对传统哲学思维进行无情的批判,进而挖掘马克思主义实践观理论的当代价值。

(四) 研究方法

1. 本文主要运用文献研究法。

因马克思并没有对"实践"进行概念说明,因此,认真研读马克思的经典著作,在前人对"实践"的理解上准确把握马克思实践观的理论内涵,从马克思所处的历史时期出发,深刻把握马克思实践观的本质。

2. 本文还要运用归纳法。

通过对国内外学者关于马克思主义实践观的理解、把握及定位等进行梳理,对马克思实践观的发展以及马克思实践观的发展历程进行归纳统一。只有全面掌握这些内容,才能以此为基础,更好地把握马克思的实践观的内涵。

3. 此外本文还要运用到定性分析法等其他方法。

二 马克思主义实践观的历史发展脉络

研究马克思主义实践观之前,我们要对马克思主义实践观的历史发展历程进行简单的梳理。可以从古希腊哲学开始追溯,尤其是关于亚里士多德的实践思想,在西方哲学史中,"实践"范畴是亚里士多德首先提炼出来的,并阐述了实践的开创性与包容性,从而奠定了西方哲学实践思想的基础,以致他之后的哲学家们都把实践概念当作自己哲学中的重要理论进行阐述。因此,对实践的理解各具特色,最具有代表性且对马克思具有重大影响的是以康德为代表的德国古典哲学家们。

(一) 马克思主义实践观理论来源考略

1. 西方哲学实践观的发轫

古希腊先哲们在生产活动与科学活动领域进行一定的研究，但他们所理解的实践主要是从道德意义的视角中所理解的实践。在柏拉图哲学中，理念是作为其哲学的基本概念与理论学说的基础的，而实践则是"理念"的摹本，他本人的政治实践则是其"理想国"理念的摹本。他认为，灵魂具有理性、意志和欲望三种能力，国家具有管理、保护和保障国家物质福利三种职能，而关于活动的概念与他对灵魂能力的划分与国家职能的划分应是一致的。据此，他把国家公民分为三个等级，而这三个等级只有在其位、尽其责、谋其职，国家才能处于和谐之中，才能具有正义的美德。柏拉图在美德概念的基础上，对实践和富有诗意的活动作了区分。他把理念看作活动的最高形式，但他所理解的实践只是日常生活中常识性的概念，只有到了亚里士多德才明确提出了实践概念并以此为出发点来研究人的活动。

亚里士多德所理解的"实践"并不专指人的行为，而是一种多义、宽泛的理解。他首次把"实践"的主体确定为人，把实践作为反思人类行为的重要哲学范畴。亚里士多德对实践的、理论的与创制的三大活动进行了区分并对实践概念作出了较为狭义的规定：实践不再是像动物那样由生命本能支配的纯粹自然的行为方式，而是有关人生意义和价值的、以自身为目的的活动。亚里士多德把日常生活称为"政治生活"而不是"实践生活"，"实践生活"即专门的理论生活方式。人的最终目标是正确的行为，而作为所有人实践的目标的幸福就是实践。实践的生活于城邦共同体和个人是最优良的生活，是自身完满和为其自身的思辨与沉思。所有人类的行为都是以完成某些善业为目标，在社会团体中所求的善业是最高最广的，而这个社会团体就是所谓的"城邦"，即政治团体。在亚里士多德看来，城邦就是整个人类社会活动，而人类活动就是追求善的活动，即实践的活动。

总之，他对实践概念作了两重理解，一是把人类的一切活动看作实践的；二是把实践作为理论活动的实践，即技术与理论分离的实践。但他并没有对这两种实践概念进行区分，从而忽略了实践作为人类活动整体的意义。

2. 近代西方哲学实践观的塑造

康德把"实践"概念正式引入哲学中，开创了主体论思维的研究方式，以自由为核心，构建了西方近代第一个实践观，具有典型性和转折意义。哲学史中的重要变革即康德实践哲学的创立的关键就在于：他在西方哲学史中第一次摆脱了客体论思维方式，转而第一次把主体和主体性确立为核心哲学范畴，把主体性原则确立为根本哲学原则，把主体论思维方式确立为哲学研究的主导方式[①]。康德实践观的理论旨趣在于，强调主体性在本体世界或理智世界中实践的表现。在康德哲学中，主体性是理论与实践统一的根源。对实践理性的关注与重视在本质上也就是对主体性的关注与重视，对主体性问题的研究，将从认识论转向到主体论、道德论，从纯粹的认识问题转向道德实践问题，凸显了人的主体能动性的深刻内涵和广阔领域。但康德对实践观的理解并未真正"从主体的角度"出发。因此，康德的实践观的实践性在某种程度上看并不是彻底的，这就需要对康德的主体论思维方式进行扬弃，以构建彻底的唯物主义世界，从而形成合理形态的实践观。

此后，费希特与谢林分别从主观与客观方面对康德的实践观作了批判、继承与发展，共同构成了从康德实践观转向黑格尔实践观的中间环节。黑格尔作为德国古典哲学集大成者，对康德、费希特、谢林的实践观进行了批判与继承，从唯心主义角度出发，最大限度解开了西方实践观形而上学的锁链，赋予实践观以辩证性与创造性的性质，构成了马克思实践观中最重要、最直接的理论源泉。

黑格尔哲学对从康德开始的德国古典哲学以及整个近代西方哲学的重要成就进行了扬弃，建立了马克思主义实践观的形成之前的哲学史中最为完善的实践观。黑格尔哲学的逻辑起点是"纯存在"。在他看来，生产劳动、技术活动都应归属于实践范畴，而劳动则是作为一种具有目的性的行为。虽然黑格尔的劳动是抽象的精神的劳动，但在一定意义上，他把握了劳动的本质，揭示了劳动对人的存在论意义，同时黑格尔认为，人类实践是作为一种中介活动而存在的，而手段是作为推论的外在中项存在的。黑格尔对康德等人片面地强调目的而忽略手段的理论观点进行了无情的批

---

① 杨耕、张明苍：《在观念激荡与现实变革之间——马克思实践观的当代阐释》，人民出版社2008年版，第56—57页。

判，强调手段的建立是目的性"实在化的开始"，是标志着主体与客体同一的，实践是作为一种以自由为根本目的的中介活动，它包含着理论，而理论对于实践而言是不可分割的。与此同时他说，作为实践的"善"（按照黑格尔的逻辑，善是达到绝对理念即各种矛盾最后统一即真正自由的关键环节，或者说是达到自由的活动），"是概念自身的总体，是同时在自由统一形式中的客观的东西和主观性"①。这样，黑格尔就把实践中主体与客体的辩证法相结合并归结为"概念自身的总体"，从而揭示了实践的基本规定性。但他的实践仅局限于精神、观念的活动层面上，只是作为抽象的理念活动而存在的，并不把它看作现实的人的"感性活动"，只是抽象地发展了人的实践活动的"能动方面"。

而费尔巴哈在"人本主义"的名义下，走上对思辨唯心主义实践观的批判之路。感性存在是费尔巴哈哲学的逻辑起点，也是其哲学包括实践观的核心，他以唯物主义为据，对人及其实践活动作了阐述。在费尔巴哈看来，人不仅是自然界的产物而且还应归属于自然，人及其意志产生不仅依赖于自然而且还要受限于自然的制约，人只是"感性的对象"并不是"感性的活动"，但他并不把人看作主体，看作改造自然界与周围世界并改造自身的活动，而是把人的活动看作直观的活动。从本质上看，直观是一种抽象理论的活动，而不是感性的活动。费尔巴哈并不满足于对抽象的思维的理解，因此开始诉诸对感性的直观的研究，但对这种感性的直观的理解也仅仅是停留于抽象的理论领域之中，并不是真正实践的、人的感性活动。因为，他不了解"'革命的'、'实践批判的'活动的意义"②。费尔巴哈的"直观唯物主义"的实践观没有成功超越并克服黑格尔式的唯心主义的实践观，但他同黑格尔等人的唯心主义实践观的思想共同构成了马克思主义实践观的理论来源。

（二）马克思主义实践观深度挖掘

马克思实践观的创立，是通过批判与汲取历史上的实践观的合理内核，以当时人类社会现实为依托建立起来的。马克思在关注人类命运的基础上去关注哲学，即为人类幸福工作的崇高理想与现实社会关系的制约性

---

① ［德］黑格尔：《逻辑学》下卷，杨一之译，商务印书馆1976年版，第523页。
② 《马克思恩格斯选集》第1卷，人民出版社1995年版，第54页。

间的矛盾与冲突，不断激发马克思去从事思想的探索与实践的创造。青年马克思正是在黑格尔主义与费尔巴哈主义的启迪与影响下，开始走向历史（和辩证）唯物主义的。此时他主张从自我意识与现实的关系中认识自我意识，主张以理论为出发点来阐述对实践问题的研究，并始终坚信，自我意识与哲学应面向世俗世界，但他对实践与自我意识、哲学与世界之间关系的理解未超出唯心主义的限阈。

《莱茵报》时期的马克思通过对现实社会、经济、政治等问题的分析，自觉地把哲学与时代、实践乃至经济发展相统一起来，力图在把握时代精神中构建自己的哲学观。尽管仍带有黑格尔唯心主义的色彩，这也为他以后冲破黑格尔唯心主义的哲学观念，建立以实践论为基础的哲学奠定了基础。

马克思在费尔巴哈的影响下，实现了对黑格尔唯心主义的超越与批判，开始构建唯物主义实践观。在《黑格尔法哲学批判》中，马克思从黑格尔法哲学批判入手，指出"家庭和市民社会是国家的前提，它们才是真正的活动者；而思辨的思维却是把这一切头足倒置"①。而在《德法年鉴》工作期间，马克思是作为一名革命家而进行活动，主张对现存不合理的一切进行无情批判，特别是紧抓对"武器的批判"。马克思这一时期的革命批判与革命实践为其今后实践观的形成奠定了基础。

在《1844年经济学哲学手稿》（以下简称《手稿》）中，马克思从经济现象与各种经济理论研究入手，提出了著名的异化理论，并揭示了在资本主义私有制下异化劳动理论与方法的实质，在对各种空想共产社会主义批判的基础上，具体地阐述了共产主义思想，指出实践是作为人的本质特征，而人之所以是有意识的类存在物，原因就在于人是通过实践活动创造对象世界。马克思在唯物主义立场上，对黑格尔的唯心主义否定性的辩证法进行了无情批判。接着他把物质生产实践作为其研究的出发点，认为，"'历史'并不是把人当作达到自己目的的工具来利用的某种特殊的人格。历史不过是追求着自己的目的的人的活动而已"。正是人的自由自觉能动性的活动，构成了社会历史发展的基础。因此，"历史活动是群众的事业，随着历史活动的深入，必将是群众队伍的扩大"②。

---

① 《马克思恩格斯全集》第1卷，人民出版社1956年版，第250—251页。
② 《马克思恩格斯全集》第2卷，人民出版社1957年版，第104、118—119页。

在标志着马克思主义科学实践观形成的文件,即《关于费尔巴哈的提纲》(以下简称《提纲》)中,马克思从实践出发,对从前的一切唯物主义,包括费尔巴哈在内的唯物主义进行了批判,明确指出:"哲学家们只是用不同的方式解释世界,而问题在于改变世界。"[①] 在《德意志意识形态》(以下简称《形态》)中,马克思以科学的实践论为基础,把唯物论、辩证法、实践论及人道性内在地统一起来,以此来阐释自己的社会历史观,对人类社会历史作了全面、深入、准确、科学的唯物主义诠释,创立了自己的历史唯物主义与科学共产主义。总之,马克思把实践作为其哲学的内核,把实践观提升到哲学观的高度,是马克思哲学史上的伟大变革。

列宁在捍卫马克思与恩格斯创立的辩证唯物主义认识论的基础上,进一步丰富了对实践概念的理解,他多次指出,观察与发现等活动都是实践,他说,"我们用来作为认识论的标准的实践应当也包括天文学上的观察、发现等等的实践"[②],这一判断,并不是从纯粹的理论中所得出的,而是以对于唯物主义的发展与科学、哲学的认识为基础发展而来的。同时,列宁对实践与认识的辩证关系问题作了进一步的强调,他认为实践应是认识的首要观点。

毛泽东首次把马克思主义基本原理同中国革命实践具体相结合,从而形成了毛泽东思想。毛泽东从认识来源、认识标准、认识发展以及认识的目的等多方面对实践与认识的关系问题进行系统的阐述,并把认识的规律总结为"实践——认识——再实践——再认识"的循环往复以至无穷的形式、辩证否定的过程,充分体现了在认识过程中前进性与曲折性的辩证统一。邓小平对实践的核心地位进行了重新确立,他始终强调"解放思想,就是思想和实际相符合,就是实事求是"。江泽民总书记进一步创造性地在实践的基础上提出了"三个代表"的重要思想,并要求我们全面落实"三个代表"的要求,把实践的结果作为检验"三个代表"实现程度的标准。在继"三个代表"重要思想之后,胡锦涛总书记提出了科学发展观的重要思想,这是马克思主义中国化的理论的创新成果。科学发展观以马克思主义实践观作为理论基础,是对马克思主义理论的进一步继

---

① 《马克思恩格斯选集》第 1 卷,人民出版社 1995 年版,第 57 页。
② 《列宁选集》第 2 卷,人民出版社 1995 年版,第 100 页。

承、发展与创新。从马克思主义实践观的发展历程来看，马克思主义实践观理论的内容是极为丰富的，它作为我们的理论指导思想，在对我们的实践活动进行指导的同时，实践自身也将会得到极大的发展。

三 实践："类生命"存在方式

人的根本就在于人是作为双重生命而存在的，而实践是人类生命存在与活动的方式。实践作为自然界与人类世界否定性统一的基础，在改造世界的同时也创造世界。人类的自身存在方式是以真、善、美的统一为基础的，即人类的实践活动。

（一）人之为人的特异性本质：双重生命的存在

认识"人"的关键不在于把人规定为什么，而在于如何规定人的本性。人来源于物又超越于物，因此，我们不能简单地把人归结于物；人在作为生命存在的基础上又超越了生命限制，因此，不能简单地把人归属于物种生命。人既有物性又有超物性；人是生命存在的同时又有超生命的本质。人超越了自在的"世界"的同时也超越了自在的"生命"，从而成为"万物之灵"——超越性的存在。

人不仅来源于自然，而且也是从非人生成为人的，但人的本性与物性是截然不同的，它超然于物性之上，人与物在本性上既相通又相异，其"超越性"的实质就在于对物的超越，这个"超越性"就是"人性"的特质的体现，我们既不能将人性与物性相割裂，又不能把两者相混同，因此，我们理解人性的难点与关键点便凸显了出来。

我们在对人的超越本质进行理解时，就必须去寻找既能联结又能区别两者本性的拐点，即生命。

马克思告诉我们："可以根据意识、宗教或随便别的什么来区别人与动物。一当人开始生产自己的生活资料的时候，这一步是由他们的肉体组织所决定的，人本身就开始把自己和动物区别开来。"[①] 可见，生命的生存活动方式是人类首先进行改变的，而动物的生命活动就是它自身的存

---

① 《马克思恩格斯选集》第1卷，人民出版社1995年版，第67页。

在，它的生存就是它自身的生命活动，因此，动物仅是一种适应性的生存方式，是一种纯粹的自然存在，人却是作为一种创造性的生存方式而存在，不仅以生命活动的方式存在，而且是以意识到自己的生命活动的方式存在的，并根据自己的意识与意志进行创造性的生命活动，通过创造性的生命活动让世界满足自己的要求，达到自己的目的。

因此，人的生命与动物的生命是相异的，人作为超越其生命本能的存在物，是自我生命的主人，是作为自主性的生命而存在，而动物则是完全在其生命本能的支配中存在，动物同它的生命具有直接同一性，是作为受动性的生命而存在。也就是说，人的生命在两重化自身的同时也在超越其本能生命，从而形成了支配生命的生命。

（二）世界之为世界的生命特质：双重世界的否定性统一

"人们为了能够'创造历史'，必须能够生活。但是为了生活，首先就需要吃喝住穿以及其他一些东西。因此第一个历史活动就是生产满足这些需要的资料，既生产物质生活本身。"[①] 在哲学发展史中，马克思首次把物质生活活动当作实践首要与根本的形式，并把实践提升到人的存在方面的层面进行阐述，把人类社会存在发展的基础的物质生产活动看作人类其他一切活动的基础。

实践活动是"类生命"活动方式，人与世界的关系是其根本性的问题。首先，人与世界的关系，体现于人与自然的关系中。人是类生命与种生命的统一体，是感性的、能动的自然存在物，是"类生命"的有机部分，人在否定自然的同时又归属自然，人与自然具有内在的一体性。因此，实现人与自然关系的内在一体性集中体现在人的感性的、能动的实践活动之中，从而实现人与世界的动态的否定性的统一。其次，人与世界的关系体现在人与人的关系中。人由动物演化而来，但要实现人与自然的否定性统一必须回归到人与人的关系中，必须形成以类为基点的"人"的社会，而马克思所强调的社会是"人"的社会，是"生命"联合体的社会。最后，马克思主义哲学的伟大贡献主要在于，它发现了两个世界相互矛盾的现实基础，从而首次以否定性关系为基础，建立了自然世界与属人

---

① 《马克思恩格斯选集》第 1 卷，人民出版社 1995 年版，第 79 页。

世界的否定性的统一关系。

自然世界与属人世界在其本质意义上就是同一个世界，它们都是由人和物所构成的。自然世界有两种含义：其一，自然界是在属人世界产生之前而存在的，也就是先在世界；其二，指尚未被人类纳入活动范围的世界，即未被"人化"的世界，而自然世界也不同于自然界，因为自然界不包括人在内。属人世界是指在人类实践的基础上所形成的，是作为一种人化自然与人类社会的统一体，而属人世界是不同于人的世界的，因为人的世界并不包括人以外的自然界。

自然世界与属人世界都具有客观实在性的特性。人并不能脱离自然世界，在自然界之外去创造属人世界，而是立足在自然世界为人所提供的资源基础上来实现自己的本质，建立属人世界。自然世界与属人世界的根本区别就在于，在自然世界中，人是作为物而存在的，并同物一样在自然规律的制约下而存在，其中，自然占主导作用，主要表现在自然关系上。在属人世界中，人作为主体存在，物则是人的"无机的身体"，属于人的活动规律，属人世界的特性就是在于它对人类的实践活动具有依赖性。诚然，属人世界并不能脱离自然世界而独立存在，它以自然世界作为其存在与发展的基础，但自然世界并不同于属人世界，并不是在自然世界任意延伸中而生产的。从根本上说，属人世界就是人类实践活动的对象化，属人的对象世界。

人类社会不断形成与发展的过程就是"人化自然"的过程。在进行物质生产、改造自然的基础上，人也在创造着和自己相关的社会关系。人与人之间的社会关系就是人与自然现实关系的基础。在社会关系之中形成"人化自然"的过程，马克思认为，"自然界的人的本质只有对社会的人来说才是存在的"，"只有在社会中，自然界才是人自己的人的存在的基础"。[①] 因此，只有在人类实践活动的基础上，才能形成自然世界与属人世界的统一，才能建构人类世界。

（三）崇高理想：生存论意义的生命自由

自由是对异化的扬弃，是马克思关于人的发展的崇高理想，"自由的

---

① ［德］马克思：《1844年经济学哲学手稿》，人民出版社2000年版，第83页。

有意识的活动恰恰就是人的类特性"①。马克思从人与"非人"、人与物,特别是人与动物的根本区别上对自由进行了规定。在他看来,动物本能性的活动是消极活动,而有目的、有意识的人的活动是积极活动,而这种活动即实践,包括自由本性的内在的人的实践本性就是在实践中形成的。"人的解放",即获得自由,"只有在现实的世界中并使用现实的手段才能实现真正的解放",由于历史时期的不同,生产方式的不同,从事生产活动的不同,因此,获得自由的程度也将不同。事实上,自由只有在生产力极大发展,物质产品极其丰富的时候,才会从必然王国走向自由王国,只有以真、善、美为目标,才能实现主客体的统一与自由。

在哲学中,对"真"的追求,不仅是对获得具有"普遍必然性"知识的追求,不仅是对能对事物作出合理解释的追求,而且是把此作为规范人的思想与行为的"根据"与"标准",以此奠定人类自身在世界中的"安身立命之本"或"最高的支撑点"。在哲学的意义上,对"真"的追求只是对获得"普遍必然性"的认识的追求,而深层意义上来说是对"善"的追求——对人自身幸福与发展的追求。在任何一个时代,"善"的观点都与伦理生活息息相关。

"善"或"应当"具有规范某种思想与行为的作用,蕴含着一定的价值尺度或价值标准,人类也正是在此基础上,形成了道德伦理与道德规范。因此,在哲学中,对"善"的追求,应以"价值"范畴为出发点。我们只有在主体与客体的关系中把握与认识价值,而不能脱离主体与客体的关系,否则客体本身的属性也就不具有价值意义。当价值的客体的属性是对主体需要的满足时,那么,我们可以把任何价值的存在理解为都要以主体对这种"满足"关系的评价为逻辑前提。当离开主体对这种"满足"关系进行评价、理解时,客体的属性是否能够满足主体的需要我们就无法再去作价值判断了。而价值判断又是区别于事实判断的,它不仅是对价值客体本身以及与其他客体关系的判断,而且也是对价值主体需要的判断,而两者密切的联系又是人类社会生活所必不可少的。

同时,我们需要从人的"实践"的寻找方式出发思考"美"。"美"是实践活动中"人的尺度"与"物的尺度"、"合规律性"与"和目的

---

① [德]马克思:《1844年经济学哲学手稿》,人民出版社2000年版,第57页。

性"的统一，人也正是在这种统一中实现其自身的自由。人的真正的创造性生活是实践活动，人也正是在实践活动中，在创造自己理想世界的同时也创造了理想的自我，在这种双重的创造关系中，人获得最大的"自由"。把"美"理解为人的创造性活动，理解为人创造的世界，理解为人在创造性活动中获取到、感受到的自由。

"美"作为"合规律性"与"合目的性"的统一，也就是意味着真、善、美三者的统一。我们把人类自身的存在方式——实践活动以及历史发展看作真、善、美统一的基础。人类让未来满足自己的需要，把世界变成理想的现实，这就要求我们应到世界中去探求"真"、追求"善"、发现"美"，把世界变为对人类来说是真、善、美统一的世界。在实践活动与历史发展过程中，人类只有不断对真理性的认识进行探求，不断实现对世界的目的性的要求，才能不断达到在"真"与"善"相统一基础上实现"美"。因此，真、善、美的统一是永无止境的发展过程。

四　实践：超越本体论思维方式的新的思维方式

马克思经历了从对旧哲学信仰到对新哲学创立的过程。在此过程中，传统哲学思维方式对马克思产生了巨大的影响，但马克思始终站在实践的高度，从批判的视角对传统哲学思维方式进行审视，最终跳出了传统哲学思维方式的牢笼，并创立了新的哲学思维方式。

（一）批判的命运：传统本体论思维方式的终结

1. 西方传统哲学的本体论思维方式

希腊哲学是西方哲学的历史源头。"本体论"是西方哲学的基本理论形态。本体论的基本宗旨是追求万物的终极存在、绝对真理与永恒原则。本体论是西方哲学表达人之为人"形而上学"的一种特有形式，蕴含着人们对未来生活的渴望与期盼，在当时对人性的发展、提高与升华人性意识有着积极的推动作用。对本体论的认识在西方传统哲学时期大致可归纳为以下几种思维方式。

（1）原始笼统直观的思维方式

古希腊时期的哲学家，虽然思想各异，但其思想有一共同点，即都认为世界万物虽千差万别，但它们只不过是具有某种共同"始基"（本原物）的变形物而已。按照这种观点，哲学家们把物质性的本原看作万物的本原，例如米利都学派创始人泰勒斯的"水"、赫拉克利特的"火"、阿纳克西美尼的"气"等，他们都是把事物的本原理解为具有特殊性质的具体物。用某种具体物去理解其他具体物，在具体物中只肯定某一具体物而否定其他具体物。这是今后哲学家们在深入思考时难以解决的问题，同时也隐藏了"一和多的矛盾"问题，这个具体物如何去"统一"其他的具体物？因此，在解决"一"统一"多"的问题时必然会使人们的思维走向抽象化，必然从"一多"的关系研究迈向"个别一般"的关系研究中。

(2) 抽象理性的思维方式

爱利亚学派的巴门尼德把"普遍物"归结为一种"存在"。他说，"在我看来存在者是一个共同体"，"存在者是不动的，被巨大的锁链捆着，无始亦无终"，"它是同一的，永远在同一个地方，居留在自身之内"。[①] 这是一种极端的观点，因为他只坚信"存在"是存在的，而不承认"非存在"的存在。因此，存在在他这里完全被抽象化了，成了一块钢板，对于事物的多样性特性，在他那里都不是实在的东西。

希腊哲学的集结点——柏拉图哲学，奠定了西方传统哲学理论。柏拉图认为，凡是人的理性思维认识的东西都是真实的、永恒的存在；凡是通过意见与非理性感觉到的对象都是不真实的、缥缈的存在，由此，他把世界一分为二，提出有"两个存在"与"两个世界"，即理念世界与实物世界，并以此作为其哲学的出发点。在他看来，理念是本真的、永恒的存在，事物只是理念的摹本与影像。在看待理念与事物的关系的问题中，柏拉图提出了"分有"的概念。他认为，事物只存在分有相应的理念，唯有此才能够成为此物。在他看来，哲学的任务就是把握这个本真的理念世界。欧洲中世纪的宗教神学在这种思维方式的作用下，形成了此岸世界与彼岸世界的对立，属于人性的东西全部归还于上帝，造成人的本性完全失去了人性的特质。

(3) 知性化的思维方式

到了近代，在文艺复兴的影响下，知性化思维方式是在培根提出

---

① 北京大学哲学系外国哲学史教研室编译：《西方哲学原著选读》（上），商务印书馆1981年版，第31—33页。

"知识就是力量"的理论下开启的,至此,人类的使命便是不断获取科学知识,而哲学的使命则是为人类获取科学知识提供有效的方法。唯理论与经验论者表面上在知识的本源、认识的主体以及认识的方法等方面存在着不可调和的矛盾,但在实质意义上,他们的思维却是相同的,即都是对具有普遍性、确定性和有效性的知性思维方式的追求。知性思维方式是对经院哲学思辨推理的批判,推动人们对科学知识的追求,是抛弃古代本体论、转向哲学史上认识论的形而上学。但这种思维方式将哲学的抽象性提升到了一个新的高度,并没有摆脱"柏拉图的幽灵"。

2. 近代哲学的本体论思维方式

知性化思维方式产生了人的"主体"的失落,造成了哲学的提问方式与自然科学的相似,但在看待哲学问题的解决时又不能像科学那样进行实证的解决,这将不可避免地陷入形而上学的独断论。科学理性给人们带来了丰富的物质生活,但不能带来完善的道德、自由的精神和安定的生活,产生了人的物化、利益化与功利化等。因此,开启了寻找人"主体"的失落之路,德国古典哲学的任务与发展方向则是实现主体的自由与解放。

康德的时代是"批判的时代",是对一切现存的事物与观念进行重新分析、审查与评价的时代。康德明确肯定,人,而且唯有人,是"自由自觉的主体",人作为有理性的动物"是作为目的本身而存在的","人的存在是人的行动的客观原则"。[①] 他对德国古典哲学具有特殊历史贡献的意义就在于肯定人是自身目的的同时,又赋予人以自由的本性。但康德哲学仍未彻底摆脱旧形而上学的枷锁,人的认识只能认识到主观世界而不能认识自在之物,这就造成了现象之物与自在之物的二元对立。因此,康德对于人的主体性认识仍具有一定的局限性,实践虽被他赋予很高的价值,但这种实践仅仅是思维上形而上学的把握。不管怎样,康德哲学开创了高扬人的自由本性的先河,因此具有历史转折性的意义。

德国古典哲学面对康德所遗留下来的两个哲学任务,即在"精神化"道路上继续捍卫理性的尊严与地位和解决理性的二元分立。费希特对第二个任务首先作了尝试,他把"绝对自我"看作至高无上的本体,而否定

[①] 北京大学哲学系外国哲学史教研室编译:《西方哲学原著选读》(下),商务印书馆1981年版,第318页。

主体之外的"物自体"。他在康德自我意识的基础上,从主观方面对实践进行了批判、继承与发展,尽管他偶尔使用"实践"或"实践的"概念,而让"行动"、"行为"等概念处于凸显地位,在他这里实践的优先性仍是贯穿其著作的主导思想。而谢林则用"绝对统一"代替"绝对自我",承认事物的普遍联系、自然界的发展进程以及矛盾是事物发展的根本动力。但谢林只能在主观上建立空洞理论,只有黑格尔是把康德与费希特思想统一起来的传统哲学的集大成者。

黑格尔在"实体即主体"的原则的指导下,在存在论基础上把本体论、认识论、逻辑学有机结合统一起来,从而建立了包罗万象的哲学体系。黑格尔认为,自然世界与属人世界是相对立的,但其实质是相统一的,而这种统一是统摄于"绝对主体"之下的,而"绝对主体"在黑格尔那里便是"绝对精神"。"绝对精神"是经过辩证发展的,即以否定之否定的方式来实现外化的自然界与人类精神,并通过扬弃与异化向自身回归,以实现思维与存在、主体与客体的统一。在黑格尔看来,观念世界与现实世界是相对立统一的,即使在形式上表现为对立,但在其精神上却表现为统一。在黑格尔看来,自然世界、精神世界、属人世界都是在思辨世界中辩证发展的。

运用这种颠倒的方式黑格尔首次提出了用辩证的思维方式来代替知性化的思维方式。在黑格尔看来,知性思维方式作为一种"有限的思维方式",它只能是一种抽象的、片面的思维方式,并不能真正获得必然的知识,然而作为"无限思维方式"的辩证思维却是思想内容自身运动的必然结果,是真正符合哲学思维的一种思维方式。但黑格尔的理解只是局限于人的意识之中,他把人的实践活动也只是归于人的意识或精神活动,把观念世界等同于现实世界。因此,在黑格尔的逻辑体系中,根本不能实现对世界的改造。马克思正是在对黑格尔的批判中找到了历史之谜的钥匙,对黑格尔头足倒置的辩证法进行无情的批判,从而彻底颠覆了西方传统哲学思维方式之根基。

3. 马克思对黑格尔思辨哲学的批判与终结

在19世纪40年代前,黑格尔哲学是德国具有统治地位的官方意识形态。在社会环境与交往中,马克思逐步看到了黑格尔哲学在当时德国的重要作用,他一方面与青年黑格尔派一样,以黑格尔所提出的自由与理性为理论武器反对当时的封建专制制度,另一方面对黑格尔哲学所包含的与具体现实感相独立的思辨观点保留了批判的态度。

《莱茵报》时期，马克思就已经清醒地认识到，以黑格尔哲学为代表的德国古典哲学是一种脱离现实生活、脱离实际的哲学，哲学不是脱离实际的抽象的哲学，而是其时代精神的精华，哲学也不是一种同特点体系相对的特定体系，而是一种世界的哲学。因此，文化的活的灵魂是哲学，哲学世界化也是世界的哲学化。马克思开始"直面"现实，在对旧哲学进行批判的基础上获得了新哲学。

在《黑格尔法哲学批判》中，马克思主要是运用费尔巴哈的主宾颠倒的方法与黑格尔的异化观点，对黑格尔的法哲学与国家哲学进行了较为系统的批判。他指出，在黑格尔那里，"理念变成了独立的主体，而家庭和市民社会对国家的现实关系变成了理念所具有的想象的内部活动。实际上，家庭和市民社会是国家的前提，它们才是真正活动者；而思辨的思维却把这一切头足倒置"。"条件变成了被制约的东西，规定其他东西的东西变成了被规定的东西，产生其他东西的东西变成了它的产品。"① 因此，家庭与市民社会不是通过国家的理念而产生的，而是通过家庭与市民社会自身而变为国家，成为现实的主体。这样，在黑格尔那里颠倒的关系又被重新颠倒过来，通过对黑格尔法哲学与国家哲学的批判，马克思初步清算了黑格尔唯心主义的国家观与法学观对他的影响。

从《手稿》开始，马克思对黑格尔的批判从"理论批判"转向"实践批判"，开启了马克思哲学思维方式的变革。马克思以对国民经济学的批判作为出发点，批评国民经济学家们并没有真正抓住劳动的本质，他们只是把应当予以说明的东西假定为一个历史事实，并以此作为理论的出发点。黑格尔恰恰发现了这一点，他指出："把人的自我生产看作一个过程，把对象化看作非对象化，看作外化和这种外化的扬弃；可见，他抓住了劳动的本质，把对象性的人、现实的因而是真正的人理解为他自己的劳动的结果。"② 黑格尔虽抓住了劳动的创造本质，但他只承认一种劳动，即抽象的精神劳动。因此，马克思批判地说，在黑格尔那里，"全部外化历史和外化的全部消除，不过是抽象的、绝对的思维的生产史，即逻辑的

---

① 《马克思恩格斯全集》第 1 卷，人民出版社 1956 年版，第 250—252 页。
② ［德］马克思：《1844 年经济学哲学手稿》，人民出版社 2000 年版，第 101 页。

思辨的思维的生产史"①。马克思指出在黑格尔那里被绝对地相互颠倒的关系，必须再把它们颠倒过来，指出应在具体的现实性中把握人与自然界，并得出结论：精神是不能作为人的本质、人与自然界的中介的，也不能作为改造自然、改造人的动力，只有生产活动才能作为人类生活之基。因此，只有对黑格尔的思辨思想作出彻底的批判，才能彻底颠覆传统形而上学"知性化的实体本体论"之基，彻底对西方传统哲学的抽象思维方式进行颠覆，为新哲学的思维方式奠定基础。

（二）构建的探索：实践观点思维方式的构建

1. "自我意识"走向"物质利益"

在《德谟克利特的自然哲学与伊壁鸠鲁的自然哲学的差别》中，马克思把希腊哲学中关于原子的理论看作"自我意识"的运动。指出："所以只要作为原子和现象的自然是在表示着个别的自我意识和它的矛盾，则自我意识的主观性只能以物质自身的形式出现；反之，当主观性成为独立的东西时，自我意识便在自身中反映自身，便以它特有的形态作为独立的形式同物质相对立。"② 同时，他在评价普罗米修斯的"自白"（"我痛恨所有的神"），高度赞扬普罗米修斯是哲学史中最高尚的圣者和殉道者时，又把"自我意识"提升到了"神性"的高度，他的哲学格言是："反对一切天上的和地上的神，这些神不承认人的自我意识具有最高的神性。不应该有任何神同人的自我意识相并列。"③ 但马克思认为，不能像伊壁鸠鲁那样，把自由理解为脱离现实的自我意识，这只是理论上的自由，而是回到与人密切联系的周围环境中解决自由的问题。马克思在对人与现实、哲学与世界的辩证关系进行深入分析后指出，自我意识必须同外部世界相联系，并把它变为一种实践力量，把哲学与世界相融会贯通。此时，马克思虽然仍受黑格尔思想的影响，抬高"自我意识"的高度，但他的思维方式已经开始转向实践，并带有现实的色彩，这将是他新的思维方式酝酿的起点。

在《莱茵报》时期，马克思在接触各种经济与政治等问题后，开始

---

① ［德］马克思：《1844年经济学哲学手稿》，人民出版社2000年版，第99页。
② 《马克思恩格斯全集》第40卷，人民出版社1982年版，第241页。
③ 同上书，第190页。

意识到各种社会现实关系的作用，在一定程度上克服了黑格尔哲学的局限性，开始转向新的世界观。马克思在对旧哲学进行批判时，认识到旧哲学的致命弱点就在于它是脱离实际的哲学，哲学应与现存世界相接轨，哲学不应是在世界之外的遐想、不是脱离现实的孤芳自赏，任何真正的哲学都是自己所处时代的精神上的精华。此后，马克思开始回归到现实生活中，在现实生活中去寻找哲学答案，进一步促进了马克思对新的思维方式的探索。

在《莱茵报》被查封后，马克思开始对黑格尔的法哲学与国家哲学进行了系统的批判。马克思把在黑格尔那里的市民社会与国家的关系颠倒过来，认识到不能从思辨的思维方式去创造自己的对象，也不能用观念去规定这种对象，而是从对象中开展思想，形成合理的哲学观念。这为马克思哲学思维方式的转变打下了坚实的基础。

2.《1844年经济学哲学手稿》：异化劳动

马克思在对市民社会以及资产阶级政治经济学的深入研究与剖析的基础上，发现了开启人类历史发展的钥匙——劳动。马克思指出，"整个所谓世界历史不外是人通过人的劳动而诞生的过程"[①]，"宗教、家庭、国家、法、道德、科学、艺术等等，都不过是生产的一些特殊的方式，并且受生产的普遍规律的支配"[②]。在《手稿》中，马克思的哲学研究方式从传统哲学"解释世界"转变为"改造世界"，通过对政治经济学的批判，形成了将人的存在方式与哲学反思方式相融合的新的致思理路。通过对异化劳动、私有财产与共产主义三者间的研究，开始寻找到作为人的感性活动的实践，为整个哲学思维方式的变革奠定了基础与方向。

首先，在异化劳动批判的基础上探索人的本质即自由自觉的劳动。马克思认为："一个种的整体特性，种的类特性就在于生命活动的性质。"[③]他把人作为"种"来考察，着力揭示"类"的特性即类本质。而人的活动是自觉地、受意识支配的活动，"自由自觉地有意识的活动恰恰就是人的类特性"[④]。劳动是人的本质，是人所特有的自由和创造力的体现。在

[①] [德]马克思：《1844年经济学哲学手稿》，人民出版社2000年版，第92页。

[②] 同上书，第82页。

[③] 同上书，第57页。

[④] 同上。

当时资本主义制度下，异化劳动表面是"自由的劳动"，其实质却是"不自由的劳动"，它使"动物的东西成为人的东西，而人的东西成为动物的东西"①。

其次，在对劳动与异化劳动的区分的基础上考察异化劳动与私有财产的关系问题，进而揭示私有财产的本质。马克思认为，异化劳动与私有财产是相互作用的关系，私有财产不仅是异化劳动的产物而且也是劳动借以外化的手段。在私有财产发展到最高阶段，也就是资本主义私有制阶段时，就会充分暴露了这种相互作用的秘密。在资本主义社会中，资本家以异化劳动为手段对工人进行剥削，加剧异化劳动，同时又通过异化劳动不断积累与扩大私有财产。马克思认为，异化劳动不仅产生私有财产，而且也是人的自我异化的表现，即"物质的、直接感性的私有财产，是异化了的人的生命的物质、感性的表现"②。

最后，马克思通过提出对私有财产、对异化劳动积极的扬弃即共产主义的实现，完成人向自身、向社会的即合乎人性的复归。马克思认为，异化与复归是异化理论不可分割的环节，用人的本质异化理论阐述社会历史，把人的历史发展归纳为"人——非人——人"的发展模式，带有明显的思辨色彩，使真实的历史成为人的本质的历史的"倒影"。马克思通过私有财产的扬弃来实现共产主义，使"人以一种全面的方式，就是说，作为一个总体的人，占有自己的全面的本质"③。此时，马克思的思想仍带有人本主义的局限性，他通过人的本质，判断社会的关系及社会制度，把人的历史当作人的本质异化与复归的历史。因此，应立足于现实的经济基础，把研究的重心从人的本质的自我异化转移到社会发展规律的研究上来，从而对历史之谜进行解答。

（三）超越的展现：实践观点思维方式的超越

1. 实践观点思维方式的确立

此时的马克思已"离开"黑格尔"走向"费尔巴哈。马克思虽然摆脱了黑格尔的思辨哲学，开始向自己的新哲学靠拢，但同费尔巴哈的旧唯

---

① ［德］马克思：《1844 年经济学哲学手稿》，人民出版社 2000 年版，第 55 页。

② 同上书，第 82 页。

③ 同上书，第 85 页。

物主义直观性与不彻底性仍相矛盾，促使他不得不摆脱费尔巴哈的影响，创建自己的新哲学。

1845年3月，马克思写下了"包含着新世界观的天才萌芽的第一个文件"——《提纲》。马克思对包括费尔巴哈在内的一切旧唯物主义的局限性进行批判，并把实践作为新的世界观的根本特点，在实践基础上把唯物主义自然观和历史观作为统一的整体，为详细制定新的世界观的理论体系提供了总纲。他认为："从前的一切唯物主义——包括费尔巴哈的唯物主义——的主要缺点：对对象、现实、感性，只是从客体的或者直观的形式去理解，而不是把它们当作人的感性活动，当作实践去理解，不是从主体方面去理解。"① 同时，马克思还使用了如"感性的活动"、"对象性的活动"、"现实的、感性的活动本身"、"革命的"、"实践批判的活动"等一系列术语来阐述"实践"范畴。马克思从实践与思维的真理性、人的活动与环境的改变、宗教世界与世俗世界等方面，对实践观点在认识论与历史观上的基础性意义进行了全面的阐释。最后，马克思指出，"旧唯物主义的立脚点是'市民'社会；新唯物主义的立脚点则是人类社会或社会的人类"，"哲学家们只是用不同的方式解释世界，而问题在于改变世界"。②

为了使人们认识到不同于幻想的意识形态思辨的现实活动过程，从而彻底粉碎包括费尔巴哈在内的哲学的虚幻性，因此，马克思在撰写《形态》时，通过对科学实践观的研究展开了对人类历史发展进程的推演，这超越了以往一切旧哲学的唯物主义，同时，也标志着全面、彻底的实践科学思维方式的建立，并以实践思维方式为出发点，从而实现了认识论、自然观以及历史观在哲学史上的全面变革。我们可以把马克思实践思维方式概括为：以现实的人的实践活动为出发点，对人、人类社会的历史发展以及人与世界的关系问题进行解释；其最终目标就是指导人类改造世界，最终实现人类全面彻底的解放。

2. 实践观点思维方式的超越

（1）"现实的个人"的超越

"现实的个人"作为马克思实践性思维方式的逻辑起点。它是实践

---

① 《马克思恩格斯选集》第1卷，人民出版社1995年版，第58页。

② 同上书，第61页。

的、处于现实历史中、具有否定性统一、超越性的存在。首先,"现实的个人"是在现实历史活动及关系中所形成的自由自觉的个体。马克思认为,"我们不是从人们所说的、所设想的东西出发,也不是从口头说的、思考出来的、设想出来的、想象出来的人出发,去理解有血有肉的人。我们的出发点是从事实际活动的人","符合现实生活的观察方法则从现实的、有生命的个人本身出发"。① 这并不是旧哲学中抽象的、脱离现实的人,而是在实践活动中,与自然、社会以及两者关系中所形成的否定性统一的个体。其次,"现实的个人"是贯穿于历史之中,并在其中从事实践活动以实现主体性的个体。在马克思看来,个人与人的共性并不是简单的概念问题而是历史问题,旧哲学是从脱离实践、社会、历史的角度去探究人的主体性,是空洞的理解。这样,马克思就把旧哲学中"超验的"、"超历史"的"我"、"类"抛弃,实现"现实的个人"的超越。

(2)"世界统一性"的超越

传统本体论思维方式企图在思想领域为人们建立一个庞大的理性王国,以实现把哲学建设成为统治所有科学之科学的王者。但由于他们对现实世界的鄙薄与抛弃,哲学不得不丧失它存在的根基,"形而上学的神话"只能在思辨思维中实现它的统治。实践性思维方式是马克思将哲学从"天国"拉回"人间"、从人的现实生活实践中来探究全部哲学的思维方式。在马克思看来,旧哲学并没有对世界进行整体性的认识,它们在看待自然世界与属人世界的问题上,只是在自己所属的世界中进行了统一,并没有把这两个世界相互统一起来,其根本原因就在于他们没有找到世界统一性的基础——实践。而马克思则立足于实践,在自然世界与属人世界统一的基础上为人的认识与发展提供了现实基础,是对人的自身主体性认识的还原。

(3)"彼岸世界"的超越

传统哲学只是为人们提供一幅宏伟的蓝图,但却没有提供实现宏伟蓝图的方法与手段,只能用传统超越性的存在追求来代替人的感性世界的现实完成,只能用抽象的彼岸世界来代替具体的此岸世界,这样,就不可避免地带来无法克服的障碍。而马克思指出,人们不仅要获取关于世界的知

---

① [德] 马克思、恩格斯:《德意志意识形态》,人民出版社 2003 年版,第 17 页。

识，而且还要掌握对世界的改造，并在改造世界的实践活动中，实现对外在世界的超越，以取消限制其对人的生存实践活动的约束，以达到自然规律与自由规律的相互统一。与此同时，在马克思看来，旧哲学的主要缺陷就在于它们对革命的实践活动的不理解，仅仅局限于对现存的东西进行解释而拒绝回答关于改造世界的课题，企图通过各种方式解释世界，坚信解释世界就可以改造世界。事实上，他们这是在对关于自然、存在、人性、认识等理论的反思，使人们对自身本性的认识具有片面性。因此，马克思提出，哲学的作用和使命就不仅仅是解释世界，而是在于对世界的改造，即把认识世界、解释世界与改造世界结合起来。

五 实践：开启"历史之谜"的钥匙

马克思新的世界观的实现是在其科学实践观形成的基础上而建立的，在此基础上，马克思科学合理地说明了社会历史的发展，创立了唯物史观，实现了哲学史上最深刻的变革。因此，我们应科学地理解马克思实践概念与科学地确认实践在马克思哲学中的地位，科学的实践观是马克思哲学新世界观的本质。

（一）马克思对"历史之谜"的艰难探索

历史之谜的探索，是以历史发展本身为基础的，人们对其正确的理解也只能依赖于历史发展过程本身。对于历史之谜的探索，马克思并不是凭空想象出来的，正如他所说："思想从来也不超出旧世界秩序的范围：在任何情况下它都只能超出旧世界秩序的思想范围。"[1] 因此，马克思在他所处的时代对历史之谜的探索，是在继承前人优秀遗产的同时，在现实斗争中不断地同自己既有思想进行斗争的过程。

青年时期的马克思，立志于为人类的解放事业而奋斗，把"现存世界合理化"作为其探索道路的逻辑起点。最初，马克思利用黑格尔的理性原则来探寻现存世界合理的问题，但是现实生活中的"理性"一旦接触到物质利益，就不可避免地破产了。因此，马克思动摇了对"理性原

---

[1]《马克思恩格斯全集》第2卷，人民出版社1957年版，第152页。

则"的信仰,开始意识到仅在"理性"中是不可能对"历史之谜"进行解答的。

在现实的理论斗争与工人运动的影响下,马克思放弃了对"理性"的追求,开始转向唯物主义。在《手稿》中,马克思通过对"异化劳动"的分析,对资本主义社会进行了深刻的剖析,提出从"应该"出发宣判资本主义私有制必然被"扬弃异化劳动"的共产主义所代替。"共产主义,作为完成了的自然主义＝人道主义,而作为完成了的人道主义＝自然主义,它是人和自然之间、人和人之间的矛盾的真正解决,是存在和本质、对象化和自我确证、自由与必然、个体和类之间的斗争的真正解决。它是历史之谜的解答。"① 马克思进一步指出:"异化是借以实现的手段本身就是实践的。"② 显然,在《手稿》中马克思已通过对实践概念的阐述来说明历史,并企图通过与实践相联系的"异化劳动"对人类历史之谜进行解答。在《手稿》中,马克思多次使用"实践"一词,但此时的"实践"是理想化、抽象化的实践,因此,它并不能解决"使现存世界合理化"的问题。

在《神圣家族》中的马克思,虽然仍受费尔巴哈人本主义的影响,但此时的实践概念更多的是与人类具体的社会历史活动相联系,把物质生产作为其主要内容。马克思仍是把共产主义的实现作为人类历史之谜的解答,但其进步之处就在于,他不再像《手稿》中那样,把共产主义的实现看成是异化劳动的扬弃与人的本质的实现,而是对无产阶级革命、唯物主义与共产主义的关系进行考察,并从无产阶级的本性与生活条件出发论证无产阶级的历史使命。马克思在说明历史运动的动力时,仍坚持用人类不变的本性与违反这种本性的外部现象之间的冲突来进行论证,以致实践活动的历史发展规律并没有得到科学合理的解释,因此,不可能对"历史之谜"进行科学合理的解答。

在《评弗里德里希·李斯特的著作〈政治经济学的国民体系〉》一文中,马克思开始关注现实社会中生产力的问题,并开始意识到人类社会发展的动力在于生产力的发展。在马克思看来,生产力与生产关系不仅是由人们实践活动历史地产生的,而且还是支配人类实践活动的客观规律以及

---

① ［德］马克思:《1844年经济学哲学手稿》,人民出版社2000年版,第81页。
② 同上书,第60页。

人类社会历史发展的根本动力，至此，历史唯物主义的出发点开始萌芽。

《提纲》与《形态》的完成，是马克思新世界观的形成的标志。马克思所提出的实践观点不仅是理论现实的出发点，而且也是全部理论的基石。这里的实践并不是理想化的实践、思辨意义上的实践，而是作为思维方式，从历史自身发展在解释历史、从人的现实物质生活中去解释人的本质。正是这种实践观的确定，为"历史之谜"的真正解答提供了线索。

在《提纲》中，马克思首次旗帜鲜明地对费尔巴哈的唯物主义以及一切旧唯物主义的根本缺陷进行了彻底的批判，并制定了对于辩证唯物主义和历史唯物主义来说具有全局意义的范畴——社会实践的范畴，奠定了马克思主义哲学的基础。在马克思看来，实践是在主体与客体的统一中所实现的人的感性的、现实的活动。只有在以实践为基础的唯物主义中，才能找到解决主体与客体、人与自然之间矛盾的唯一途径——实践。马克思指出："人的本质不是单个人所固有的抽象物，在其现实性上，它是一切社会关系的总和。"[①] 马克思在历史与现实的各种关系中来考察人的本质，并用实践来说明社会生活的本质。实践活动不仅是人类创造历史的客观物质活动，而且实践活动本身也只有从历史中才能得到科学合理的解释。

在《形态》中，马克思是把实践概念看作一个历史概念。即实践既是"整个现存的感性世界存在的基础"和人类历史的生成，体现着人的主体能动性和创造性；又是特定的历史产物，受制于人之外的客观物质条件和历史形成的现实社会关系，具有历史性和受动性。在此意义上理解，实践唯物主义就是历史唯物主义，它是对历史之谜的解答。

（二）开启"历史之谜"的实践是科学的实践

把实践作为探讨其他一切哲学问题的出发点时，必须对实践进行科学合理的解释，在前文中我们已经论述了前哲学家们对实践的不同理解，而马克思正是在批判地继承前哲学家的基础，一方面密切关注当时的人类实践，另一方面又对实践进行了唯物主义的改造。

首先，在马克思看来，人类社会生活本质是实践的，同时实践又是人类历史的缩影，是整个人类社会历史发展与社会生活的"胚胎"。一方

---

① 《马克思恩格斯选集》第1卷，人民出版社1995年版，第56页。

面，一切人类历史都是在实践基础上产生的，并能在实践中得到合理的说明；另一方面，人类现实生活都是以人类实践的发展与现实的人的实践为基础的。因此，只有在科学合理地理解人类实践活动的基础上，才能对全部历史的本质进行科学的说明。人类社会实践构成了人类社会存在的基础，历史改造通过社会实践才能实现，才能创造人类主体自身，才能构成整个人类社会历史。人类的实践活动是在一定社会关系中进行，并受其社会历史关系的制约。社会生活过程一开始就表明"人之间的物质联系"，而这种属于人类实践重要组成部分的"物质联系"本身就是和物质生产活动一同产生的。因此，马克思的实践具有双重含义，即"自然关系"与"社会关系"，两者构成了科学实践的核心内容与主要形式，同时也构成了社会存在的现实基础。

其次，实践是感性的、对象的活动，是主体与客体相统一的活动，是人的自觉性和自由精神运动的最现实的表现，是人的自由自觉的活动，但它的内容只有在特定的历史条件下才能展现出来。实践是具体的、历史的。一方面通过对象化说明人的主体能动性，实现主体性意识；另一方面，这种主体能动性、主体性意识又是在一定的历史条件制约下形成的。人类的现实的物质生活条件与社会关系是由实践活动所造就的，但人类实践所造就的历史产物又反过来制约着人类的实践活动。马克思强调，唯物史观必须把"现实前提"作为出发点，即"现实中的个人，从事活动的，进行物质生产的"，"是在一定的物质的、不受他们任意支配的界限、前提和条件下活动的"。[①] 人类实践活动在一定的条件下将打破这种历史界限，而这一条件也将由人类实践活动所创造。因此，人类一切实践活动都将归于社会历史，也只有通过人类实践活动社会历史才能得到科学合理的解释。因此，实践概念与唯物主义原则是相吻合的，是主体与客体、人与世界的中介，体现了自由与必然的统一。

最后，实践是能动性的活动，具有主观能动性。这种能动性主要表现在人是有目的、有意识地实现创造性本质的。实践还具有现实性，我们也正是在这种现实性的基础上，理解"社会生活在本质上是实践的"，理解我们一切认识都来源于实践。马克思多次指出，物质生活活动是人类存在

[①] 《马克思恩格斯选集》第1卷，人民出版社1995年版，第71—72页。

的基础的实践活动，这种实践必然带有客观物质性，这也是对唯物主义原则的充分展示。马克思的实践不是纯精神的实践，而是客观物质性的实践，在受客观物质条件制约的同时又在不断创造着物质条件，因而具有历史社会性。总之，实践是主体与客体间能动的、现实的、对象性的历史活动。

（三）开启"历史之谜"的科学实践是马克思主义哲学之基

在传统教科书中，我们总是把实践归于认识论的范畴，在实践基础上说明认识的基础、来源与检验真理的标准等基本概念，也只把它看作"辩证唯物论的认识论的"首要的、基本的观点，而忽略实践本身的作用。

一方面，马克思新世界观的创立，并不是通过马克思哲学给社会历史的发展提供现成的答案，而是为其提供解答的方法，即实践的方法。人类社会历史的一切问题只有通过实践才能得到合理的解决，但马克思主义哲学并不是包罗万象的绝对真理，而是人类社会历史发展的平台，它是通过人类实践活动获得真理，其真理也在实践中接受到检验。与此同时，正如我们前面所论述的，马克思主义哲学在对现存世界进行探索时，不仅仅是解释世界，更为重要的是要改变世界，使"现存世界合理化"。实践是马克思主义哲学的精神实质，是构建马克思主义哲学的基石。

另一方面，哲学是研究人与世界关系问题的，而人与世界关系问题的核心就是实践。人在认识中不断实现对人与世界的分裂与统一，都是人的实践活动的固有本质反映，"实践活动就是一种不断分化世界又不断重新建立人与自然的新的统一关系的活动"[1]。马克思主义哲学的伟大贡献就在于发现了人与世界相矛盾的现实基础，在否定性的关系中建立起了两者的统一。所以，通过实践可以唯物且辩证地对哲学基本问题进行彻底解答，科学的实践观与唯物主义原则是相一致的。

人类社会历史也可以通过科学的实践进行科学且合理的论证。实践是人的本质、社会的本质，全部人类历史都是在实践活动的基础上实现的，

---

[1] 高清海：《找回失去的"哲学自我——哲学创新的生命本质"》，北京师范大学出版社2004年版，第112页。

在人类实践中得到科学解释。不管怎样,人类的任何实践都是在特定历史条件下的具体的实践。实践一方面是在社会物质生活条件下产生的,另一方面又受到特定物质生活条件的制约,在实践基础上人改变环境与环境改变人是统一的,主体客体化的同时也是客体主体化,在实践基础实现两者的统一。因此,对于历史观的问题我们可以在实践基础上得到合理的解答。

对于人类意识的产生与本质我们也可以从科学实践观出发并得到合理的解释。在马克思看来,"思想、观念、意识的生产最初是直接与人们的物质生活,与人们的物质交往,与现实生活和语言交织在一起。人们的想象、思维、精神交往在这里还是人们物质行动的直接产物"①。同时,马克思指出:"语言是一种实践的、既为别人存在因而也为我自身而存在的、现实的意识。语言也和意识一样,只是由于需要,由于和他人交往的迫切需要才产生的。"② 因此,意识活动本身就是人类物质生产与"交往"的实践产物,是构成人类实践活动的一个重要因素。对意识产生之谜的解答也只有到实践中去寻找,意识的本质也就是人们对现实社会生活的反映。在人类实践界限的基础上也就产生了人类意识的界限,而这种作为历史的界限也只有为人类实践活动所打破,人类的意识是随实践活动的发展而不断发展的,这样,实践意识必定能够"不用想象某种现实的东西就能够现实地想象某种东西"③。实践活动能动性的突出表现就是意识的能动性。而意识的作用、认识的真理性等问题也不再是单纯的理论问题,而成了实践的问题。事实上,在人与世界的关系中,首先是改造与被改造的关系,然后才是认识与被认识的关系,而人与实践的关系只能在实践的基础上才能得到合理的解释说明。因此,从科学的实践观的品性看,所有哲学问题都是从实践出发得到合理说明,所以科学的实践观是马克思主义哲学之基。

总之,科学的实践观是在马克思对"历史之谜"的艰难探索中实现的,而科学的实践观也正是对"历史之谜"的解答。

---

① 《马克思恩格斯选集》第 1 卷,人民出版社 1995 年版,第 72 页。
② 同上书,第 81 页。
③ 同上书,第 82 页。

六 马克思主义实践观的当代回响

马克思哲学实践的发现、实践观的创立,奠定了新哲学的基础,不仅为新哲学提供了一个新的范畴、新的视角、新的原理,而且也实现了从"解释世界"到"改变世界"的超越,实现了哲学历史上的根本性转变——思维方式的转变。马克思实践观不仅使马克思终结了一切旧的哲学,成为了现代哲学的立足点,而且也是我们回答与解决现时代社会实践与科学技术的理论旨归。

(一)实践:开启现代哲学新纪元的立足点

综上所述,我们可以看出:马克思哲学同旧哲学的基本不同之处就在于它是以实践为基础,用实践来理解一切哲学问题,解决各种哲学纷争,观察各种事物,理解现实世界,并以此为基础解决了两重化的矛盾,解决了人与自然、意识与存在、主观性与客观性在实践基础上的相互统一。当以实践观点为基础,去观察和看待一切哲学问题时,不可避免地将会给哲学史带来深刻变革。

"实践"观点不仅是用来回答认识的来源、基础和标准的问题的理论,而且还应看作马克思主义哲学用以解释和说明全部世界问题的崭新的思维方式。唯有此,才能把握马克思主义哲学的全部内容的实质。

对世界观变革的理解也就是对马克思主义哲学变革实质的理解,而世界观的变革也就是思维方式的变革。一种哲学,如果它真正能够代表"时代精神的精华",凝聚着人类"文明的活的灵魂",反映和引导着时代发展的方向,它就能够为人们提供一种不同于其他哲学的观察世界的视角,即对事物、现实和感性的一种新的理解方式。哲学派别的区别根源于此,哲学理论的价值也体现在这里。马克思主义哲学观的变革实质上是思维方式的变革[1]。

因此,马克思哲学实践观点的创立,不仅为哲学增添新的原理、新的范畴和新的观点,而且为我们理解人、理解世界以及全部哲学提供了新的

---

[1] 张云阁:《马克思思维方式论——马克思哲学与费尔巴哈哲学关系研究》,武汉大学出版社2007年版,第239—240页。

立足点、基本依据和模式,正是由于这种新的思维方式的确立,才使马克思终结了旧哲学,开启了现代哲学的新纪元。

(二) 实践:构建社会主义和谐社会的理论源泉

无数哲学家在马克思时代就提出了对未来社会的构想,但最后他们的哲学理论都成了"乌托邦"式的幻想,主要原因在于他们是在传统哲学思维方式的指引下,把一切存在都看成预先规定于永恒本体之中,人类社会的历史也只是已有规定的彰显和实现。因此,他们在对未来社会进行设想时,不是从现实的社会出发,而是从先验原则出发,这种脱离现实的哲学思维逻辑最终只能陷入纯粹的主观空想。而马克思从感性的实践活动出发,认识到资本主义社会矛盾产生的根源,提出在汲取资本主义创造的现代文明的成果上用现实的斗争克服资本主义自身的缺陷与弊端,建立一个更高级、更优越、更合理的社会主义新世界。科学社会主义理论的诞生,使社会主义从空想走向科学。

改革开放以来,我国社会主义建设取得了举世瞩目的成就,社会在各方面都发生了巨大变化,但是不可避免地带来各种社会问题与社会矛盾:如对利益的极端追求、道德伦理的极度丧失、环境污染、贫富差距的拉大等,但这些问题归根到底在于人与自然、人与人、人与人自身的关系问题,在于社会实践的不合理性,也就是说对马克思实践性思维方式理解的片面性。因此,当代中国的社会主义建设仍然离不开马克思主义,离不开对马克思实践哲学思维方式的全面理解与把握,对于"和谐社会"的建设我们依然要从马克思哲学中汲取养分。

在《共产党宣言》中,马克思构建了一种理想状态的和谐社会:每个人的自由发展和一切人的自由发展的有机统一的"自由联合体"。和谐社会最终是主体人和实践行为的和谐,只有在社会实践中构建社会主义,和谐社会的因素才能形成,它是人们自觉或不自觉社会实践的产物,但现代意义上的和谐社会并不是静止、抽象的完美社会模式,而是人类通过有目的、有意识的实践活动调整和变革的过程和结果的统一,现代意义上的和谐社会中的"和谐"是实践创造的和谐,"实践"并不是一种简单的社会实践,而是对实践过程进行有效的监督、合理地预期实践结果、消除或最大程度上降低实践造成的负面效应的社会实践。

（三）实践：中国特色社会主义之"特色"

党的十八大提出，我们要毫不动摇坚持、与时俱进发展中国特色社会主义，不断丰富中国特色社会主义，不断丰富中国特色社会主义的实践特色、理论特色、民族特色、时代特色。

实践特色是马克思主义的一个基本特点。中国特色社会主义作为马克思主义中国化的最新理论成果，它继承了马克思主义鲜明的实践特色，同时又是自足于中国特色社会主义建设的现实需要，丰富和发展了马克思主义的实践特色。

首先，中国特色社会主义是在中国社会主义现代化建设的实践中兴起和发展起来的，具有鲜明的实践特色。中国共产党领导中国人民探索的社会主义现代化道路是一项艰难而伟大的社会实验工程，它同任何社会实验一样不可能一次成功，其间必然经历无数挫折与困难，才能一步一步接近并抵达成功的彼岸。

其次，中国特色社会主义是人民群众创造历史活动的结晶，具有鲜明的实践特色。人民群众是历史的创造者，中国特色社会主义是由广大人民群众参与创造和发展而来的，并由广大人民群众作为建设主体赋予实践特色。人民群众在社会主义建设的前线，是中国特色社会主义事业发展的源泉。在改革开放中许多创新思想，并不是由领导上层提出来的，而是由人民群众打破传统的束缚，冲破传统的观念，自发提出来、干出来的。因此，中国特色社会主义的建设中，要始终坚持群众路线，相信群众，依靠群众，善于向群众学习，尊重群众的主动性、积极性和首创精神，总结群众的经验教训，形成系统的改革理论以指导方针和政策，在更大范围内予以推广，进一步总结经验教训，使其成为有理论、有组织、有步骤的改革行动。

最后，中国特色社会主义是在社会稳定的基础上坚持改革发展。具有鲜明的实践特色。我国的发展过去依靠改革开放，未来的发展也势必依靠改革开放。只有改革开放才能使中国摆脱贫穷，走向富强，消灭落后，走向现代化，建设中国特色的社会主义。实践特色最核心的内容就是改革开放。改革开放是一项长久的实践活动，并不能随心所欲，一蹴而成，而是脚踏实地、循序渐进地进行。在坚持四项基本原则的前提下，坚定不移地进行改革，保持社会的稳定，推动当代中国经济社会的全面发展。在改革开放中,不可避免会遇到各种矛盾与冲突,要始终符合人民的根本利益,维护社会的稳定发展。只有在社会稳定发展的基础之上,改革开放的伟大事业才能顺利进行。社会的稳定发展离不开中国共产党的领导,中国的发展关键在党。全面推进党的建设新的伟大工程,也是中国特色社会主义实践特色的题中应有之义。

陈迎　东北师范大学马克思主义学部 2014 级博士研究生

参考文献

[1]《马克思恩格斯选集》第 1—4 卷,人民出版社 1995 年版。

[2]《马克思恩格斯全集》第 1 卷,人民出版社 1956 年版。

[3]《马克思恩格斯全集》第 2 卷,人民出版社 1957 年版。

[4]《马克思恩格斯全集》第 20 卷,人民出版社 1971 年版。

[5]《马克思恩格斯全集》第 40 卷,人民出版社 1982 年版。

[6]《马克思恩格斯全集》第 42 卷,人民出版社 1979 年版。

[7] 马克思:《1844 年经济学哲学手稿》,人民出版社 2000 年版。

[8] 马克思、恩格斯:《德意志意识形态》,人民出版社 2003 年版。

[9]《列宁选集》第 2 卷,人民出版社 1995 年版。

[10]《毛泽东选集》第 1 卷,人民出版社 2005 年版。

[11][德]黑格尔:《逻辑学》(下),杨一之译,商务印书馆 1976 年版。

[12] 欧阳康、张明仓:《在观念激荡与现实变革之间——马克思实践观的当代阐释》,中国人民大学出版社 2008 年版。

[13] 高清海:《找回失去的"哲学自我"》,北京师范大学出版社 2004 年版。

[14] 高清海:《哲学与主体自我意识》,人民出版社 2010 年版。

[15] 孙正聿:《哲学通论》,人民出版社 2010 年版。

[16] 张云阁:《马克思思维方式论——马克思哲学与费尔巴哈哲学关系研究》,武汉大学出版社 2007 年版。

[17] 王才干:《实践思维——马克思主义哲学当代形态研究》,社会科学出版社 2006 年版。

［18］胡海波、庞立生：《马克思主义哲学论纲》，吉林人民出版社 2005 年版。

［19］杨学功：《传统本体论哲学批判——对马克思哲学变革实质的一种理解》，人民出版社 2011 年版。

［20］陈先达：《马克思早期思想研究》，中国人民大学出版社 2006 年版。

［21］陈先达：《走向历史的深处——马克思历史观研究》，中国人民大学出版社 2006 年版。

［22］王永昌：《实践活动论》，中国人民大学出版社 1992 年版。

［23］董晋骞：《实践之后——对马克思实践思想的一种理解》，人民大学出版社 2007 年版。

［24］徐长福：《走向实践智慧——探寻实践哲学的新进路》，社会科学文献出版社 2008 版。

［25］吴晓明、王德峰：《马克思的哲学革命及其当代价值——存在论新境域的开启》，人民出版社 2005 年版。

［26］王劲民：《从马克思出发："实践的唯物主义"逻辑构造》，中国社会科学出版社 2009 年版。

［27］旷三平：《唯物史观前沿问题研究——现代哲学视域下的一种理论探索》，中国社会科学出版社 2004 年版。

［28］杨耕：《为马克思辩护——对马克思哲学的一种解读》，北京师范大学出版社 2004 年版。

［29］孙伯鍨、张一兵：《走进马克思》，江苏人民出版社 2008 年版。

［30］李文阁：《实践其实是指人的现实生活——实践唯物主义研究之反思》，《哲学动态》2000 年第 11 期。

［31］王庆丰：《论实践观点的思维方式》，《广西社会科学》2005 年第 6 期。

［32］王海明、孙英：《几个价值难题之我见》，《哲学研究》1996 年第 10 期。

［33］旷三平：《论马克思主义哲学的实践观念》，《理论导刊》1993 年第 2 期。

［34］张云阁：《实践观点的思维方式与可持续发展》，《学习与理论》2006 年第 1 期。

[35] 贺来:《实践活动与人本源性的生存方式》,《长白学刊》2006年第1期。

[36] 钱学平:《实践:马克思对"历史之谜"的解答》,《求索》1997年第2期。

[37] 徐长福:《重新理解理论与实践的关系》,《教学与研究》2005年第5期。

第四章

马克思意识形态批判理论的实践维度

——马克思早期思想研究

摘　要：本文以马克思的早期思想为研究对象，以实践是研究马克思意识形态批判理论的一个重要维度这一思想统领全文，紧紧围绕"实践"这个核心问题进行分析阐释，通过对"纯存在""感性存在""感性活动"的深刻剖析，进而揭示马克思"实践"概念的诞生标志着马克思意识形态批判理论的最终建立。

关键词：意识形态；马克思意识形态批判；实践

"意识形态"的问题是当代中西方学者关注的重要问题之一。其中，近代的德国古典哲学将"意识形态"发挥得淋漓尽致，赋予了"意识形态"虚假性的特征。而马克思立足于人的感性活动——"实践"，重新考察了"意识形态"，展开了对德意志意识形态虚假性的批判。随着马克思科学的"意识形态"概念以及唯物史观的确立，马克思意识形态批判理论也最终形成。本文旨在全面、深入地探究马克思文本中关于"意识形态"问题的内在理路，并以此作为理论基础，揭示当代马克思主义意识形态的具体内涵，以彰显马克思意识形态批判理论的当代意义。

一　实践：马克思意识形态批判理论的逻辑起点

本文将从实践的角度，对马克思意识形态批判理论的逻辑过程进行梳理和探究。而马克思意识形态批判理论的逻辑过程从本质上来说，即马克思哲学的逻辑过程。从这个层面讲，梳理和探究马克思突破和超越以往旧哲学的逻辑过程将是关键，是重中之重。

（一）"纯存在"：黑格尔哲学的逻辑起点

在黑格尔登上哲学舞台时，哲学发展已经取得了一项重大的成果——

基本完成了物质第一性、精神第二性的证明，也就是说肯定了在自然界中，物质是世界的本源，精神是在其基础上存在和变化的，这一成果，主要是由 18 世纪的法国唯物主义者完成的。他们误以为这就是哲学的本真了。但是通过休谟的怀疑论，德国古典哲学家们发现了一个问题——要想证明物质是第一性的，必须跳出这个理论的框架，从精神的方面来寻找使其得以成立的因素。于是，这就有了康德的物自体和先验统觉。黑格尔在这些基础上，提出了"纯存在"的概念，进一步论述了人的理性和自我意识是富有创造性的能动主体，这就肯定了在属人世界中，主体意识的能动性。如果说法国哲学家论述了"自然世界"的本质的话，那么以黑格尔为代表的德国哲学家则把"属人世界"的本质论述得淋漓尽致。黑格尔的"纯存在"提出的主体意识具有能动性的论断，是哲学史上另一项伟大成果。

下面我们对黑格尔哲学的逻辑起点主要从两个方面来阐述。

1. 哲学的开端是"无限的、普遍的、抽象的存在"

黑格尔在自己的哲学著作中以极其智慧的思想建立了有史以来最为深刻、最为丰富、最为宏伟的本体论思想。他把自己哲学的逻辑起点确定为"纯存在"，认为哲学的开端只能是纯粹性的无规定性，而这个思想的落脚点就集中地体现在他的两部《逻辑学》的存在论中。这两部逻辑学集中地阐述了纯粹思想或纯粹概念从不真实到真实的自我认识、自我发展的过程。思想从单纯直接性的认识发展到起初仅为单纯间接性的认识再发展到包括间接性在内的真正直接性的认识，这个过程也就是概念从自在（潜在）到自为（展开）到自在与自为的统一的过程。他说："哲学的第一要义就是必须认识绝对的无[①]"。按黑格尔的本意，纯有就是纯无，纯有和纯无就是纯思。这样一来哲学的第一要义顺理成章地也就成了必须认识纯有和纯思了。

2. "纯存在"的主要内容

首先，"纯存在"是没有规定性的存在。由于思维进程的需要，黑格尔以逻辑与历史相一致的思想为前提，提出了"纯存在"作为逻辑学的开端的思想。"存在是空洞的、最抽象意义上的普遍性，是纯粹的自身联

[①]《黑格尔全集》第 1 卷，弗罗曼出版社 1949—1959 年版，第 409 页。

系，没有进一步的对外或对内的反应。存在是作为抽象普遍性的普遍性。"①"纯存在"是逻辑学中最抽象、最贫乏、最空洞的概念，因而也就是逻辑学的开端。"科学的开端是直接的、无规定的存在概念。"② 逻辑学以"纯粹思维"为研究对象，而"纯思"则是《精神现象学》一书所描述的人的具体意识从最低级的感性意识——"感性确定性"到"绝对知识"的漫长过程所达到的结果。而这个"纯存在"就是一种直接性的单纯存在，除此而外，它没有任何规定。这样说来，它对内与对外都没有了差异，只有有规定的存在才有差异，但它既然有规定性，也就不是"纯存在"了。没有规定性的存在也就是没有内容的存在。因而，这样说来，对存在的直观（或思维），便是一种空洞的直观（或思维）。"纯存在之所以被当作逻辑学的开端，是因为纯有就是纯思，又是无规定性的单纯直接性，而最初的开端不能是任何间接的东西，也不是得到进一步规定的东西。"③"开始思维时，除了纯粹无规定性的思想外，没有别的，因为在规定性中已包含有'其一'与'其他'；但在开始时，我们尚没有'其他'。这里我们所有的无规定性的思想乃是一种直接性，不是经过中介的无规定性；不是一切规定性的扬弃，而是无规定性的直接性，先于一切规定性的无规定性，最原始的无规定性。这就是我们所说的'有'。这种'有'是不可感动，不可直观，不可表象的，而是一种'纯思'，并因而以这种纯思作为逻辑学的开端。本质也是一无规定性的东西，但本质乃是通过中介的过程已经扬弃了规定并把它包括在自身内的无规定性。"④ 这里我们体会最深的是"纯有"就是"纯思"，而推导出"纯思"正是进入本体论的重要一步。实际上"原始的无规定性"也就是未经过中介（即与其他无关系）的无规定性。因而也是扬弃了规定性的无规定性。否则就不是"纯存在"和"纯思"了。这种规定性只能在我们的思维中才能体会、把握和运用，因而"纯有"也就是没有规定性的"规定"，这就进一步从思维的角度来思维存在了。这种"纯存在"也就是"纯无"，同时也就是"纯思"，这可能就是我们理解、运用和把握黑格尔哲学概念特

---

① 《黑格尔全集》第 15 卷，弗罗曼出版社 1949—1959 年版，第 134 页。
② 《黑格尔全集》第 3 卷，弗罗曼出版社 1949—1959 年版，第 172 页。
③ 黑格尔：《小逻辑》，商务印书馆 1980 年版，第 189 页。
④ 同上书，第 190 页。

别是本体论概念的真正的意义吧。

其次,"纯无"是撇开对他物的关系和自身的关系,单就其自身而言的"无"。这样的"无"就是直接性的、单纯性的、不包含任何中介或间接性的、没有任何规定性的"无",黑格尔称之为"纯无"或"单纯的无","抽象的无"、"直接的无"、"绝对的无"、"纯粹自为的无"。"纯无"这个概念除了表示一物"不是"以外,再无任何进一步的规定,即"不是"什么或"不是"怎样等,都毫无言说。换言之,"纯无"只说出了"无"就是"无"(不是就是不是),再没有说出什么更多的,因而是一个完全无内容的、空虚的抽象概念。"无是与它自身单纯的等同,是完全的空,没有规定,没有内容,在它自身中并没有区别。"①

"纯无"(无规定的无)是从"纯存在"直接过渡来的,是"纯存在"自身的直接对立物,它和"纯存在"是应当有区别的。但是,由于"纯无"和"纯存在"的对立是完全直接性的对立,对立双方都是同样无规定性,都不具有一种他方所没有的规定性,因而两者的区别就不是一种实际上的区别,而是一种应有的区别,一种潜在的、尚未发挥出来的区别,一种只能"意谓"而"不可言说的"区别,换句话说,它们的区别"只是一种意谓(原译'指谓')上的区别,或完全抽象的区别,这样的区别同时又是无差别"②。"纯无"只是自身的单纯同一,也是没有规定性的,因而在它自身中也没有区别。它和有一样,因为是没有内容的无,所以,对无的直观(或思维)也是一种空的直观,从最初的思维形式来说,这种空的思维也是有它自己的意义的。因为对直观来说它离不开区别。通过空的直观,便出现"纯存在"与"纯无"关系,因为它们都没有规定性,因而存在也就是无,无也就是存在。这样一来,我们就从纯存在和纯无逻辑的过渡到它们的同一性。

黑格尔对世界存在的认识和把握,与其说是通过语言的颠倒化意谓为共相,是透过反思的颠倒揭示隐藏在事物背后的本质,不如说是倾听存在的劝说,响应存在者之存在,达到思想与存在的统一。海德格尔说:"如果我们本真地深思存在,那么事情本身就以某种方式从存在那里出来引导

---

① 黑格尔:《逻辑学》上卷,商务印书馆1974年版,第69页。
② 黑格尔:《小逻辑》,商务印书馆1980年版,第194页。

我们，我们就能深思作为赠礼的存在的天命。"① 存在是什么？存在不是什么？海德格尔强调我们要问：存在为什么存在，而不只是问存在者是什么？在这里，我愿意将海德格尔的一句话作为本问题的结束语：有都存在了，为什么无反而却不存在了？

（二）"感性存在"：费尔巴哈哲学的逻辑起点

在哲学史上，费尔巴哈哲学无疑是具有举足轻重地位的，他批判了黑格尔哲学的逻辑起点，把自己哲学的逻辑起点确定为具体的"感性存在"，并公开声明自己的哲学是"光明正大的感性哲学"，用"感性"对抗黑格尔抽象的理性②，开始了对思辨哲学颠覆性的改革和对哲学本源的探究，开启了哲学解释原则的新篇章。

费尔巴哈的逻辑起点主要从两个方面进行阐述。

1. 哲学的开端是"有限的、具体的、现实的东西"

在费尔巴哈走上哲学舞台的时候，思辨的"虚幻花朵"和宗教神学的"神圣形象"正充斥在德国哲学的世界中。德国古典哲学的集大成者——黑格尔，以毫无规定性的"纯存在"作为开端，也就是说黑格尔认为哲学是从"纯存在"开始的，即从存在的概念或者抽象的概念开始的。"在黑格尔看来，思维就是存在，思维是主体，存在是宾词。"③ 而事实上思维与存在的关系应该是："存在是主体，思维是宾词。思维是从存在而来的，然而存在并不来自思维。"④ 既然费尔巴哈认为，真正的哲学是从存在开始的，而不是像黑格尔的思辨哲学那样从思维开始的，那么要超越黑格尔思辨哲学，构建属于自己的哲学就必须从现实的存在本身出发，也就是以有限的、具体的、现实的"感性存在"为逻辑起点。

2. "感性存在"的主要内容

费尔巴哈将自己哲学的逻辑起点确定为"感性存在"，就是要用有限的、现实的感性存在与黑格尔的无限的、普遍的抽象存在相对抗。那么，

---

① 《海德格尔选集》上卷，上海三联书店1996年版，第671—672页。

② 张云阁：《马克思思维方式论——马克思哲学与费尔巴哈哲学关系研究》，武汉大学出版社2007年版，第125页。

③ 《费尔巴哈著作选集》上卷，商务印书馆1984年版，第114页。

④ 《费尔巴哈哲学著作选集》上卷，三联书店1953年版，第114—115页。

费尔巴哈的这个"感性存在"又是什么呢?

费尔巴哈认为,"感性存在"是包括自然界和人在内的,其中人是基础和核心。这里我们应该明确两个问题,一是自然界与人之间的关系;二是人被赋予感性意义的原因。

在费尔巴哈眼里,自然界和人究竟是一个怎样的关系呢?费尔巴哈认为,"自然界这个无意识的实体,是非发生的永恒的实体,是第一性的实体"①,"自然是与存在没有区别的实体,人是与存在有区别的实体。没有区别的实体是有区别的实体的根基——所以自然是人的根据"。② 这段话说明,自然是人产生的基础,人来自自然,是自然界发展到最高阶段的产物。费尔巴哈又说:"自然不过是时间上的第一性,而不是地位上的第一性,是物理上的第一性,而不是道德上的第一性;有意识的、属人的实体,则在发生的时间上是第二性的,但在地位上说来则是第一性的。"③"人之第一对象,就是人。至于对大自然的理解——这使我们意识到作为世界的世界——那乃是以后的产物;因为,这种理解乃是通过把人从自己分离的行动才产生的。"④ 这段话说明,费尔巴哈从性质上肯定了人的地位,认为人的地位和作用是第一位。同时还提出了"人也是'感性对象'"的著名论断。

那么,费尔巴哈为什么将人赋予了感性意义呢?在研究德国古典哲学时,费尔巴哈发现,思维与存在的关系问题是哲学困惑两千多年的根本问题,因此,他认为,只有寻找到思维与存在相统一的交叉点,才能解除哲学的困惑。在寻找的过程中,费尔巴哈最终把这个交叉点定格到"人"。在他看来,人是有形实体,这就是人的肉体;而人的思想、感情都是人的精神,是有理性、能思维的感性实体。人既是一个自然存在物,又是一个能思维的感性存在物,具有存在和思维两方面的属性。人的出现,使费尔巴哈试图寻找身体与灵魂、感性与理性、肉体与精神的统一,以解决哲学的困惑成为可能。

因此,费尔巴哈将人赋予感性意义,代替了黑格尔哲学的思想客体,

---

① 《费尔巴哈哲学著作选集》下卷,三联书店1962年版,第523页。
② 《费尔巴哈哲学著作选集》上卷,三联书店1959年版,第116页。
③ 《费尔巴哈哲学著作选集》下卷,三联书店1962年版,第523页。
④ 同上书,第113页。

将人的"感性存在"作为自己哲学的出发点,使哲学回到了有血有肉的现实世界,这是他的理论贡献。这不仅为批判以往的思辨哲学和宗教神学提供了现实依据,而且这一思考视角的转换,最终超越了传统哲学思维模式的理论逻辑,这也为未来哲学的发展提供了新的方法路径。

但是,费尔巴哈所理解的感性存在只限于自然和人本身,并未将其理解为人的"感性活动",这就使得费尔巴哈在人的理解上出现了偏差,造成了费尔巴哈哲学内在的缺陷,因而具有一定的局限性。这表现在:首先,费尔巴哈哲学中的人,形式上是具体的、现实的,他是把现实中的人作为出发点的,但是实质上,由于他没有考察这个"人"生活的现实世界,这就使得他"撇开历史的进程,孤立地观察宗教感情,并假定出一种抽象的——孤立的——人类个体"[1];由于他没有探究在社会生活中"人与人之间的关系",这就使得他的人的"本质只能被理解为'类',理解为一种内在的、无声的、把许多个人自然地联系起来的普遍性"。这就决定了他不可能认识到:"人的本质不是单个人所固有的抽象物,在其现实性上,它是一切社会关系的总和。"[2] 因此,费尔巴哈哲学中的人,既脱离现实生活,又脱离历史发展,是抽象的、概念中的人。

其次,费尔巴哈对于人的存在只关注于人的物质性,而忽略了其社会性;对人的本质的确定只是在人的肉体和现实存在条件中寻找,而忽略了应该到社会中、物质生产中去寻找。这就造成了费尔巴哈自然观和历史观的分离,即在自然观上,费尔巴哈是一个坚定的唯物主义者,而在研究历史时,他又陷入了唯心主义泥潭。如果说,单纯考虑历史的必然,无视人的存在,黑格尔哲学是一大成的话,那么,撇开历史发展的进程,单纯考察人的本质,费尔巴哈哲学则是这方面的典范。[3] 因此,费尔巴哈哲学又被称为是"下半截的唯物主义,上半截的唯心主义"。

最后,正如马克思所说:"费尔巴哈不满意抽象的思维而喜欢直观,但是他把感性不是看作实践的、人的感性的活动。"[4] 费尔巴哈把感性直

---

[1] 《马克思恩格斯选集》第1卷,人民出版社1995年版,第56页。

[2] 同上。

[3] 张云阁:《马克思思维方式论——马克思哲学与费尔巴哈哲学关系研究》,武汉大学出版社2007年版,第137页。

[4] 《马克思恩格斯选集》第1卷,人民出版社1995年版,第56页。

观作为认识世界的根本原则和方法。费尔巴哈承认人与世界的感性存在，但他把世界看成原本就一直存在着的、始终如一的东西，因而抹杀了感性世界的历史性。同时，他把人看成有限的、具体的、感性的存在，因而抹杀了人所具有的能动性和创造性。

由此可见，费尔巴哈哲学的困惑，是由于他的逻辑起点造成的，要想走出困境，只能将人的"感性存在"上升为"感性活动"。

（三）"感性活动"：马克思哲学的逻辑起点

费尔巴哈将哲学的逻辑起点确定为"感性存在"，使哲学从天国转向尘世，从思辨转向感性，完成了哲学的一个伟大变革。但是由于费尔巴哈对"感性存在"的认识上存在着偏差，费尔巴哈最终陷入了困惑，夭折在半途中。马克思遵循着实践的逻辑，将"感性活动"确定为自己哲学的逻辑起点，开始了对费尔巴哈直观唯物主义的超越，最终实现了思维与存在、自然世界与属人世界的真正统一。

下面我们就从两个方面对其进行考察。

1. 哲学的开端是从事实际活动的人

费尔巴哈将人的"感性存在"作为其哲学的逻辑起点，尝试着使哲学最终实现思维与存在、自然世界与属人世界的真正统一。虽然由于"感性存在"的理论误区，他为我们提供的"人"并未达到预期的效果，但是将人作为解决哲学困惑的突破口，这就为哲学的未来发展指明了方向。如果马克思要追随着费尔巴哈的足迹继续走下去，那么摆在他面前的一个难题将是——如何在人的身上找到为哲学解惑的基础。

经过深入的社会政治经济实践的研究，马克思指出："经验的观察在任何情况下都应当根据经验来揭示社会结构和政治结构同生产的联系，而不应当带有任何神秘和思辨的色彩。社会结构和国家总是从一定的个人的生活过程中产生的。但是，这里所说的个人不是他们自己或别人想象中的那种个人，而是现实中的个人，也就是说，这些个人是从事活动的，进行物质生产的，因而是在一定的物质的、不受他们任意支配的界限、前提和条件下活动着的。"[①] 这就是说，马克思所理解的"从事实际活动的人"，

---

① 《马克思恩格斯选集》第1卷，人民出版社1995年版，第72—73页。

就是指在一定的生产关系下,以一定的生产方式进行生产活动的,并且发生一定的社会关系和政治关系的现实中的人。

2. "感性活动"的主要内容

马克思把自己哲学的逻辑起点确定为"感性活动",是对费尔巴哈哲学的感性的直观的"感性存在"的超越,那么,"感性活动"究竟是什么呢?和"感性存在"相比,它的优越性又体现在哪里呢?

"感性活动"是指人对对象、现实、感性的有意识的、有目的的认识和改造活动,即一种能动的活动。在马克思那里,"整个现存的感性活动"主要包括四大范畴:从事实际活动的人、人类统治下的自然界、人类社会或者社会的人和人的精神世界。简言之,就是现存的感性的自然界、社会、思维甚至人本身都是以人的"感性活动"为基础的。

首先,"从事实际活动的人"是人"感性活动"的结果。"全部人类历史的第一个前提无疑是有生命的个人的存在",这些个人把自己和动物区别开来的第一个历史行动不在于他们有思想,而在于他们开始生产自己的生产资料。"可以根据意识、宗教或者随便别的什么来区别人和动物。当人开始生产自己的生产资料的时候,这一步是由他们的肉体组织所决定的,人本身就开始把自己和动物区别开来。"①

其次,"人类统治下的自然界"是人的"感性活动"的结果。人类历史始自于"有生命的个人的存在",我们需要考察的第一个事实就是"这些个人的肉体组织以及由此产生的个人对其他自然的关系"。因此,"任何历史记载都应当从这些自然基础以及它们在历史进程中由于人们的活动而发生的变更出发"②。随着人们生产自己的生产资料的能力不断加强,人们会按照自己想要的方式来改变自然事物的形态,使自然不断适应人类生产生活的需要。

再次,"人类社会或者社会的人"也是人的"感性活动"的结果。"每日都在重新生产自己生命的人们开始生产另外一些人,即繁殖。这就是夫妻之间的关系,父母与子女之间的关系,也就是家庭。"③ 这段话说明,生命的生产,无论是通过劳动对自己生命的生产,还是通过繁殖对其

---

① 《马克思恩格斯选集》第1卷,人民出版社1995年版,第67页。
② 同上。
③ 同上书,第80页。

他生命的生产,都表现为自然关系和社会关系两个方面;其中,社会生产是指许多个人的共同活动。而这种共同劳动本身就是生产力,在一定条件下,以一定生产方式的有意识有目的的生产则构成了生产关系的总和。

最后,"人类的精神活动"也是人的"感性活动"的结果。人的思维、观念、意识的产生一开始并不是纯粹的抽象的,它是直接与人们的物质活动和社会交往紧密联系的,是人们物质行动的直接产物。作为上层建筑的政治、法律、宗教等也是如此,人们是人们精神的缔造者。意识在任何时候都只能是被意识到了的存在,而这种存在即是人们的物质生产活动。

综上所述,马克思"感性活动"——实践的提出,在哲学上具有划时代的意义。首先,它使德国哲学摆脱了思辨唯心主义,"从人间升到天堂";它扬弃了费尔巴哈感性直观的唯物主义,从"抽象的人"过渡到"现实的人",为马克思哲学开始从人的实践活动出发,来观察对象、现实和感性以改造世界提供了方向,这也为马克思哲学最终超越以往哲学奠定了基础。最后,马克思提出的"感性活动"——实践实质上是人们有意识、有目的的改造世界的能动活动,这就使哲学的任务由"解释世界"转化为"改造世界",从而掀起了哲学的"哥白尼革命"。

由于"人的感性活动"即"实践",这两个概念虽然使用的场合不同,"感性活动"是相对于"感性存在"在哲学语境上使用的,而"实践"则是马克思理论中的概念,是在实际中使用的,但是在本质上是一致的。而历史唯物主义形成的过程也是马克思意识形态批判理论形成的过程,因此,"实践"也是马克思意识形态批判理论的逻辑起点,正是在实践这一方法论的指导下,马克思才实现了对以往一切批判理论的超越,建立起自己的科学的理论。

二 实践:马克思意识形态批判理论的"批判的武器"

马克思意识形态批判理论的创立过程,在逻辑上与以实践为基础的历史唯物主义的创立过程是一致的。可以说,两者创立的过程也就是以实践为武器对以往意识形态进行批判的过程。而这一过程是通过马克思在不同时期的著作中体现出来的。我们可以将马克思意识形态批判理论的创立过程划分如下：《黑格尔法哲学批判》，这是马克思意识形态批判理论的起点；《1844年经济学哲学手稿》，这是马克思意识形态批判理论的初步创立；《关于费尔巴哈提纲》：问题不在于"解释世界"，而在于"改造世界"，这代表着对马克思意识形态批判理论初步创立的补充；《德意志意识形态》，这标志着马克思意识形态批判理论的最终创立。

以实践为武器，马克思展开了对德国古典哲学的批判。而我们正是借助"实践"这一"批判的武器"，通过对马克思在不同时期的著作中探究的意识形态问题及其概念的完整表述，最终确定了马克思建立的意识形态批判理论。

（一）《黑格尔法哲学批判》：马克思意识形态批判理论的起点

正如马克思所说，"德国的哲学和法哲学在黑格尔的著作中得到了最系统、最丰富和最完整的阐述；对这种哲学的批判不但是对现代国家和对同他联系着的现实的批判性的分析，而且也是对目前的德国政治意识和法意识的整个形式的最彻底的批判，而这种意识的最主要、最普遍、上升为科学的表现形式就是思辨的法哲学本身"[①]。马克思正是通过批判黑格尔法哲学，才最终创立了自己的意识形态概念和意识形态批判理论的。

之所以说《黑格尔法哲学批判》是马克思意识形态批判理论的起点，是因为马克思把对青年黑格尔派特别是费尔巴哈进行的宗教批判转变为对德国现存制度的批判，由于德国现存制度的局限性，继而又转到了对德国的法哲学和国家哲学进行的批判，马克思指出："对思辨的法哲学的批判既然是对德国迄今为止政治意识形式的坚决反抗，它就不会面对自己本身，而会面向只有用一个方法即实践才能解决的那些课题"[②]——进行无产阶级领导的德国的共产主义革命。

对黑格尔法哲学的批判，马克思是通过对宗教批判和法哲学和国家哲学的批判来展开的。下面我们将对其一一进行阐述。

1. 马克思对宗教的批判

马克思主要从宗教产生的社会根源和宗教的本质两个方面对宗教展开

[①] 《马克思恩格斯选集》第1卷，人民出版社1995年版，第8页。

[②] 同上书，第9页。

了批判。在宗教产生的社会根源上，他赞扬了青年黑格尔派进行的宗教批判，在德国范围内产生的重大意义，"谬误在天国为神祇所作的雄辩一经驳倒，它在人间的存在就声誉扫地了。一个人，如果想在天国这一幻想的现实性中寻找超人，而找到的只是他自身的反映，他就再也不想在他正在寻找和应当寻找自己的真实现实性的地方，只去寻找他自身的映像，只去寻找非人了"。① 这就说明："宗教是还没有获得自身或已经再度丧失自身的人的自我意识和自我感觉。"② 同时他还提出："人创造了宗教，而不是宗教创造人。"③ 但是，他又指出："人不是抽象的蛰居于世界之外的存在物，人就是人的世界，就是国家，社会。"④ 而这个国家和社会产生的宗教，实际上是"一种颠倒的世界意识"，因为这个国家和社会就是"颠倒的世界"。宗教实际上是"人的本质在幻想中的实现"，这种实现不具有真正的现实性。因而，"反宗教的斗争间接地就是反对以宗教为精神抚慰的那个世界的斗争"⑤，对宗教的批判就变成了对现实世界和现实社会其他一切批判的前提。宗教产生的社会根源即是现实世界和现实社会的不合理。

在宗教的本质上，马克思指出对宗教的批判也具有重要的现实意义。"宗教的苦难既是现实的苦难的表现，又是对这种现实的苦难的抗议。宗教是被压迫生灵的叹息，是无情世界的心境，正像它是无精神活力的制度的精神一样，宗教是人民的鸦片。"⑥ 在这里，马克思揭露了宗教的本质，而这种本质也决定了宗教的极大危害性。它给人们以虚幻的幸福，使人们在虚幻的幸福中得到安慰，从而麻痹人们的革命斗志，不去卸掉戴有虚幻花朵的锁链，打碎现存的不合理的制度，不去追求现实的幸福。因此，对宗教的批判、对人的解放具有现实的意义，"废除作为人们虚幻幸福的宗教，就是要求人们的现实幸福。……对宗教的批判就是对苦难尘世的批判的胚芽。""宗教是虚幻的太阳"，"对宗教的批判使人不抱幻想，使人能

---

① 《马克思恩格斯选集》第 1 卷，人民出版社 1995 年版，第 1 页。
② 同上。
③ 同上。
④ 同上。
⑤ 同上书，第 2 页。
⑥ 同上。

够作为不抱幻想而具有理智的人来思考,来行动,来建立自己的现实;使他能够围绕着自身和自己现实的太阳转动"。因此,"真理的彼岸世界消逝以后,历史的任务就是确立此岸世界的真理"。"于是,对天国的批判变成对尘世的批判,对宗教的批判变成对法的批判,对神学的批判变成对政治的批判"。①

2. 马克思对德国法哲学和国家哲学的批判

马克思认为,德国的现存制度有着这样一个现状,"在法国和英国行将完结的事物,在德国现在才刚刚开始。这些国家在理论上反叛的,而且也只是当作锁链来忍受的陈旧腐朽的制度,在德国却被当作美好未来的初生朝霞而受到欢迎,这个美好的未来好不容易才从教化的理论向最无情的实践过渡……我们的历史就像一个不谙操练的新兵一样,到现在为止还认为自己的任务只是补习操练陈旧的历史"②。正是由于德国现存制度的这种局限性,即使我们想从德国的现实出发,批判的结果依旧是"时代错乱"。而"德国的法哲学和国家哲学是唯一与正式的当代现实保持在同等水平上的德国历史"③,既然德国的整个发展没有超出德国的政治,那么,我们要想从时代的高度探究德国的现实,就不得不转向到对法哲学和国家哲学的研究中。

在德国古典哲学盛行的时代,德国并没有自己的历史,但德国人在自己的思想和哲学上却经历了自己的未来的历史。他们是同当代的哲学同行的,而不是与当代的历史同行的。正如马克思所说:"德国的哲学是德国历史在观念上的延续④。"因此,在德国,对现实制度的批判也就是对这种制度的哲学反映的批判。在马克思看来,这种脱离了历史的观念上的哲学,其实就是唯心主义。也正是基于此,马克思逐步开始了对意识形态虚假性的探究。

"德国的哲学和法哲学在黑格尔的著作中得到了最系统、最丰富和最完整的阐述;对这种哲学的批判不但是对现代国家和对同他联系着的现实的批判性的分析,而且也是对目前的德国政治意识和法意识的整个形式的

---

① 《马克思恩格斯选集》第1卷,人民出版社1995年版,第2页。
② 同上书,第6页。
③ 同上书,第7页。
④ 同上。

最彻底的批判,而这种意识的最主要、最普遍、上升为科学的表现形式就是思辨的法哲学本身。"① 如果说思辨的法哲学是一种抽象不合实际的思维的话,那么以其为基础建立的政治制度,在实践中也只能是体现了资产阶级的利益,而不是体现了现实的人的需求,这样,马克思就初步接触了作为维护阶级社会利益的意识形态。同样,德国以政治意识和法意识为意识形态,在实践中,也必然会上升为统治阶级上层建筑的组成部分。

在这个基础上,马克思指出:"对思辨的法哲学的批判既然是对德国迄今为止政治意识形态的坚决反抗,它就不会面对自己本身,而会面向只有用一个办法即实践才能解决的那些课题。"②——在德国进行彻底的共产主义革命。他还对革命实现的条件进行了分析,指出:"德国人的解放就是人的解放。"③ 德国要想进行彻底的解放,那么"这个解放的头脑是哲学,它的心脏是无产阶级"。④

综上所述,我们可以看出,马克思通过对宗教问题的探讨揭露了意识形态的根源和本质,表现出对实践在意识形态问题中的重要地位和作用的认识。同时,马克思对黑格尔唯心主义的意识形态进行了否定和超越,对意识的虚假性作了初步的分析;以及初步接触了作为阶级社会维护意识的意识形态,以及作为资产阶级上层建筑的政治意识形态和法意识形态。这些都在一定程度上促进了马克思意识形态批判理论的萌芽,构成了其理论的基本要素。

(二)《1844年经济学哲学手稿》:马克思意识形态批判理论的初步创立

在《黑格尔法哲学批判》中,马克思通过批判黑格尔思辨的哲学,对意识的虚假性以及构成马克思意识形态批判的基本内容进行了分析;而《1844年经济学哲学手稿》(以下统称为《手稿》)则是通过黑格尔关于人的能动性来改造费尔巴哈的"现实的人",从而在实践的基础上创立了马克思意识形态批判理论。在《手稿》中,马克思提出了意识形态来源

---

① 《马克思恩格斯选集》第1卷,人民出版社1995年版,第8—9页。
② 同上书,第9页。
③ 同上书,第16页。
④ 同上。

于人的现实的感性活动；并且提出要通过实践活动的途径来扬弃虚假意识；同时也提出"历史是在人的意识中反映出来的"等意识形态批判理论的主要内容，因此，在《手稿》中，以实践为基础的马克思意识形态批判理论初步形成。

《手稿》主要从异化劳动和私有财产、私有财产和共产主义以及对黑格尔的辩证法和整个哲学的批判三个方面来阐述的。下面我们对其一一进行分析。

1. 异化劳动和私有财产

马克思在《手稿》第一稿的前三章中，运用资产阶级国民经济学的三个基本经济概念——工资、资本利润、地租，深刻剖析了资本主义社会的阶级结构，从而认清了资本主义社会无产阶级与资产阶级两大阶级对垒的关系。因此，马克思在本章开头对此进行了总结："我们是从国民经济学的各个前提出发的。我们采用了它的语言和它的规律。我们把私有财产，把劳动、资本、土地的互相分离，工资、资本利润、地租的互相分离以及分工、竞争、交换价值等概念等等当作前提。我们从国民经济学本身出发，用它自己的话指出，工人降低为商品，而且降低为最贱的商品；工人的贫困同他的产品的力量和数量呈反比；竞争的必然结果是资本在少数人手中积累起来，也就是垄断的更惊人的恢复；最后，资本家和地租所得者之间、农民和工人之间的区别消失了，而整个社会必然分化为两个阶级，即有产者阶级和没有财产的工人阶级。"[①]

在前三章中，马克思只是在个别观点上批评了国民经济学，本章则是在整体上分析了它的阶级立场、思想方法，对它作了总的分析与批判。首先，马克思指出："国民经济学从私有财产的事实出发。它没有给我们说明这个事实。"[②] 也就是说，国民经济学只是把私有财产作为出发点，并没有探究私有财产产生的根源。这是国民经济学存在的第一个问题。其次，马克思说："它把私有财产在现实中所经历的物质过程，放进一般的、抽象的公式，然后把这些公式当作规律。它不理解这些规律，就是说，它没有指明这些规律是怎样从私有财产的本质中产生出来的。"[③] 也

---

① 马克思：《1844年经济学哲学手稿》，人民出版社2000年版，第50页。
② 同上。
③ 同上。

就是说，国民经济学从私有财产这一既定的前提出发，把资本、地产和劳动三种生产要素的相互分离当作不言而喻的事实，进而来研究三者之间的关系。论证了资本家通过资本推动劳动进行生产，工人用劳动创造财富，所以两者都是生产者。而土地所有者既不劳心也不劳力，他们的地租收入乃是从生产者那里掠夺的。所以，国民经济学以此来反对地产剥削，却忽视了资本家对工人的剥削。然而，这三者互相分离本来是私有制必然产生的结果和规律，这一点却没有说明，这就是国民经济学存在的第二个问题。最后，国民经济学仅仅把竞争看作偶然的外部情况，而没有看到竞争是贪欲与贪欲者之间的战争，归根结底是私有制必然的发展过程的外部表现。这就是国民经济学存在的第三个问题。

通过在总体上分析和批判国民经济学，针对国民经济学中所存在的问题，马克思提出了自己要进一步研究的任务：要研究私有制的本质，要探究资本、土地和劳动三者互相分离的根源。要完成这一任务，马克思提出了"我们且当从当前的经济事实出发"[1]，抛弃国民经济学以抽象的虚构的"私有财产"为理论出发点的错误做法。同时这也是马克思揭露意识的虚假性，批判虚假意识的理论体现；在批判中，马克思提出从当前的经济事实出发，这无疑不是实践方法论的重要体现。这也为马克思意识形态批判理论的初步创立奠定了基础。

马克思"从当前的经济事实出发"，而"当前的经济事实"就是"异化劳动"，也就是资本家无偿占有工人的劳动成果的经济事实。要挖掘"异化劳动"中的内在关系，首先就要搞清其概念的内涵。"异化"是费希特首先使用的概念，经黑格尔发展，异化这个概念成为德国古典哲学的一个重要的概念。其一般含义是主体创造客体，但主体创造客体后，客体不受主体的支配，反过来支配、控制、统治主体。马克思在这个含义的基础上阐述异化劳动概念和理论，其目的主要是为了说明在人类社会发展的一定阶段，人的劳动创造物同人相对立并成为统治人的敌对力量。马克思通过考察实践的人的活动即劳动的异化行为，指出：在资本主义社会中，劳动者和劳动产品、劳动对象、劳动本身以及劳动者之间都存在着一种异化关系。"在实践的、现实的世界中，自我异化只有通过对他人的实践

---

[1] 马克思：《1844年经济学哲学手稿》，人民出版社2000年版，第51页。

的、现实的关系才能表现出来。异化借以实现的手段本身就是实践的。"①这就说明，异化劳动产生了私有财产，是私有制产生的根源。那么要如何排除这种异化呢？这也涉及私有财产和共产主义的问题，马克思指出，只有当生产力发展到一定的高度才能消灭异化劳动和私有制。这也就是说只有通过工人阶级领导的共产主义运动，建立起公有制，异化劳动和私有财产才能彻底扬弃。通过分析异化劳动本身和扬弃途径，我们可以看出，马克思在这一过程中，特别强调了实践在其中的重要地位和作用，这也为创立以实践为基础的马克思意识形态批判理论奠定了基调。

2. 私有财产和共产主义

私有财产和共产主义这一命题的探讨，实际上也可以看作意识形态与实践的探讨。"这种物质的、直接感性的私有财产，是异化了的人的生命的物质的、感性的表现。私有财产的运动——生产和消费——是迄今为止全部生产的运动的感性展现，也就是说，是人的实现或人的现实。宗教、家庭、国家、法、道德、科学、艺术等等，都不过是生产的一些特殊的方式，并且受生产的普遍规律的支配。"② 在马克思看来，宗教等意识形态产生于物质，受物质的约束；而这种物质的现实活动主体是人，也就是说是由现实的人进行的现实的感性的活动。同时，马克思通过对私有财产所造成的种种异化现象进行分析，指出异化所表现出来的遮蔽性。他说："一个对象，只有当它为我们所拥有的时候，就是说，当它对我们来说作为资本而存在，或者它被我们直接占有，被我们吃、喝、穿、住等等的时候，简言之，在它被我们使用的时候，才是我们的。"③ 也就是说："一切肉体和精神的感觉都被一切感觉的单纯异化即拥有的感觉所代替。""因此，对私有财产的扬弃，是人的一切感觉和特性的彻底解放；但这种扬弃之所以是这种解放，正是因为这些感觉和特性无论在主体上还是在客体上都成为人的。"④ 由此可见，马克思认为扬弃异化的过程也就是人的全面解放的过程，即人的现实解放和意识形态的解放，而这一解放，只能通过现实的实践活动——工人阶级领导的共产主义运动得以完成。

---

① 马克思：《1844 年经济学哲学手稿》，人民出版社 2000 年版，第 60 页。
② 同上书，第 82 页。
③ 同上书，第 85 页。
④ 同上书，第 85—86 页。

3. 对黑格尔的辩证法和整个哲学的批判

马克思对黑格尔哲学的第一次批判是《黑格尔法哲学批判》，那时，他认为黑格尔哲学的中心问题是国家问题，而国家的问题又是关于市民社会与国家的关系问题。对黑格尔的辩证法，马克思只是作了初步的分析和批判。

在《手稿》这一章中，马克思从唯物主义和共产主义两个角度出发，通过剖析"黑格尔哲学的圣经"——《精神现象学》，对黑格尔哲学进行了系统深刻的批判，特别是改造了他的辩证法。同时，马克思对其纯粹的思辨哲学所表现出来的唯心主义进行批判，以揭露意识形态的虚假性。

马克思说："现代德国的批判着意研究旧世界的内容，而且批判的发展完全拘泥于所批判的材料，以致对批判的方法采取完全非批判的态度。"① 这句话有两层含义：一是德国的批判所研究的对象是旧世界，即主要是对宗教神学的批判；二是德国的批判使用的方法是黑格尔的辩证法，以至于在批判黑格尔哲学时则采取了非批判的态度。这种"非批判性"实际上就是意识形态的虚假性。同时，马克思还指出："在黑格尔那里：感性、宗教、国家权力等等是精神的本质，因为只有精神才是人的真正本质，而精神的真正的形式则是思维着的精神，逻辑的、思辨的精神。自然界的人性和历史所创造的自然界——人的产品——的人性，就表现在它们是抽象精神的产品，因此，在这个限度内，它们是精神的环节即思想本质。可见，《现象学》是一种隐蔽的、自身还不清楚的、神秘化的批判。"② 由此可见，黑格尔所说的异化及其扬弃是脱离现实的，对现实来说是非批判的。

但是，马克思认为，我们还应该看到："因为《现象学》坚持人的异化，——尽管人只是以精神的形式出现，——所以它潜在地包含着批判的一切要素，而且这些要素往往已经以远远超过黑格尔观点的方式准备好和加过工了。关于'苦恼的意识'、'诚实的意识'，关于'高尚的意识和卑鄙的意识'的斗争等等这些章节，包含着对宗教、国家、市民社会等整个领域的批判的要素，不过也还是通过异化的形式。"③ 就是说，黑格尔

---

① 马克思：《1844年经济学哲学手稿》，人民出版社2000年版，第94页。

② 同上书，第100页。

③ 同上。

是用抽象的唯物主义形式来表达人的异化，并且借精神要扬弃对象的异化，使之复归于精神来表达人收回自己所创造的对象世界和克服对象同自己相背离的异化的权利。显而易见，黑格尔哲学虽然描述的是意识和自我意识的抽象思辨的运动，纯精神的辩证法，但还是深刻地表现了人的历史和异化及其扬弃，包含了批判的成分。

综上所述，在《手稿》中，马克思尽管未曾提出明确的意识形态概念，但是他在阐述"感觉"、"异化"等问题时，他对意识形态问题的见解已经散落在这些问题的内容中。在这里，他提到了其意识形态批判理论中的一些比较深层次的问题：意识形态虚假性的根源是异化，意识形态的种种历史表现是通过异化的种种表现来实现的，以及扬弃意识形态的途径是通过实践。

（三）《关于费尔巴哈的提纲》：马克思意识形态批判理论初步创立的补充

由上述对《手稿》内容的阐述，我们可以看出，在当时的社会背景下，马克思除了一直从政治经济学的角度来批判资本主义社会外，还从哲学批判的角度，来剖析资本主义中的问题，阐述无产阶级革命的任务。而《关于费尔巴哈的提纲》（以下简称《提纲》）就是在哲学批判领域的又一主要成果，它是马克思对以黑格尔法哲学和辩证法为基础的黑格尔思辨哲学进行集中批判后的补充，是继马克思清算黑格尔哲学唯心主义思想后，对费尔巴哈直观唯物主义思想的又一清算，这为马克思建立新的唯物主义观打下了基础。《提纲》虽然字数不多，但是内容十分丰富，它的写作表明了马克思的思想已经有了质的飞跃：他已经离开并超越了费尔巴哈，跃进到一个崭新的唯物主义思想领域，这在马克思哲学史上占有重要的地位。因此，恩格斯说："它作为包含着新世界观的天才萌芽的第一个文件，是非常宝贵的。"[①]

《提纲》中，马克思在根本上批判了以费尔巴哈为代表的一切旧哲学的主要特点，提出了把实践作为马克思创立的新的唯物主义的基本范畴和核心观点，并在此基础上提出一条以实践为出发点去考察自然、社会、人

[①] 《马克思恩格斯选集》第4卷，人民出版社1995年版，第213页。

以及人的认识的新的唯物主义路线。实践性的阐述,也是对马克思意识形态批判理论的补充,这就为马克思意识形态批判理论的最终创立提供了充分的理论支持。

《提纲》的主要内容共有11条,大致可以分为四部分,下面我们将对其主要的思想观点进行详细阐述。

1. 《提纲》的第一部分就是第1条,它是整个《提纲》的总纲,因此占有重要的地位。它主要从三个方面论述了马克思新的唯物主义思想。首先,马克思批判了旧唯物主义的主要特点。他指出:"从前的一切唯物主义(包括费尔巴哈的唯物主义)的主要缺点是:对对象、对现实、对感性,只是从客体的或者直观的形式去理解,而不是把它们当作感性的人的活动,当作实践去理解,不是从主体方面去理解。"① 在这里,马克思所说的"客体"也只是费尔巴哈所理解的客体,即同人类的实践活动无关的单纯的客观存在物。而"人的感性活动"即实践,就是指主体人所从事的改造世界的客观物质活动。马克思的这句话就是说,旧唯物主义只是把客观事物当作外在于人的、同人的实践没有关系的直观对象,而没有从主体人的实践方面去理解人与客观世界的关系。也就是说,费尔巴哈把人与外部的关系仅仅理解为认识与被认识的关系,而没有意识到更重要的是改造与被改造的关系。因此,旧唯物主义的主要缺点就是直观性。其次,马克思还批判唯心主义抽象、片面地发展了主体的能动性。他指出:"和唯物主义相反,能动的方面却被唯心主义抽象地发展了,当然,唯心主义是不知道现实的、感性的活动本身的。"② 这也就是说,和唯物主义丢掉主体的能动性相反,唯心主义却抽象地、片面地夸大了主体的能动性。费希特和黑格尔也把主体创造客体、改造客体的活动称之为"实践",但是他们所说的实践只是精神活动的创造活动,而不是马克思所说的具有主体能动性的人所从事的改造世界的感性的物质活动。因此,马克思的实践不仅具有主体能动性,而且在本质上是一种感性的物质活动。最后,他对费尔巴哈的实践观进行了批判。他说:"费尔巴哈想要研究跟思想客体确实不同的感性客体:但是他没有把人的活动本身理解为对象性的活动。因此,他在《基督教的本质》中仅仅把理论的活动看作是真正人

---

① 《马克思恩格斯选集》第1卷,人民出版社1995年版,第54页。
② 同上书,第58页。

的活动，而对于实践则只是从它的卑污的犹太人的表现形式去理解和确定。"① 这就是说，费尔巴哈要把哲学研究的对象从黑格尔的绝对精神转到现实的领域，重新确定自然界和人在哲学中的关系，这是有着积极意义的。但是，他对实践的理解是不确定、混乱的，仅仅把实践理解为一种理论活动，而并未看作人的感性活动，这就表明，他的实践观并没有脱离唯心主义的界限。因此，"他不了解'革命的''实践批判的'活动的意义"②。

在这一条中，马克思对实践作了科学的理解，并在实践的基础上提出了一条从实践出发去理解、考察自然、社会、人以及人的认识的新唯物主义哲学路线，体现了马克思以实践为批判的武器，对以往的虚假意识形态的扬弃。

2. 提纲的第二部分就是第2条，主要探讨了认识论的问题。他指出："人的思维是否具有客观的真理性，这不是一个理论的问题，而是一个实践的问题。人应该在实践中证明自己思维的真理性，即自己思维的现实性和力量，自己思维的彼岸性。关于思维——离开实践的思维——的现实性或非现实性的争论，是一个纯粹经院哲学的问题。"③ 这也就是说，解决哲学界长期争论的两大理论问题——不可知论和检验思维真理性——的最有利的武器就是实践。马克思在这里说明了将实践作为批判武器的根源就在于具有直接现实性。这就最终确立了马克思意识形态批判理论将实践作为其出发点和"批判的武器"。

3. 提纲的第三部分就是3—9条，这一部分马克思从实践出发去考察社会历史，批判了旧唯物主义的历史唯心主义观点，提出了历史唯物主义的基本观点。马克思主要从以下几个方面进行了批判。

（1）批判了旧唯物主义"环境决定论"的历史唯心主义错误，阐明实践对改变环境和人的决定作用。马克思在《提纲》第3条指出："关于环境和教育起变化作用的唯物主义学说忘记了：环境是由人来改变的，而教育者本人一定是受教育的。因此，这种学说一定把社会分成两部分，其中一部分凌驾于社会之上。"因此，"环境的改变和人的活动或自我改变

---

① 《马克思恩格斯选集》第1卷，人民出版社1995年版，第58页。

② 同上书，第54页。

③ 同上书，第55页。

的一致，只能被看作是并合理地理解为革命的实践"①。

（2）批判费尔巴哈在宗教问题上表现出来的唯心史观的观点，阐明宗教产生的社会根源和消灭宗教的正确途径。马克思在《提纲》第4条指出："费尔巴哈是从宗教上的自我异化，从世界被二重化为宗教世界和世俗世界这一事实出发。他做的工作是把宗教世界归结于它的世俗基础。但是，世俗基础使自己从自身中分离出去，并在云霄中固定为一个独立王国，这只能用这个世俗基础的自我分裂和自我矛盾来说明。"因此，针对费尔巴哈对宗教的唯心主义观点，马克思提出了"对于这个世俗基础本身应当在自身中、从它的矛盾中去理解，并在实践中使之革命化"②的解决途径。

（3）揭露以费尔巴哈为代表的旧唯物主义陷入唯心史观的认识根源。马克思在《提纲》第5条指出："费尔巴哈不满意抽象的思维而喜欢直观"，也就是说费尔巴哈不满黑格尔哲学把"绝对精神"这种抽象概念作为哲学研究对象，强调哲学应该研究能用人的肉体感官直接感知的东西——自然界和人。费尔巴哈把哲学研究由黑格尔的思辨领域转向感性领域。这里，马克思又一次指出费尔巴哈直观唯物主义哲学的进步意义。但是，费尔巴哈的哲学仅仅是从直观的角度而不是从实践的角度去研究人和自然，因此，马克思又指出"但是他把感性不是看作实践的，人的感性的活动"这一局限。

（4）批判费尔巴哈在人的本质问题上的唯心主义观点，提出人的本质"是一切社会关系的总和"的科学论断。在《提纲》第6条，马克思赞扬"费尔巴哈把宗教的本质归结于人的本质"。虽然费尔巴哈正确揭露了宗教的本质，但他却没有认识到："人的本质不是单个人所固有的抽象物，在其现实性上，它是一切社会关系的总和。"正是因为"费尔巴哈没有对这种现实的本质进行批判，因此他不得不：（1）撇开历史的进程，把宗教感情固定为独立的东西，并假定有一种抽象的——孤立的——人的个体。（2）因此，本质只能被理解为"类"，理解为一种内在的、无声的、把许多个人自然地联系起来的普遍性"③。以上阐述是《提纲》第6

---

① 《马克思恩格斯选集》第1卷，人民出版社1995年版，第55页。

② 同上。

③ 同上书，第56页。

条的内容，为了彻底批判费尔巴哈在人的本质问题上的错误，马克思又在第 7 条中对费尔巴哈作了进一步的批判。其一，针对费尔巴哈把爱、友情理解为人天生的、自然的、永恒的"宗教感情"的错误，马克思指出"费尔巴哈没有看到，'宗教感情'本身是社会的产物"；其二，费尔巴哈把人理解为"抽象的人"，而他没有意识到"他所分析的抽象的个人，是属于一定的社会形式的"。①

（5）提出"社会生活在本质上是实践的"科学论断，阐明理论对实践的依赖关系。马克思在《提纲》第 8 条指出："全部社会实践在本质上是实践的"，因此"凡是把理论引向神秘主义的神秘东西，都能在人的实践中以及对这个实践的理解中得到合理的解决"。② 也就是说，任何理论归根到底都是来源于社会实践的，是以社会实践为基础的社会物质生活的理论体现。

（6）指出"直观性"是旧唯物主义陷入唯心史观的理论根源。通过《提纲》第 3—8 条马克思对以费尔巴哈为代表的旧唯物主义的批判，我们可以看出，旧唯物主义并不是彻底的唯物主义，在涉及社会历史领域问题的时候，它就背叛了唯物主义的原则，陷入了唯心主义。这究竟是什么原因所致呢？于是，在《提纲》第 9 条，马克思总结了费尔巴哈唯物主义的教训，指出"直观性"是其陷入唯心史观的根源。

马克思说："直观唯物主义，即不是把感性理解为实践活动的唯物主义。"在这里，马克思根据费尔巴哈哲学的主要缺点"直观性"，将其命名为"直观唯物主义"；也正是基于这一主要特点，马克思断定"直观唯物主义"在社会历史领域方面不可能有所作为，"至多也只能达到对单个人和市民社会的直观"。③ 这里的"市民社会"是泛指社会的经济基础以及在此基础上形成的社会的物质生活关系。

4.《提纲》的第四部分就是 10—11 条，也是《提纲》所要阐述的基本思想，即阐明新唯物主义的阶级基础、历史使命。在《提纲》的第 10 条，马克思指出："旧唯物主义的立脚点是市民社会，新唯物主义的立脚

---

① 《马克思恩格斯选集》第 1 卷，人民出版社 1995 年版，第 56 页。
② 同上。
③ 同上书，第 56—57 页。

点则是人类社会或社会的人类。"① 在这里,"市民社会"的含义与第9条不同,它是特指资本主义社会的经济基础以及在此基础上形成的社会的物质生活关系。"人类社会"是指消灭了阶级,全人类解放的共产主义社会;而"社会的人类"则是指无产阶级。这也就是说,旧唯物主义是建立在资本主义社会基础上的,代表资产阶级利益要求的,是资产阶级的,是资产阶级的世界观。而新唯物主义则是为无产阶级服务的共产主义世界观和方法论。它的阶级基础是无产阶级。马克思的这一思想在哲学发展史上具有重要的意义,实现了哲学在阶级基础上的根本变革。在《提纲》第11条中,马克思指出:"哲学家们只是用不同的方式解释世界"②,这就是说,马克思以往的哲学往往只是把认识世界、解释世界作为自己的任务,而忽视了人的实践活动。由于马克思充分认识到了实践在认识世界和改造世界过程中的作用和意义,于是把实践作为他创立的唯物主义的出发点,确立了从实践出发考察理解自然、社会、人以及人的认识的新唯物主义哲学路线。因此,马克思指出,哲学的历史使命不仅仅是"解释世界","问题在于改变世界",即要把认识世界、解释世界和改变世界有机统一起来。

马克思的这个"改变世界"的观点,不仅实现了哲学的历史变革,而且也凸显了马克思哲学和马克思意识形态批判理论的本质特征——实践性。根据《提纲》所包含的内容,后来马克思、恩格斯在《德意志意识形态》著作中作了进一步、全面的阐述。

(四)《德意志意识形态》:马克思意识形态批判理论的最终创立

在《黑格尔法批判》中,马克思通过批判黑格尔思辨哲学的唯心主义,揭露了意识形态的虚假性,并提出通过实践对其进行扬弃;由于马克思在《莱茵报》担任编辑期间遇到了很多现实的问题,而这些问题在哲学的范畴内找不到答案,这就使他转向了经济学范畴的研究。在《1844年经济学哲学手稿》中,马克思从经济学和哲学两个角度出发,在研究经济问题的过程中,把"现实的人"作为落脚点,把人的感性活动作为

---

① 《马克思恩格斯选集》第1卷,人民出版社1995年版,第57页。

② 同上。

研究内容，从而发现了"异化劳动"是意识形态产生的根源，也提出了要通过实践扬弃异化；在对黑格尔辩证法的批判中，马克思进一步探究了意识的虚假性；而在《关于费尔巴哈的提纲》中，马克思通过对费尔巴哈直观唯物主义的批判，对"实践"作了科学的理解，并在实践的基础上提出了一条从实践出发去理解、考察自然、社会、人以及人的认识的新唯物主义哲学路线。正是在这些基础上，1845年春，马克思在谈到他同恩格斯一起创立唯物主义历史观的过程时说："我们决定共同阐明我们的见解与德国哲学的意识形态的见解的对立，实际上是把我们从前的哲学信仰清算一下。这个心愿是以批判黑格尔以后的哲学的形式来实现的。"①

《德意志意识形态》（以下简称为《形态》）写于1845—1846年间。在这部著作中，马克思、恩格斯批判了黑格尔以后的德国思辨哲学——青年黑格尔派的主观唯心主义、费尔巴哈的直观唯物主义及其唯心史观，批判了所谓的"真正的社会主义"。在批判的过程中，马克思第一次比较系统、全面地阐述了唯物史观的基本原理，阐述了马克思意识形态批判理论的许多重要的观点，等等。总之，《形态》是一部内容极其丰富的著作，是马克思哲学发展史上一座重要的里程碑。

关于意识形态概念的含义以及感性活动这一唯物史观的出发点，我们在本文第一和第二两大问题中已经进行了详细阐述，在这里就不再赘述。下面我们就以"实践"为批判的武器，对《形态》中所涉及的内容进行阐述。

1. 在《德意志意识形态》第一卷第一章［Ⅰ］部分中，马克思从评述青年黑格尔派开始，在批判青年黑格尔派哲学思想的过程中，阐述了唯物史观的前提和出发点，第一次明确地论述了生产力决定生产关系、社会存在决定社会意识的原理。

（1）马克思对德意志意识形态作了具体的分析和批判：第一，他认为，青年黑格尔派哲学及其展开的一切批判，其出发点都是从黑格尔哲学的某个观念或其他某种抽象的概念出发，"他们的出发点是现实的宗教和真正的神学"②，因而没有正确的出发点；第二，青年黑格尔派开展的批判只局限于对宗教观念的批判，这就充分表明了他们哲学及其批判的唯心

---

① 《马克思恩格斯选集》第2卷，人民出版社1995年版，第34页。
② 《马克思恩格斯选集》第1卷，人民出版社1995年版，第64—57页。

主义实质；第三，青年黑格尔派与老年黑格尔派的思想在表面上不同，但是其实质相同——都是在黑格尔哲学的基础上展开的批判；第四，青年黑格尔派把对现实世界的批判归结为观念批判，因而犯了唯心主义的错误。因此，马克思批判他们之中"没有一个想到要提出关于德国哲学和德国现实之间的联系问题，关于他们所作的批判和他们自身的物质环境之间的联系问题"。①

（2）青年黑格尔派是从观念出发来考察历史的，这就决定了他们的历史观只能是唯心主义的。马克思要建立一种唯物主义历史观，就必须从现实出发，研究现实的人的活动物质生活条件以及它们的历史发展——以"感性活动"作为出发点。

（3）马克思在确定了唯物史观的前提和出发点后，就重点研究了在历史过程中起决定性因素的人们的物质生产活动——实践活动，结果在《形态》中第一次明确地提出了生产力决定生产关系的这一历史唯物主义的基本原理。在1844年，他就指出："私有财产的运动——生产和消费——是迄今为止全部生产的运动的感性展现，就是说，是人的实现或人的现实。宗教、家庭、国家、法、道德、科学、艺术等等，都不过是生产的一些特殊方式，并且受生产的普遍规律的支配。"② 这些都为《形态》中提出这一基本原理奠定了理论基础。

（4）为了论述生产力决定生产关系的基本原理，马克思阐述了分工在社会历史发展中的作用，具体表现为生产力决定分工，分工又决定所有制关系，以此来描述所有制形式的演变、人类社会由低级向高级发展的图景。

（5）"不是意识决定生活，而是生活决定意识"③，这是马克思社会存在决定社会意识的原理的最初表达，是《形态》中马克思提出的第二条历史唯物主义的基本原理。为了论述这个原理，马克思从精神生产与物质生产的关系阐述了意识的产生和本质。马克思指出思想、观念并不是纯主观的，因为人们都生活在一定的现实之中。因此，人们的思想、意识都必须受到他们所处的生产力水平以及与之相适应的交往关系的制约。即物

---

① 《马克思恩格斯选集》第2卷，人民出版社1995年版，第66页。
② 马克思：《1844年经济学哲学手稿》，人民出版社2000年版，第82页。
③ 《马克思恩格斯选集》第1卷，人民出版社1995年版，第73页。

质生产决定人们的精神生产，因此，意识的本质和内容归根到底是人们在实践的基础上对人们所接触到的社会存在的反映。

2. 在《德意志意识形成》第一卷第一章第［Ⅱ］部分中，马克思从实践出发，批判了青年黑格尔派和费尔巴哈的唯心史观，论述了自己的唯物史观，并进一步阐述了唯物史观与共产主义的关系。

（1）马克思批判青年黑格尔派特别是鲍威尔，把"自我意识"当作历史发展的动力，把人的解放归结为思想解放的错误。马克思在指出人的解放是一种历史活动，只有在现实的世界中并使用现实的手段才能实现真正的解放时，并不否认思想解放在人的解放中的作用。此外，马克思还分析了青年黑格尔派之所以把人的解放归结为思想解放的历史根源，用思想来弥补历史发展的落后和不足，这确实反映了当时德国的真实现状。

（2）马克思批判了费尔巴哈的直观唯物主义，指出由于费尔巴哈没有认识到实践在认识世界和改造世界过程中的决定作用和意义，因此他在历史的概念上，充其量只能把历史归为"自然的历史"，而不可能是"历史的自然"。

（3）马克思在批判青年黑格尔派和费尔巴哈的唯心史观后，论述了人类历史的前提或基本因素，进一步论证了唯物史观的前提和出发点的正确性。马克思认为，人类历史的第一个前提是生产资料的生产。他说："我们首先应当确定一切人类生存的第一个前提，也就是一切历史的第一个前提，这个前提是：人们能够'创造历史'，必须能够生活。但是为了生活，首先就需要吃喝住穿以及其他一些东西。因此第一个历史活动就是生产满足这些需要的资料，即生产物质生活本身。"[①] 这一事实虽然很简单，但马克思发现人类历史的发展规律，可以与世界上任何一次重大的科学发现相媲美。人类历史的第二个前提是"已经得到满足的第一个需要本身、满足需要的活动和已经获得的为满足需要而用的工具又引起新的需要，而这种新的需要的产生是第一个历史活动"[②]。也就是生活资料的再生产。人类历史的第三个前提是人口的生产。人类社会是以人的存在为前提的，没有人和人的繁殖便没有人的历史。由于当时历史资料的稀少，马克思把人口的生产看成夫妻之间的关系、父母与子女之间的关系，也就是

[①] 《马克思恩格斯选集》第1卷，人民出版社1995年版，第78—79页。

[②] 同上书，第79页。

家庭,并认为这种家庭是唯一的社会关系。而实质上氏族才是最初的社会关系,家庭的形式是后来才发展起来的。历史发展的第四个因素是社会关系。马克思指出,无论是物质资料的生产,还是人口的生产,都表现为双重关系,"一方面是自然关系,另一方面是社会关系;社会关系的含义在这里是指许多个人的共同活动,至于这种活动在什么条件下,用什么方式和为了什么目的而进行,则是无关紧要的"①。从马克思对人类历史前提的论述来看他对唯物史观前提的观点,可以看出,两者达到了历史和逻辑的统一。也就是说,马克思对唯物史观前提的确立是建立在真实的人类历史现实前提的基础上的,这有力地证明了马克思所确立的唯物史观前提的科学性。

(4)马克思指出意识是社会的产物。马克思提出了人类历史前提的四个方面,即人类历史活动的最基本的物质因素方面。但要想真正说明社会历史现象,揭示唯物主义历史观的实质,还必须考察历史的精神因素——意识。马克思说:"只有现在,在我们已经考察了原初的历史的关系的四个因素、四个方面后,我们才发现:人还具有'意识'。但是这种意识并非一开始就是'纯粹的'意识。"② 那么,意识是如何产生和发展起来的呢?马克思认为,意识是人们交往的产物,是社会的产物。语言是交流思想的工具,离开语言的"纯粹的"意识是不存在的,因而"'精神'从一开始就很倒霉,受到物质的'纠缠',物质在这里表现为振动着的空气层、声音,简言之,即语言"③。这就是说,人们在生产达到交往的程度时,便产生了最初的语言,同时也产生了最初的意识,而且,意识产生和发展的过程与生产、分工和交往的发展过程是一致的。因而"意识一开始就是社会的产物,而且只要人们存在着,它就仍然是这种产物"④。

(5)市民社会是全部历史的真正发源地和舞台。马克思说:"在过去一切历史阶段上受生产力制约同时又制约生产力的交往形式,就是市民社会",而"这个市民社会是全部历史的真正发源地和舞台,可以看出过去

---

① 《马克思恩格斯选集》第1卷,人民出版社1995年版,第80页。
② 同上书,第81页。
③ 同上。
④ 同上。

那种轻视现实关系而局限于言过其实的历史事件的历史观何等荒谬"①。从马克思的前一个观点我们可以看出,他是把市民社会理解为生产关系,而且是指一切物质的交往关系即生产关系的总和,亦即经济基础。而马克思的后一个观点是说,市民社会是国家、法律、思想观念的基础和决定者,即无论是政治上层建筑,还是观念的上层建筑,都是在市民社会或经济基础上产生的,市民社会决定上层建筑。马克思对市民社会的认识,发端于黑格尔法哲学的批判。在《黑格尔法哲学批判》中,马克思就得出了不是国家决定市民社会,而是市民社会决定国家的观点。但那时,马克思还没有形成生产关系的概念,所以,《形态》中的这一观点是对《黑格尔法哲学批判》所提出的观点的发展。

综上所述,马克思的"这种历史观就在于:从直接生活的物质生产出发阐述现实的生产过程,把同这种生产方式相联系的、它所产生的交往形式即各个不同阶段上的市民社会理解为整个历史的基础,从市民社会作为国家的活动描述市民社会,同时从市民社会出发阐明意识的所有各种不同理论的产物和形式,如宗教、哲学、道德等等,而且追溯它们产生的过程。这样当然也能够完整地描述事物(因而也能够描述事物的这些不同方面之间的相互作用)"②。简言之,就是生产力决定生产关系,经济基础决定上层建筑。

3. 在《德意志意识形成》第一卷第一章第[Ⅲ]部分中,马克思主要是论述在每一时代占统治地位的思想是统治阶级的思想以及意识形态形成和发展的规律性。

"统治阶级的思想在每一个时代都是占统治地位的思想"③,这是马克思提出的一个重要观点。根据社会存在决定社会意识的原理,在阶级社会里,各个阶级的生活条件和物质利益是不同的,因而产生的思想意识也不同。占统治地位的阶级由于是占有统治地位的物质力量,因而其思想也必然占有统治地位,即"一个阶级是社会上占统治地位的物质力量,同时也是社会上占统治地位的精神力量。支配着物质生产资料的阶级,同时也支配着精神生产资料,因此,那些没有精神生产资料的人的思想,一般地

---

① 《马克思恩格斯选集》第1卷,人民出版社1995年版,第87—88页。
② 同上书,第92页。
③ 同上书,第98页。

是隶属于这个阶级的。占统治地位的思想不过是占统治地位的物质关系在观念上的表现,因而这也是那些使某一个阶级成为统治阶级的关系在观念上的表现,因而这也就是这个阶级的统治的思想"①。

社会存在决定社会意识,而社会意识对社会存在又具有反作用。因此,占统治地位的阶级,为了巩固自己的统治地位,必定要使社会的精神生产为他们的统治服务。所以,马克思说:"他们调节着自己时代的思想的生产和分配;而这就意味着他们的思想是一个时代的占统治地位的思想。"②

统治阶级必定要使社会的精神生产为巩固自己的统治地位服务,这是社会统治的一般规律,也是客观的历史事实。可是,统治阶级往往掩盖这一事实,制造出某种假象。也就是意识形态的遮蔽性。要想扬弃这种遮蔽性,就必须通过实践,进行无产阶级的共产主义革命。

综上所述,《形态》比较系统、全面地阐述了马克思意识形态的概念、马克思意识形态批判理论的主要内容以及马克思的实践观和唯物史观,在批判黑格尔思辨哲学和费尔巴哈直观哲学的唯物史观时,马克思从现实的人出发,从人的感性活动——实践出发,来研究人类历史,从而建立了唯物史观,唯物史观的创立也标志着以实践为基础的马克思意识形态批判理论的创立。

三 实践:追寻马克思意识形态批判理论当代价值的根源

马克思意识形态批判理论以实践为逻辑起点和批判武器,对德意志意识形态进行了深刻的剖析,最终祛除了意识形态虚假外衣的遮蔽,实现了从"解释世界"到"改变世界"的超越,实现了哲学史上最深层次的变革——思维方式的转换。它所提出的实践的思维方式,不仅宣告了旧的意识形态理论的终结,标志着新的意识形态理论的诞生;而且也为坚持和发展马克思主义意识形态提供标尺,由此可见,实践是追寻马克思意识形态批判理论的当代价值的根源所在。

---

① 《马克思恩格斯选集》第1卷,人民出版社1995年版,第98页。
② 同上书,第99页。

（一）实践：马克思哲学思维方式变革的催化剂

我们说马克思哲学是一种新的哲学，哲学发展史上一座重要的里程碑。哲学观的变革即是"世界观"的变革，而世界观的变革从根本上来说就是思维方式的变革。所谓世界观就是人们对待世界的态度、看待世界的方式、理解世界的观点，人们的世界观不同，对待世界的哲学思维方式也不同。哲学理论的意义主要体现为思维方式的意义。一种哲学，如果它真正能够代表"时代精神的精华"，凝聚着人类"文明的活的灵魂"，反映和引导着时代发展的方向，它就能够为人们提供一种不同于其他哲学的观察世界的视角，即对事物、现实和感性的一种新的理解方式。哲学派别的区别根源在此，哲学理论的价值也体现在这里。与以往哲学不同，马克思哲学对人类思想史上的重大贡献并不在于它给了后人一些原理、范畴的界定和阐释，或者是一个一劳永逸的理论体系，而在于为人们提供了一个从实践出发去观察问题、思考问题、解决问题的思维范式[①]。

在这里，我们可以继续追问，马克思的"实践"究竟是什么，为何以它为出发点的哲学会与众不同？这个问题其实涉及的是"实践"内涵。这就要从实践的概念说起。这个问题我们已经在本文的第一章——马克思意识形态批判理论相关概念的解读中已经提到过，在这里就不再赘述。实践内涵是马克思创立的，但是实践概念并不是马克思首次提出的。在马克思之前，康德最早提出了实践的概念，实践是理性的自主活动；到费希特那里，实践被赋予理性创造活动的内涵；而黑格尔在两者基础上，把实践改造为主观改造客观的理性活动，即实践是一种能动性的、创造性的理性活动，但是德国古典哲学家们仅仅从理性活动的角度去理解实践，这就使得他们陷入了唯心主义；费尔巴哈正是因为"不满意抽象的思维而付诸直观的感性，但是他把感性不是看作实践的、人的感性活动"[②]，而是感性存在。

由此可见，在马克思之前，德国哲学界已经赋予了实践很多的概念，实践内涵的所有环节都涉及了，只是实践的内涵是分散的、零碎的，没有

[①] 张云阁：《马克思思维方式论——马克思哲学与费尔巴哈哲学关系研究》，武汉大学出版社2007年版，第191—192页。

[②] 《马克思恩格斯选集》第1卷，人民出版社1995年版，第56页。

被完整全面地把握。很明显,正确理解实践内涵的关键在于:如何把现实的人与主体能动性的创造活动联系起来。即赋予实践以人的感性活动的内涵。

马克思实践内涵的提出,对马克思哲学来说无疑是一剂催化剂,加速了马克思思维方式的变革,即为人们提供了一个从实践出发去观察问题、思考问题、解决问题的思维方式。因此,马克思哲学的实质是思维方式的变革。

(二)实践:坚持和发展马克思主义意识形态的标尺

我们正在进入一个全球化的时代,科学技术的迅猛发展、知识财富的快速积累和政治格局的变幻莫测,使我们置身于一个前所未有的新时代中。那么,在当今时代,什么是最重大的问题呢?对于从不同的角度去思考这个时代的人们来说,答案肯定是见仁见智,迥然各异的。可是,每一个有识之士都会发现,人们对这个时代的思考越深入,就会越自觉地汇聚到一个焦点上,这个焦点就是意识形态问题。

但资本主义国家的学者不论是从哪个角度阐述的,归根结底都是在论述资本主义制度的合理性和存在的必然性。面对资本主义国家的学者对社会主义制度的质疑,中国的社会科学学者,尤其是马克思主义学者,当然也要面向世界讲清楚中国社会主义制度的优越性。回顾近代中国,再回到我们当代,我们可以看到中国革命的胜利,看到中国改革开放的成功,看到中国当代社会经济文化等各个领域的繁荣发展。中国发展的事实,无疑为我们证明了:中国必须坚持走中国特色的社会主义道路。中国只要坚持走自己的路,未来一定能够实现现代化,实现中华民族的全面振兴。中国的问题只能由中国人用自己的理论来解决,让外国人来解决中国的问题,是行不通的。[①] 在这里,也许有人会说,马克思主义也是外来的。但是,我们看问题不能只看表面而不深究其本质,要知道,马克思主义也是在中国化了以后才解决中国的问题的。

我们正在进入一个全新的时代,不仅传统的政治格局发生了巨大的变化,而且新事物、新问题和新挑战每时每刻都向我们涌来。在这个重要的

---

① 张秀琴:《马克思意识形态理论的当代阐释》,中国社会科学出版社2005年版,第3页。

时刻，面对着层出不穷的新问题，由于我们的理论水平远远没有跟上时代的发展，我们关于社会主义意识形态的一些传统见解正面临着严峻的考验。

面对这样严峻的任务，中国的学者不论研究的是资本主义问题，还是社会主义问题，最终的落脚点还是要回到中国的现实与未来问题，即社会主义制度未来的前途和命运如何？中国特色社会主义以后要怎样发展，等等。要想解决我国当代的困惑，首要任务就要保持中国未来的长期稳定和发展。只要能保持中国社会的长期稳定，就能保证其他事业的长期发展；而只要能长期发展，中国的社会主义现代化就能实现，马克思主义意识形态的优越性也能凸显出来。

而我们的马克思主义理论是为中国的发展服务的，绝不是相反。既然中国要实现社会主义现代化，实现未来社会的长期稳定和发展，那么当今要解决的主要问题就是意识形态的问题，意识形态的问题解决不好会影响国家的政治局势，从而影响长期稳定和发展。

而要解决这个问题的关键，则取决于我们能否更好地坚持和发展马克思主义，特别是发展马克思主义。不能发展马克思主义就不能更好地坚持马克思主义。一切保守的、教条的、不发展的东西都要摒弃。因此，要坚持马克思主义，就要运用马克思思维方式，"从实践出发去分析、总结、回答现时代社会实践和科学技术所提出的新情况、新思想、新问题"[1]。马克思的理论没有穷尽真理，也没有包揽一切答案。它所提供给我们的，更多的是认识世界、改造世界的世界观、方法论、价值观，是立场，是方法。我们必须学会运用科学的世界观来认识社会的发展，在实践中不断丰富和发展马克思主义。只有发展马克思主义才能真正坚持马克思主义[2]。

马克思、恩格斯运用实践的思维方式研究、回答了他们那个时代所提出的理论和实践问题，创立了唯物史观。他们只能解决他们所处的那个时代的问题，他们不可能解决在他们那个时代尚未提出的问题，因此，我们当今所面临的时代问题，还要靠我们自己利用实践的思维方式，根据当今

---

[1] 张云阁：《马克思思维方式论——马克思哲学与费尔巴哈哲学关系研究》，武汉大学出版社2007年版，第237—238页。

[2] 张秀琴：《马克思意识形态理论的当代阐释》，中国社会科学出版社2005年版，第3—4页。

世界的新情况、新问题去寻求解决的方案,而不应该从马克思那里去寻找,更不应该让马克思为他之后 100 年的事情负责。由此可见,实践是坚持和发展马克思主义意识形态的标尺,而且是唯一的标尺。

朱娜　齐商银行东营分行　会计结算部　职员

参考文献

[1]《马克思恩格斯全集》(1—3 卷),人民出版社中文第 1 版。

[2]《马克思恩格斯选集》(1—4 卷),人民出版社 1995 年版。

[3] 马克思:《1844 年经济学哲学手稿》,人民出版社 2000 年版。

[4] 马克思、恩格斯:《德意志意识形态》,人民出版社 2003 年版。

[5]《列宁选集》(1—4 卷),人民出版社 1995 年版。

[6] 列宁:《哲学笔记》,人民出版社 1993 年版。

[7] [德] 黑格尔:《小逻辑》,商务印书馆 1980 年版。

[8]《费尔巴哈哲学著作选集》上、下卷,三联书店中文第 1 版。

[9] [匈] 卢卡奇:《历史与阶级意识——马克思主义辩证法研究》,杜章智、任立、燕宏远译,商务印书馆 1999 年版。

[10] [意] 葛兰西:《实践哲学》,徐崇温译,重庆出版社 1990 年版。

[11] [德] 柯尔施:《马克思主义与哲学》,王南湜等译,重庆出版社 1989 年版。

[12] [美] 马尔库塞:《单向度的人——发达工业社会意识形态研究》,刘继译,上海译文出版社 1989 年版。

[13] [英] 麦克里兰:《意识形态》,孔兆政等译,吉林人民出版社 2005 年版。

[14] [德] 曼海姆:《意识形态与乌托邦》,黎明等译,商务印书馆 2000 年版。

[15] [美] 雷迅马:《作为意识形态的现代化》,牛可译,中央编译出版社 2003 年版。

[16] [苏] 巴加图利亚:《马克思的第一个伟大发现——唯物史观的形成和发展》,陆忍译,中国人民大学出版社 1981 年版。

[17] 中国社会科学院马克思主义研究院编：《马克思 恩格斯 列宁论意识形态》，人民出版社 2009 年版。

[18] 庄福龄：《简明马克思主义史》，人民出版社 2004 年版。

[19] ［英］麦克莱伦：《马克思传》，王珍译，中国人民大学出版社 2006 年版。

[20] ［英］麦克莱伦：《马克思思想导论》，郑一明、陈喜贵译，中国人民大学出版社 2008 年版。

[21] ［英］麦克莱伦：《青年黑格尔派与马克思》，夏威仪等译，商务印书馆 1982 年版。

[22] ［英］麦克莱伦：《马克思主义以前的马克思》，李兴国、周小普、郝勤译，河北教育出版社 1990 年版。

[23] ［英］麦克莱伦：《马克思以后的马克思主义》，李智译，中国人民大学出版社 2004 年版。

[24] 李惠斌、薛晓源主编：《中国马克思主义研究前沿报告》，华东师范大学出版社 2007 年版。

[25] 俞吾金：《意识形态论》，人民出版社 2009 年版。

[26] 童世骏主编：《意识形态新论》，上海人民出版社 2006 年版。

[27] 王晓升等：《西方马克思主义意识形态理论》，社会科学文献出版社 2009 年版。

[28] 周宏：《理解与批判——马克思意识形态理论的文本学研究》，上海三联书店 2003 年版。

[29] 张秀琴：《西方马克思意识形态批判理论的当代阐述》，中国社会科学出版社 2005 年版。

[30] 张秀琴：《马克思意识形态理论的当代阐述》，中国社会科学出版社 2005 年版。

[31] 赵继伟：《马克思主义意识形态接受论》，武汉大学出版社 2009 年版。

[32] 俞吾金：《问题域的转换——对马克思和黑格尔关系的当代解读》，人民出版社 2007 年版。

[33] 张云阁：《马克思思维方式论——马克思哲学与费尔巴哈哲学关系研究》，武汉大学出版社 2007 年版。

[34] 吴仁平：《对马克思早期哲学著作的理解》，中共中央党校出版

社 2008 年版。

［35］韩立新：《新版〈德意志意识形态〉研究》，中国人民大学出版社 2008 年版。

［36］柯中华：《重读马克思——一种哲学观的当代阐释》，山东人民出版社 2009 年版。

［37］侯惠勤：《马克思的意识形态批判与当代中国》，中国社会科学出版社 2010 年版。

［38］王晓苗：《马克思意识形态概念内涵的二元紧张及消解问题》，硕士研究生学位论文，辽宁大学，2008 年。

［39］孙旭武：《对马克思意识形态的再理解》，硕士研究生学位论文，辽宁大学，2007 年。

［40］姜华：《西方马克思主义意识形态嬗变的文化向度》，《北方论丛》2010 年第 1 期。

［41］鲁克俭：《国外学者对马克思意识形态理论的系统化》，《中共天津市委党校学报》2010 年第 1 期。

［42］张秀琴：《意识形态的实践导向及其研究方法》，《马克思主义与现实》2009 年第 12 期。

［43］汤姆·洛克莫尔、魏小萍、鲁克俭、杨学功、张秀琴：《再论马克思与德国古典哲学的关系——就〈马克思主义之后的马克思〉的学术对谈》，《哲学动态》2009 年第 11 期。

［44］武东生：《马克思意识形态观的思想理路》，《天津社会科学》2009 年第 11 期。

［45］董岗标、韩泽栋：《〈德意志意识形态〉的意识形态批判及其转向》，《江苏技术师范学校学报》（职教通讯）2009 年第 11 期。

［46］张秀琴：《青年黑格尔派对马克思意识形态学说形成的影响》，《哲学研究》2009 年第 5 期。

［47］张秀琴：《〈资本论〉中的意识形态思想文本研究》，《南京政治学院学报》2009 年第 5 期。

［48］阳海音：《论马克思意识形态批判的四个向度》，《学理论》2009 年第 4 期。

［49］张秀琴：《早期西方马克思主义意识形态论研究——以卢卡奇、葛兰西和柯尔施为例》，《山东社会科学》2008 年第 12 期。

［50］周宏:《晚年恩格斯视野中的意识形态概念》,《南京社会科学》2008年第12期。

［51］张秀琴:《马克思意识形态论发展的三个阶段》,《马克思主义与现实》2008年第10期。

［52］周宏:《论马克思语境中的意识形态虚假性》,《江海学刊》2004年第4期。

［53］张秀琴:《马克思意识形态批判的向度和问题域》,《河南师范大学学报》2004年第1期。

［54］周宏:《马克思的意识形态批判及其流派》,《南京大学学报》2000年第11期。

第五章

马克思宗教批判思想研究

摘 要：宗教问题不是马克思哲学的主要问题，宗教批判也不是马克思哲学的中心，但是，马克思的宗教批判却是令人瞩目、有着巨大影响力的理论。本文以马克思的宗教批判思想为主线将其贯穿于马克思思想发展的始终，对马克思宗教批判思想的主要内容作了系统论述和总体把握。马克思历史唯物主义无神论是在特定的历史条件下生成的，"世俗基础的自我分裂"是宗教产生的原因，宗教的社会功能具有"外衣"与"帮凶"作用，宗教的本质是"虚幻的花朵"，以及宗教消亡是一个漫长、曲折、复杂的过程。马克思的宗教批判不是一个简单的抛弃，而是一个扬弃的过程，一方面，马克思批判抽象的、虚幻的、与现实分离的神的世界及其世俗基础；另一方面，以宗教批判为起点的马克思思想还对现代理性和主体性进行了批判，为现实的个人树立了价值目标——人的全面解放，从而在一定范围内给伴随神的缺场而来的人类精神危机指明了出路。另外，马克思的宗教批判思想也为社会主义国家制定宗教政策、处理宗教事务指明了方向。

关键词：马克思；宗教批判；研究

一 马克思唯物主义无神论思想的历史生成

要研究马克思宗教批判思想首先要弄明白马克思唯物主义无神论思想是怎样生成的。马克思的宗教思想大体上遵循了从有神论到无神论、从信仰宗教到批判宗教的变化轨迹，经历了从自然神论到唯心主义无神论，再到历史唯物主义无神论的转变。

（一）从自然神论到唯心主义无神论的转变

马克思1818年5月5日出生在莱恩省的特利尔城。这是一座历史悠久、地理位置优越的城市之一。它坐落在摩赛尔山谷，属于摩赛尔区的首府，这里有 4 世纪时期宏伟的教堂、小礼拜堂、修道院、修士会、神学院、骑士和教友组织的建筑物，在中世纪，该城还一度成为诸侯——大主教驻所，人们在这个城市过着十分虔诚的生活。在拿破仑战争时期，这座城市划归为法国，并且依据法国大革命的基本原则进行管理，因此在长时间里这个城市浸润在言论自由和立宪自由氛围中，这种氛围是在当时德国其他地方都没有的。马克思的父亲希尔舍·马克思是一个有教养的开明人士，很早就摆脱了狭隘的犹太教的束缚，1826 年他改宗新教，而且把自己的名字希尔舍改成了一个基督教的名字亨利希，并于 1823 年和 1824 年分别带领妻子和孩子们施行洗礼，于是，马克思 6 岁时就已经成为一个基督徒，父亲思想上的理性主义、宗教上的自由主义对马克思产生很大的影响，当时马克思基本上算是一个有神论者，但他从来不是虔诚的宗教信徒。

马克思在特利尔读中学，在这六年学习期间，宗教读本一直是马克思所修的课程中重要的内容。此外这所中学盛行着一种自由主义的思潮和启蒙思想的萌动，多位老师深深地影响着年少的马克思。马克思中学时代写过三篇作文，集中体现自然神论的启蒙主义立场，主要体现在以下两篇作文中。

第一篇作文是《根据约翰福音第 15 章第 1 至 14 节论信徒和基督教的一致，这种一致的原因和实质，它的绝对必要及其影响》，这是一篇根据指定材料进行论述的文章，基本观点预先已被规定，即论信徒与基督教结合的一致性与必要性。少年时期的马克思希望人们用爱的眼神注视上帝，并怀感恩之心，他说："我们的心、理性、历史、基督的道都响亮而令人信服地告诉我们，和基督一致是绝对必要的，没有这种一致我们就不能够达到自己的目的，没有这种一致我们就会被上帝抛弃，而只有上帝才能够拯救我们。"① "一切道德的行为都是出于对基督教的爱，出于对神的爱，正因为出于这种纯洁的根源，道德才摆脱了一切世俗的东西而成为真正神性的东西……同时也变得更为温和和更近人情。"② 马克思用优美且诚意的语句述说着基督教当时对人类道德发展的重要性，基督教可以使一个人的心灵变得高尚，但马克思很少谈基督教教义，且认为人神结合的原因在

---

① 《马克思恩格斯全集》第 40 卷，人民出版社 1995 年版，第 820 页。
② 同上书，第 822 页。

于人不断追求自我超越的本质。

第二篇作文是《青年在选择职业时的考虑》,在这篇作文中,马克思一方面表达了他把神作为道德的化身,希望它能以至高无上的地位给人们指出高尚的道德目标。另一方面他又限制了神的作用范围,明确指出神不能取代人的自由选择。"如果我们选择了最能为人类谋福利而劳动的职业,那么,重担就不能把我们压倒,因为这是为大家而献身;那时我们所感到的就不是可怜的、有限的、自私的乐趣,我们的幸福将属于千百万人,我们的事业将默默地,但是永恒发挥作用的存在下去,而面对我们的骨灰,高尚的人们将洒下热泪。"[①] 在这里,马克思非常明确地表示自己应当选择"最能为人类而工作的职业"。对宗教的这种积极主动的理解,使他在青年时代就确立了崇高的人生理想,也为他最终冲破宗教思想的束缚走向无神论思想打下基础。

在大学期间,马克思深受黑格尔哲学思想,尤其是青年黑格尔派哲学思想的影响,对宗教的态度已开始发生变化,开始从自然神论向唯心主义无神论转变。

1837 年 11 月 10 日,马克思在给父亲的信中已明确表示他已转向黑格尔哲学,成为青年黑格尔派的重要一员。在鲍威尔和施特劳斯的关于福音书的争论中,马克思已倾向鲍威尔的自我意识哲学,虽然马克思推崇自我意识,但不盲目,也就是在此时,马克思的世界观与其他青年黑格尔派的成员已有很大区别,他已转向无神论,转向对黑格尔哲学革命的批判,主要体现在马克思的博士论文中,马克思的博士论文的题目是《德谟克利特的自然哲学与伊壁鸠鲁的自然哲学的差别》。他说:"同基督教结合为一体会使人得到一种快乐,这种快乐是伊壁鸠鲁主义者在其肤浅的哲学中,比较深刻的思想家在知识的极其隐秘的深处企图获得而又无法获得的。"[②] 从 1839 年开始,马克思开始深入钻研古希腊哲学,对伊壁鸠鲁哲学有了崭新的认识,在博士论文《论德谟克利特的自然哲学和伊壁鸠鲁的自然哲学的差别》中,马克思大加称赞伊壁鸠鲁哲学的自由精神和他严格的自我批判精神。

马克思认为,古希腊晚期哲学思想主要是体现其自由精神,这与青年

---

① 《马克思恩格斯全集》第 40 卷,人民出版社 1995 年版,第 7 页。
② 《马克思恩格斯全集》第 1 卷,人民出版社 1995 年版,第 453 页。

黑格尔派的自我意识思想是一脉相承的。两种思想的产生都有相似的时代背景：在古希腊晚期和当时的德国，自由精神备受摧残，精神个性被磨灭，而且都面临着从宗教的束缚下解放出来和争取自由的问题。因此，自我意识应当成为当时的一面大旗。应该说，这是马克思写作博士论文的一个主要目的，即通过对自我意识的理性张扬来批判宗教。

德谟克利特的原子论带有很明显的宿命论色彩，伊壁鸠鲁批判地继承了德谟克利特的原子论，反对宿命论，主张个人精神和意志自由，他认为原子论除了有垂直下落运动外，"也是脱离直线的偏斜"①，原子论的这种偏离直线的运动不仅具有物理学上的意义，而且具有更深层次的社会意义。因为偏斜的运动打破了"命运的束缚"②，代表了偏离传统守旧的自由本性，偏离直线即"从直线中解放出来"，"脱离了限制性的定在"③。马克思指出，由于脱离了限制性的定在，就赋予了个体以"最高的自由和独立性"，因此，神在这个世界上也就显得多余了，"众神也避开世界，对世界漠不关心，并且居住在世界之外"④。马克思通过对伊壁鸠鲁原子偏斜运动理论中包含的辩证法思想的探索和分析，阐述了他用人的自我意识的能动性来批判神对世界的控制的无神论主张。马克思认为，伊壁鸠鲁的这种理论把人们从宗教的愚昧和对神灵的恐惧中解放出来，所以他把伊壁鸠鲁称为"最伟大的希腊启蒙思想家"⑤。

在论文后面的附注中，马克思进一步表达了他的无神论思想，他站在理性的立场上推翻了黑格尔的神学结论，认为关于神的存在的证明，是"一个几乎已经声名狼藉的题目"，神在马克思眼里已经是个不切实际的代名词罢了。马克思还特别指出：在多神教时期，不同国家和民族供奉不同的神。例如，假如有人把温德人的神传授给古希腊人，古希腊人肯定会认为这个神是不存在的，反之，古希腊人把神带给温德人，温德人也一样认为这个神是不存在的。可见，神不过就是人们"受到幻想和抽象概念

---

① 《马克思恩格斯全集》第 1 卷，人民出版社 1995 年版，第 33 页。
② 同上。
③ 同上书，第 35 页。
④ 同上。
⑤ 同上书，第 65 页。

的支配"①。在这里,马克思反对宗教观念的立场是鲜明和坚定的,但他否定宗教的理论基础还不是唯物主义,而是与幻想的宗教观念相对立的理性主义。

博士论文《论德谟克利特的自然哲学和伊壁鸠鲁的自然哲学的差别》虽是一篇无神论思想的论文,但此时马克思的立场仍站在唯心主义的自我意识上来批判宗教。他试图用人的自我意识来代替神,"人的自我意识是最高神性","不应该有任何神同人的自我意识相并列"②。他认为对神的存在的证明不过就是对人的自我意识的再次确认。当我们思考上帝是否存在时,只能意识到只有自我意识才是直接存在,如没有自我意识,上帝观念也不会存在,对神存在的证明实质上就是对人的自我意识的证明。这表明,马克思一方面同情被压迫的人民,痛恨天上和地上的一切神灵,渴望改造世界、改造当时的德国;另一方面他的唯心主义立场遮蔽了他的双眼,使他看不清宗教的本质和根源,因而他一度幻想从自我意识的哲学中寻找出路,用自我意识去批判宗教,用哲学的理性去取代宗教。

(二) 从唯心主义无神论到唯物主义无神论的转变

马克思在《莱恩报》的初期,思想仍是黑格尔的唯心主义,仍用自我意识的思辨哲学来批判宗教。他认为,哲学是理性的,而宗教是非理性的,二者互不相容。马克思认为宗教反对唯物主义哲学和唯心主义哲学,但他当时没有看到唯心主义哲学跟宗教存在天然的联系,这也是马克思在当时用自我意识哲学批判宗教的不足之处。在马克思苦恼唯心主义和无神论思想的瓶颈时,费尔巴哈出现了,并给马克思搭建了一座解决矛盾和苦恼的唯物主义桥梁。

费尔巴哈用人本主义和唯物主义对宗教以及黑格尔哲学进行了批判,并以人来代替自我意识,以人的本质代替神的本质。费尔巴哈认为:"宗教没有异于人的本质的特殊本质,宗教的本质就是人的本质,宗教加在上帝身上的那一切规定,都是人对自己的规定,宗教的历史就是人的历史,

---

① 《马克思恩格斯全集》第 1 卷,人民出版社 1995 年版,第 101 页。
② 同上书,第 12 页。

神学的秘密就是人本学。"① 也就是说费尔巴哈把神的秘密转化到人身上，只有人的存在，才有"神"的存在，一切归根于人。费尔巴哈著作犹如一声惊雷，打破了沉静的夜空，使人大开眼界，耳目一新，焕发出新的光彩，"它直截了当地使唯物主义重新登上王座"②，给马克思的思想造成新的影响，尤其对马克思唯物主义和唯物主义无神论的形成有重要意义。费尔巴哈对黑格尔绝对精神的唯心主义哲学和宗教批判的历史功绩就在于它打通了通向辩证唯物主义、历史唯物主义和彻底的无神论的道路，给马克思思想的转变和发展提供了新的逻辑起点。

费尔巴哈虽然认为宗教的本质是人的本质的异化，但他没有弄清楚何为"人的本质"，为什么会产生这种异化，原因很简单，那就是费尔巴哈把人的本质简单理解为"单个固有的抽象物"③，费尔巴哈致力把宗教还原为它的"世俗基础"，但究竟何为"世俗基础"，他却没有深究，究其原因是费尔巴哈用其纯粹心理原因及简单单个固有的理论解释异化和世俗基础，因而陷入了不能自拔的矛盾中。于是费尔巴哈"他没有注意到，在做完这一工作后，主要的事情还没有做"④。

费尔巴哈诸多实际问题都没有得到合理的解决，诱发马克思积极地投入思考对策，在《莱恩报》时期，他走出书斋，投入政治斗争中，而斗争的形式就是用自己的哲学对宗教进行彻底的批判，在批判的过程中，马克思不断深化对"人的本质"和"世俗基础"的认识。

马克思把政治斗争与哲学的结合看得如此重要，在每次斗争中都会用哲学来指导方向，因此，他在办报中更加强调要联系政治状况来批判宗教，而不是一味用宗教的批判来反映政治状况。"这正是马克思之所以能超越费尔巴哈的关键所在，也是马克思重视宗教的政治功能而忽视宗教其他功能的原因之一。"⑤《论犹太人问题》和《〈黑格尔法哲学批判〉导言》（以下简称《导言》）从某种意义上说对马克思无神论思想发展具有

---

① 张云阁：《马克思思维方式论——马克思哲学与费尔巴哈哲学关系研究》，武汉大学出版社 2007 年版，第 161 页。
② 《马克思恩格斯选集》第 4 卷，人民出版社 1995 年版，第 222 页。
③ 《马克思恩格斯选集》第 1 卷，人民出版社 1995 年版，第 56 页。
④ 同上书，第 59 页。
⑤ 陈荣富：《马克思主义宗教观研究》，四川人民出版社 2008 年版，第 86 页。

重要意义，这表明马克思已经由唯心主义无神论转向唯物主义无神论了。

马克思写作《论犹太人问题》一书，目的就是为了批判鲍威尔在《犹太人问题》中的观点，"我们不把世俗问题化为神学问题。我们要把神学问题化为世俗问题。相当长的时期以来，人们一直用迷信来说明历史，而我们现在是用历史来说明迷信"①。该书通过对犹太人乃至一般人的解放问题与废除宗教的关系的论述，"尖锐而明确地强调指出了自己的全部世界观的基本原则"②。

《导言》这篇文章主要论述无产阶级的历史使命及其解放途径，而对于这个问题的论述主要是针对德国的现实斗争来进行的，而之前德国的反封建斗争主要表现在反宗教的批判上，马克思的批判主要还是从宗教开始，对宗教的批判论述占据了主要篇幅，这篇文章阐述了许多新的观点和思想，标志着马克思完成了从革命民主主义向共产主义的转变。

《导言》开篇总结了德国的宗教的批判，"就德国来说，对宗教的批判已经结束，而对宗教的批判是其他一切批判的前提"③。马克思在这句话里肯定了费尔巴哈宗教批判的功绩，指出了宗教批判特殊的意义。"反宗教的批判的根据是：人创造了宗教，而不是宗教创造人，就是说，宗教是还没有获得自身或已经再度丧失自身的人的自我意识和自我感觉。"④马克思在探索宗教的进程中进一步对宗教的本质进行了详细的阐述"宗教是人的自我意识和自我感觉"，"宗教是颠倒的世界意识"，"宗教是虚幻的花朵"，等等，宗教带有明显的虚幻性。在文章的最后，马克思系统地总结了宗教存在的根源及其作用，宗教是人创造的，而不是宗教创造人。"宗教是人的自我意识和自我感觉。"宗教是社会的"总理论"、"包罗万象的纲要"、"通俗逻辑"等，此时的马克思思想仍然带有费尔巴哈的影子。

《神圣家族》是马克思、恩格斯合写的第一部著作，其主要目的就是批判鲍威尔及其同伙以"自我意识"为中心的唯心主义历史观，批判黑格尔的绝对精神的唯心主义哲学体系，开始从社会的、现实的、历史的角

---

① 《马克思恩格斯全集》第2卷，人民出版社1995年版，第171页。
② 《列宁全集》第55卷，人民出版社1990年版，第20页。
③ 《马克思恩格斯选集》第1卷，人民出版社1995年版，第1页。
④ 同上。

度考察人，把历史理解为人类的生产发展史，以生产力的发展为出发点去研究生产力和生产的社会关系。通过讨论犹太教、犹太人问题，进一步对鲍威尔的自我意识哲学进行批判，提出认识宗教本质及历史的方法。指出"犹太精神是依靠历史、通过历史并且同历史一起保存下来和发展起来的，然而，这种发展不是神学家的眼睛，也不是在宗教学说中所能看到的，而只有世俗人的眼睛，只有在工商业的实践中才能看到"①。这里所讲的"世俗人的眼睛"是唯物史观的视角，而"工商业的实践"即社会的物质生产方式，马克思、恩格斯从这一视角出发，尖锐地指出鲍威尔在方法论上的错误，认为只要"进一步描述了犹太人在现代市民社会中的真实处境。只要剥掉掩盖着犹太精神实质的宗教外壳，掏出犹太精神的经验的、世俗的、实际的内核，就能够规划一个消融这种内核的真正的社会形式"②。"现在犹太人的生活不能以他们的宗教来解释；相反地，犹太教的生命力只能用虚幻地反映在犹太教中的市民社会的实际基础来解释。"③显然，马克思、恩格斯已初步认识到社会存在决定社会意识的理论。此外，论述唯心主义、唯物主义与宗教之间的关系，首先，明确指出唯心主义哲学具有神性，在本质上，唯心主义哲学和宗教神学是一致的，马克思、恩格斯认为，鲍威尔所崇拜的自我意识是一种与自然和社会相隔绝的、孤立的、只为自己而存在的意识。所以鲍威尔纯粹的批判就仅停留在大脑中，与人的现实活动毫无联系，而当这种意识脱离了真正的人的现实之后就会被神化，变成神的意志。从这个意义上说，鲍威尔被戏称为"神学家"、"宗教的救世主"。其次，颂扬唯物主义和无神论的内在联系，在批判鲍威尔的自我意识的时候，他们表现出强烈的唯物主义世界观和历史观，通过对近代唯物主义发展史的研究，认为唯物史观是唯心主义哲学、宗教学、形而上学的对立面，并在事实上把唯物史观视为启蒙思想和无神论史的同义词。最后，他们还认为，社会主义、共产主义是唯物主义思想和唯物史观发展的必然结果。

纵观无神论史表明，马克思向唯物主义的转变使他的无神论思想进一步建立在唯物主义的基础之上，从而使他的无神论不仅超过了其"博士

---

① 《马克思恩格斯全集》第 2 卷，人民出版社 1995 年版，第 140 页。
② 同上书，第 139 页。
③ 同上书，第 141 页。

论文"时期，而且是趋于成熟的关键时期和连接点。

（三）唯物主义无神论的确立

马克思在《关于费尔巴哈的提纲》（以下简称《提纲》）中批判费尔巴哈人本学唯物主义的局限性。马克思指出了包括费尔巴哈在内的从前的一切唯物主义根本缺点是忽视实践的作用，而人们的思维是否具有"客观的真理性"，只能由实践来证明。在这里，马克思已对费尔巴哈的人本主义认识发生了质变，马克思对宗教的批判更加深入与彻底。马克思认为，实践是人区别于动物的本质特征，也是人类生存所必需的前提，一切神秘的东西都是虚幻，在现实社会中都能找到实践的踪迹，都能找到"世俗基础"。"从世界被二重化为宗教世界和世俗世界这一事实出发"，费尔巴哈"做的工作是把宗教世界归结于它的世俗基础。但是，世俗基础使自己从自身中分离出去，并在云霄中固定为一个独立王国，这只能用这个世俗基础的自我分裂和自我矛盾来说明"①。在远古时代，人们为了生存，物质资料的生产成为首要历史活动，是一切实践活动的基础，当费尔巴哈把"宗教世界归结于它的世俗基础"从而完成了他的宗教批判之后，人们的主要任务就是去揭示、改变使宗教世界与世俗世界分裂的真正原因，"并在实践之中使之革命化"②。费尔巴哈仅站在旧唯物主义的落脚点——"市民社会"的基础上批判人的自我异化，并没有深究对宗教异化根源——世俗基础的批判，而马克思则敏锐地看到"新唯物主义的立脚点则是人类社会或社会的人类"③。马克思同一切旧唯物主义以及形而上的决裂，同时也摆脱了唯心主义无神论的思想，宣告了唯物主义无神论的最终确立。

马克思在《提纲》中已经开始用历史唯物主义的观点来阐述问题，但问题的关键只是作了简单的描绘，对许多重要思想和重大问题没有详细论述。《德意志意识形态》（以下简称《形态》）一文是对马克思唯物主义无神论思想的彰显，充分对施特劳斯、鲍威尔、施蒂纳和费尔巴哈等青年黑格尔派在内的德国哲学家进行全面批判，值得说明的是，马克思、恩

---

① 《马克思恩格斯选集》第1卷，人民出版社1995年版，第55页。
② 同上。
③ 同上。

格斯指出："施特劳斯、鲍威尔、施蒂纳、费尔巴哈，就他们没有离开哲学这块土地来说，都是黑格尔哲学的分支。"① 这个哲学指的是黑格尔的哲学，因此，马克思、恩格斯把他们的思想统称为"德意志意识形态"或"德国批判"。他们指出，他们的批判从来没有离开过黑格尔哲学的基地，"他们当中的每一个都抓住黑格尔体系中某一方面来反对他的整个体系"，"都局限于对宗教观念的批判"。马克思、恩格斯认为，青年黑格尔派只在纯粹的思想领域里展开批判，没有深入德国哲学的理论与现实中，不懂得社会存在决定社会意识的道理，不懂得实践的意义，马克思早在《导言》中说过："批判的武器当然不能代替武器的批判，物质的力量只能用物质的力量来摧毁；但是理论一经掌握群众，也会变成物质力量。"② 这句话充分阐述了理论与实践的关系问题，批判了黑格尔派的"纯粹批判"。而《形态》的目的就是要"揭穿同现实的影子所作的哲学斗争"，马克思、恩格斯写道："从直接生活的物质生产出发来考察现实的生产过程，并把与该生产方式相联系的、它所产生的交往方式，即各个不同阶段上的市民社会，理解为整个历史的基础；然后必须在国家生活的范围内描述市民社会的活动，同时从市民社会出发来阐明各种不同的理论产物和意识形式，如宗教、哲学、道德等等，并在这个基础上追溯它们产生的过程。这样做当然就能够完整地描述全部过程（因而也就能够描述这个过程的各个不同方面之间的相互作用）了。这种历史观和唯心主义历史观不同，它不是在每个时代中寻找某种范畴，而是始终站在现实历史的基础上，不是从观念出发来解释实践，而是从物质实践出发来解释观念的东西。由此还可得出下述结论：意识的一切形式和产物不是可以用精神的批判来消灭的，也不是可以通过把它们消融在'自我意识'中或化为'幽灵'、'怪影'、'怪想'等等来消灭的，而只有实际地推翻这一切唯心主义谬误所产生的现实的社会关系，才能把它们消灭。"③ 在这段话中，我们可以很清晰地读到马克思、恩格斯已开始用历史唯物主义的方法论和认识论来阐述宗教思想了。

因此，我们可以说《提纲》和《形态》共同标志着马克思无神论思

---

① 《马克思恩格斯选集》第1卷，人民出版社1995年版，第241页。

② 同上书，第9页。

③ 同上书，第43页。

想的最终确立。

二 "世俗基础的自我分裂":宗教产生的根源

我们都知道,宗教是人类社会的一种历史现象,它具有悠久的历史,宗教的产生、存在和发展同社会经济、政治、文化的发展有着密切而不可分的关系,并随之而发展而变化。宗教究竟是如何产生的?关于宗教产生的根源,学者众说不一,马克思认为宗教产生的根源是"世俗基础的自我分裂",宗教产生的根源可分为"自为宗教"和"人为宗教",接下来我们将通过宗教产生的自然因素、思想根源、社会根源来进一步阐述。

(一)宗教产生的自然根源

在原始社会,人们在大自然面前无能为力,对大自然的各种现象不知所措,于是宗教的产生也是难以想象的。当人类还匍匐在自然的威慑之下战栗不止时,自然力在人类生活中造成的危机成了宗教产生的温床。"自然界起初是作为一种完全异己的、有无限威力的和不可制服的力量与人们对立的,人们同自然界的关系完全像动物同自然界的关系一样,人们就像牲畜一样慑服于自然界,因而,这是对自然界的一种纯粹动物式的意识(自然宗教)。"[①] 原始社会的人们对自然界的认识十分有限,加之生产力水平低下,对自然界的依赖性强,对突如其来的自然灾害,人们虽然想尽办法企图克服其带来的灾祸,可是所能解决的是极其有限的。在此种情况下,人们对不可理解的自然现象以及难以把握的自然现象发生的过程、条件、原因等进行猜测、假想和幻想。认为一切自然现象之外都有一种无法预见的和不可捉摸的神秘的力量支配着,从而对其产生既恐惧又敬畏的心理。原始社会的人们只能以自身狭隘的经验为根据,"由于自然力被人格化,最初的神产生了"[②]。于是便产生了各种自然界的精灵、魔力、神的表象。

对大自然的崇拜是原始社会的一种普遍现象。原始人最初的宗教崇拜对象主要有:土地、天体、山峰、岩石、河流、水火等。原始人祈望丰

---

① 《马克思恩格斯选集》第1卷,人民出版社1995年版,第81—82页。
② 《马克思恩格斯选集》第4卷,人民出版社1995年版,第220页。

收，为了乞求地神保障他们的生存和生活，就通过土地崇拜的仪式，向地神表示敬畏之心；天体远离人类，无边无际，任何人都毫无例外地能够感受到它，但当时的人们无法去认识它，从而给人民莫大的神秘感和畏惧感。在天体崇拜中，首推太阳崇拜，因为太阳给人们带来光明和能量，是人类不能离开的生存和生活的前提。其次就是月神崇拜，这跟人们居住的环境有关。尤其是在沙漠地区，白天烈日炎炎，只要到了晚上，在月亮柔和的光线下，才能降下露水，滋润人畜，使得万物生长。最后就是对星辰的崇拜。原始人将星空的色泽变化和社会现象与地上的自然现象联系起来，并通过占卜星术的崇拜仪式来实现这种联系。于是土地神、太阳神、月亮神产生了。

总之，原始社会时期人们无论崇拜什么，真正崇拜的并非具体事物，而是和他们生活密切相关的万物。因为原始人的无知，往往把自然视为神，认为生活必需的生存条件都是神的恩赐。这也就导致产生宗教的"自发"因素，而这个"自发"因素是跟自然紧密相连的。

（二）宗教产生的认识根源

宗教是怎样产生的，学者们一致认为这是人们在思想认识上萌生的观念，世上本无神，但在现实生活中，由于人们的愚昧认知却创造了神。这是因为"在远古时代，人们还完全不知道自己身体的构造，并且受梦中景象的影响，于是就产生一种观念：他们的思维和感觉不是他们身体的活动，而是一种独特的、寓于身体之中而在人死亡时就离开身体灵魂的活动。从这个时候起，人们不得不思考这种灵魂对外部世界的关系。如果灵魂在人死时离开肉体而继续活着，那就没有理由去设想它本身还会死亡；这样就产生了灵魂不死的观念，这种观念在那个发展阶段出现决不是一种安慰，而是一种不可抗拒的命运，并且往往是一种真正的不幸。关于个人不死的无聊臆想之所以普遍产生，不是因为宗教上的安慰的需要，而是因为人们在普遍愚昧的情况下，不知道对已经被认为存在的灵魂在肉体死后该怎么办。由于十分相似的原因，通过自然力的人格化，产生了最初的神。随着各种宗教的进一步发展，这些神越来越具有了超越世界的形象，"直到最后，通过智力发展中自然发生的抽象化过程——几乎可以说是蒸馏过程，在人们的头脑中，从或多或少有限的和互相限制的许多神中产生了一神教的唯一的神的观念"①。

费尔巴哈认为宗教产生的心理根源是由于人的依赖感和畏惧感，依赖感和依赖意识是人在社会上生存的本能反应，由于人们认识的有限性，对外界力量及其变化是无能为力的，于是人就产生了对自然的依赖。而畏惧感指的是人面对死亡或者身体缺陷等所表达的一种情绪体验。"最容易被人感觉到并且最使人痛苦的一种有限感，就是人们意识到他总有一天确实要完结，是要死去的。如果人是不死的，如果人永远活着，因而世上根本没有死这回事，那么就不会有宗教了。"②

马克思、恩格斯在阐述宗教产生于认识上的愚昧无知时，进一步揭示了宗教产生的原因，我们认为是"自为"因素，关键点是人的自我认识，因为认识产生了偏差，人就创造了宗教。对于抽象的理念，马克思进行了彻底的、无情的批判，"全部社会生活在本质上是实践的。凡是把理论引向神秘主义的神秘东西，都能在人的实践中以及对这个实践的理解中得到合理的解决"③。同样，宗教的原型也能在实践中得到"合理的解决"。

（三）宗教产生的社会根源

宗教存在的社会根源，主要是指宗教存在的政治、道德、经济等根源。英国哲学家、政治家霍布斯第一个揭示了宗教存在的社会政治根源。他指出，宗教源自统治者对其臣民的一种欺骗。为了维护社会秩序，稳固其政治统治，统治者一般都以神来自居，宣称"君权神授"，其一切法令都来自神意和天命，宗教成为政治的工具。"君权神授"的谎言，暴露了"君权神授"的本质，是人创造了神，并利用神来为人服务。

费尔巴哈把宗教的本质归结为人的本质，提出了"人创造宗教"这一命题。他指出："人是宗教的始端，人是宗教的中心点，人是宗教的尽头。宗教是人的意识部分的产物，并非神按照他的形象造人，而是人按照他的形象造神。"④上帝的本质反映出人的"类"的特性，人的"类"在宗教中异化为上帝，上帝的本质乃是人的"类"的本质之异化或神化。

---

① 《马克思恩格斯选集》第 4 卷，人民出版社 1995 年版，第 223—224 页。
② 《费尔巴哈哲学著作选集》下卷，商务印书馆 1984 年版，第 534 页。
③ 《马克思恩格斯选集》第 1 卷，人民出版社 1995 年版，第 1 页。
④ 《费尔巴哈哲学著作选集》下卷，商务印书馆 1984 年版，第 222、267、691 页。

神学之秘密是人本学。费尔巴哈关于宗教起源的理论是马克思、恩格斯关于宗教存在的根源的理论的思想先驱。

马克思站在唯物主义的历史观的立场上揭示了宗教存在的政治根源。马克思指出："政治制度到现在为止一直是宗教领域，是人民生活的宗教，是同人民生活现实性的人间存在相对立的人民生活普遍的上天。宗教里的苦难是现实苦难的表现，又是对这种现实苦难的抗议，宗教是被压迫生灵的叹息，是无情世界的感情"。① 列宁也指出，被剥削阶级由于没有力量同剥削者斗争，必然会产生对死后幸福的憧憬。马克思对宗教存在的社会经济、政治根源的揭示，对宗教理论的批判，目的是对现实社会的经济政治制度的批判，对产生宗教的资本主义社会的批判。

马克思较早地揭示了宗教存在的经济根源。费尔巴哈认为，宗教的根源是由于人的本质异化。而马克思把人的本质异化归结为劳动异化。而产生劳动异化的根源是由于私有制的存在，是由于资本主义社会不合理的生产关系，恩格斯也指出："在目前的资产阶级社会中，人们就像受某种异己力量的支配一样，受自己所创造的经济关系，受自己所生产的生产资料的支配。因此，宗教的反映过程的事实基础就继续存在，而且宗教反映本身也同它一起继续存在。"②

三 "外衣"与"帮凶"：宗教的社会作用

在马克思眼里，宗教的作用是笼统通俗的，"宗教是这个世界的总理论，是它的包罗万象的纲要，它的具有通俗形式的逻辑，它的唯灵论的荣誉问题（Point d'honneur），它的狂热，它的道德约束，它的庄严补充，它借以求得慰藉和辩护的总根据"③。马克思的这个论断对于他当时的德国是正确的，对于其他一切基督教国家都是适用的。原始社会，人们就是把宗教作为它的总理论。世界一切都是由神创造的。凡是难以解释的问题，都归结为神的意志。不过，随着对宗教本质认识的深化，对宗教意识形态特质的全面分析，马克思对宗教的社会功能仍旧持批判、否定态度。

---

① 《马克思恩格斯选集》第 1 卷，人民出版社 1995 年版，第 283 页。
② 《马克思恩格斯选集》第 3 卷，人民出版社 1995 年版，第 355 页。
③ 《马克思恩格斯选集》第 1 卷，人民出版社 1995 年版，第 1 页。

(一) 宗教与非统治阶级结合时所具的"外衣"作用

什么是宗教的"外衣"呢？从一般意义上来讲，当一个社会组织扛着宗教的大旗来实现自己的目的时，宗教就具有了一种"外衣"的作用。而在马克思、恩格斯眼里，"宗教外衣"实质上就是指非统治阶级利用宗教反对统治阶级时所应用的一种形式，对非统治阶级起着积极作用。

首先，马克思、恩格斯对宗教作为"外衣"作用的原因进行了深刻分析。

第一，非统治阶级在社会革命或阶级斗争中，无论宗教充当何种形式，打着何种旗号，从根本上说都是取决于各社会力量的物质利益，宗教在任何社会运动中不能作为一个决定性的因素，而只能作为辅助性因素，起决定作用的是各社会力量的社会地位和由此产生的政治、经济、文化需求，其中最基本的是经济需求；第二，宗教和神学在当时社会政治、经济、文化中处于霸权地位，宗教成为唯一可采取的形式来表达情感和感情，并进行相关的活动，尤其是在政治、经济领域；第三，宗教在整个意识形态中处于至高无上地位，宗教语言在当时成为大多数人所能理解的主要形式，人们通过宗教互相取得联系和合作，并通过宗教去发动其他群众。宗教的普遍性和世俗性已被大多数群众所接受。

其次，马克思、恩格斯具体分析了宗教的"外衣"作用，并对其性质作了详细剖析，他们指出，宗教的性质不由自己决定，而是由宗教幕后所代表的利益团体来决定，由统治阶级所决定。而宗教作为"外衣"的作用是多方面的，在一定程度上可成为革命的辅助武器，也可瞬间变为镇压革命的残酷工具。

在阶级社会里，宗教一直处于绝对主导地位，人民一直受到剥削和压迫，处于从属地位，人民的斗争和抵抗一般采取宗教的形式，于是就披上了一件"宗教的外衣"，对这种"外衣"功能，马克思、恩格斯是持肯定态度的，认为在一定程度上起到了积极的作用，但我们可以清晰地看到，这种积极作用只是一种形式，而不是结果，因为它不会改变宗教的实质。

(二) 宗教与统治阶级结合所起的帮凶作用

马克思的宗教思想始终认为：宗教作为意识形态被统治阶级所利用，宗教组织和团体为了谋取更多的利益，便与统治阶级捆绑在一起，共同对人民进行残酷的剥削与压迫，主要方式表现在以下三方面。

首先，宗教在阶级社会充当了压迫剥削的辩护士。在阶级社会里，宗教充当了压迫剥削的辩护士，麻醉人民，迷惑人民，让人民甘愿受统治，毫无自由可言，"政治制度到目前为止一直是宗教领域，是人民生活的宗教，是同人民生活现实性的尘世存在相对立的人民生活普遍性的天国。……现代意义上的政治生活就是人民生活的经院哲学"①。而现实社会里，人民的生活却丝毫没有离开过宗教，在普鲁士国家中，基督教明目张胆地充当起压迫人民的辩护士，为统治阶级服务。"基督教的社会原则曾为古代奴隶制进行过辩护，也曾把中世纪的农奴制吹得天花乱坠，必要的时候，虽然装出几分怜悯的表情，也还可以为无产阶级遭受压迫进行辩解。"② 可见，基督教的社会原则就是为统治阶级辩护的。"宗教里的苦难既是现实的苦难的表现，又是对这种现实的苦难的抗议。宗教是被压迫生灵的叹息，是无情世界的心境，正像它是无精神活力的制度的精神一样。宗教是人民的鸦片。"③

其次，宗教充当了捍卫剥削制度和镇压革命的工具。宗教在阶级社会里充当统治阶级的帮凶，统治阶级打着宗教的旗号，把自己的意志意为神的意志，使一切变得合理，于是，人民遭受剥削和镇压也就变得合理化了，因为是违背了神的旨意，遭受惩罚那就是赎罪。宗教一方面教导人民要顺从统治阶级，顺从社会制度；另一方面又利用宗教的一些教义和行规来惩罚反抗的人民，惩罚那些手无寸铁的无产阶级，从而起到镇压革命的作用。

最后，宗教充当了殖民主义和帝国主义侵略扩张的工具。宗教充当殖民统治和帝国侵略扩张最有利的工具，在马克思眼里最彻底的是关于基督教殖民制度。威廉·豪伊特曾这样说过："所谓的基督教人种在世界各地对他们所能奴役的一切民族所采取的野蛮和残酷的暴行，是世界历史上任何时期，任何野蛮愚昧和残酷无耻的人种都无法比拟的。"④ 但是，即使

---

① 《马克思恩格斯全集》第3卷，人民出版社1995年版，第42页。
② 《马克思恩格斯全集》第4卷，人民出版社1972年版，第218页。
③ 《马克思恩格斯选集》第1卷，人民出版社1995年版，第2页。
④ [英] 威廉·豪伊特：《殖民和基督教：欧洲人对待所有殖民地人民的通俗历史》，1838年伦敦版，第9页。

在真正的殖民地,原始积累的基督教性质也是无可否认的。宗教就是这样充当殖民主义和帝国主义侵略扩张的工具,对国家和地方文明进行践踏和毁灭,掠夺金银财产,残害生命。

四 "虚幻的太阳":宗教的本质体现

宗教是人类历史上的一个普遍现象,麦克斯·缪勒认为:"宗教是一种内心的本能,即气质,它独立地、不借助感觉和理性,能使人们领悟在不同名称和各种伪装下的无限。"[①] 黑格尔认为宗教是绝对精神和理性的直观,它脱离人之外,在世界的某个角落,主宰这世间的一切。费尔巴哈认为:"新哲学替代了宗教,它本身包含着宗教的本质,事实上它本身就是宗教。"[②] 而马克思、恩格斯运用辩证唯物主义和历史唯物主义的世界观和方法论,对宗教的本质进行了科学的分析,并对黑格尔和费尔巴哈进行了无情的批判。

(一) 对黑格尔理性主义宗教观的批判

在黑格尔哲学体系里,宗教与哲学的本质内容是同一的,即都是以辩证的方式发展运动的绝对理念和绝对精神。它是一种新的哲学,更是一种新的神学,在他那里自成体系。马克思对黑格尔理性主义宗教观的批判实质上就是对黑格尔哲学本质的揭露和批判,在某种程度上也是对西方传统哲学中的宗教成分的批判和对本体论的批判。

第一,对黑格尔的思维与存在的同一性问题批判。在黑格尔看来,绝对精神不仅存在于人的理性之中,而且蕴藏在一切事物之中,构成事物的本质。他说:"概念乃是内蕴于事物本身之中的东西;事物之所以是事物,即由于其中包含概念"[③],"客观思想是世界的内在本质"[④]。在黑格尔的绝对精神里,上帝作为最高的理论实体,他既是主体又是实体,具有自我意识,必然能消除自身原先的无差别的单纯性,必然能运动,并且这

---

① [德] 麦克斯·缪勒:《宗教的起源和发展》,上海人民出版社1989年版,第15页。
② 《费尔巴哈哲学著作选集》上卷,商务印书馆1984年版,第186页。
③ [德] 黑格尔:《小逻辑》,商务印书馆1980年版,第79页。
④ 同上书,第81页。

运动形式是多样的，并在现实中体现出来。黑格尔认为，通过哲学上的扬弃，人类可以理解自我外化以及理解整个历史和社会的外化，从而揭示出人的本质，扬弃异化，获得绝对自由。

从宗教批判的角度来说，马克思在批判的具体过程中，克服了黑格尔思辨哲学的否定之否定的唯心主义形式，而且也肯定了它所包含的积极的、批判的、革命的要素，异化为人类社会全面发展必须经历的一个必要环节，应该加以肯定。不以抽象的概念、范畴来对待发展，不以纯粹理性思想来改进现存社会，而是要用具体的认识过程来对待发展，来改革现存社会，马克思把宗教批判与政治、经济批判结合起来。马克思认为，异化是一种独特的历史现象，它的存在与阶级社会是密切联系的，仅通过理论或哲学的思辨是不可能消除异化的，只有通过社会变革，消灭阶级才能得以实现。

第二，批判一种有如黑格尔"绝对精神"一般的与现实分立的"真实"、"永恒"实体。过去，神与精神是相互分裂的，神被看作客观的绝对本质，精神则被狭隘地理解为主观的自我意识。这种分裂也相应地造成了近代宗教与哲学的对立，宗教成为对绝对本质进行整体把握的神秘直观，哲学则贬为对有限知识进行简要区分的理性反思。而在黑格尔的思辨哲学中，直观与反思的抽象对立被扬弃，则在对立中抓住统一。黑格尔声称"除了理性外更没有什么现实的东西，理性是绝对的力量"①。黑格尔在推进人类思想前进的过程中，仍用绝对理性取代上帝，并宣称绝对理性本身就是万能的上帝。黑格尔还明确地指出，宗教与哲学具有同一个内容或者属象，所不同的是它们表现这个内容的形式相异，宗教通过表象的方式，哲学通过概念的方式来反映同一个真理，这个真理就是自己认为自己是主体，规定自己的理念、精神或神。于是，黑格尔在把宗教变成哲学的同时，也把哲学变成了宗教。

第三，对黑格尔的宗教与哲学的唯心主义历史观批判。在黑格尔眼里，《圣经》不是历史的真理的记录，而是一本象征的书籍，只有在通过大量的哲学诠释之后，这些象征的内容才可能得到理解。黑格尔的哲学和基督教的《圣经》都尝试为整个人类历史提供依据。黑格尔对传统基督

---

① 黑格尔：《哲学史讲演录》第4卷，贺麟、王大庆译，商务印书馆1978年版，第294页。

教观念的理性改造使得基督教世俗化,从而为扬弃基督教向前迈进了关键的一步。黑格尔从"绝对精神"的历史出发建构了世俗的历史,在黑格尔看来,"绝对精神"和历史始终是分割不开的。精神的彰显与世界历史的进程是相对应的,换句话说,历史进程在某种程度上是合乎精神的。只有在把基督教当作真正的宗教的前提下,黑格尔才有机会系统地建构出人类历史的进程。

对于黑格尔来说,人的行为仅仅是作为某种更高的、非物质的"绝对理念"的实现工具,而在马克思那里,意识与现实是紧密联系在一起的,是不可独立起来的,在马克思看来,人类不是"绝对精神"通过"信念"、"理念"实现它自身的一个要素,而是"实践"成为理念的检验者和创造者。黑格尔"唯一知道并承认的劳动是抽象的精神的劳动"[①]。与此相反,马克思更关注的是人的现实存在、人的现实活动,根本没有一个如同上帝一样的"绝对精神"的位置。"每个个人和每一代所遇到的现成的东西:生产力、资金和社会交往形式的总和,是哲学家们想象为'实体'和'人的本质'的东西的现实的基础,是他们神化了的并与之斗争的东西的现实基础,这种基础尽管遭到以'自我意识'和'唯一者'的身份出现的哲学家们的反抗,但它对人们的发展所起的作用和影响丝毫也不因此而受到干扰。"[②] 马克思的历史唯物论将人类的历史指认为人类进行自我生产、自我创造、自我发展的历史,本质上颠覆了黑格尔的"绝对精神"自我演化生成世界历史一切的思想。

(二) 对费尔巴哈人本主义宗教观的批判

费尔巴哈在他一生的哲学事业中,没有离开宗教,他把对宗教的批判作为自己毕生的事业,批判程度也远超越法国18世纪启蒙运动,不过费尔巴哈在批判"旧宗教"的同时,自身也创造了"新的宗教",他明确地宣称:"新哲学替代了宗教,它本身包含着宗教的本质,事实上它本身就是宗教。"[③] 费尔巴哈一直认为宗教是富有人性的,只不过现实中的宗教被异化了,费尔巴哈宗教批判具有如下特点:

---

① 马克思:《1844年经济学哲学手稿》,人民出版社2000年版,第101页。
② 《马克思恩格斯选集》第1卷,人民出版社1995年版,第92—93页。
③ 《费尔巴哈哲学著作选集》(上卷),商务印书馆1984年版,第186页。

首先，神是人本质的异化。在费尔巴哈看来，宗教批判的方法就是"借助人，把一切超自然的东西归结为人"①。一切宗教神圣化的对象在其本质上都体现人性，只不过这人性是被神圣化了的人性。既然神的本性等同于人性，那么神的本质也就是人的本质，我们就不可能在神那里寻找神的本性，而应该在人那里去寻找神的本性。费尔巴哈反对关于人的本质的抽象思辨，认为哲学的开端不是上帝和绝对，而是有限的、确定的、实际存在的东西，这就人，而这个人只是单个的、抽象的人。

其次，费尔巴哈对宗教的理解带有明显的世俗性和感性。"宗教是初恋，是青春之恋，是自以为认识自己的对象就等于亵渎它的那种爱情。相反的，哲学是夫妇之爱，是丈夫之爱，这种爱使丈夫占有和享乐自己的对象，但因此也就破坏了全部和初恋的神秘所俱来的美和幻想。"②"宗教是人类精神的梦，然而人并不是在天国，而是在地上、在现实的王国中做这个梦。"③

最后，费尔巴哈宗教理论还具有心理学特征。费尔巴哈从心理学的视角出发，他认为基督教的教义和圣事不过是幻想和错觉，宗教反映了人的真正的、人类学的本质。他认为，处于健康状态的人，总希望不死。这种希望是与自我保护的本能等同的。任何活着的东西都力求维持自身，保持活的状态，也就力求不死。而理性不可能提供任何这类情感的肯定性解答。这样，费尔巴哈以心理学的方式解释了基督教的灵魂不朽与耶稣复活，他认为，一切关于灵魂不朽的证明都是不充分的，即使是独立的理性也不能理解灵魂不朽，更不用说去证明了。

而马克思对费尔巴哈的批判，我们可以从《巴黎手稿》《提纲》等著作中发现，马克思在理解人的历史性、社会性和实践性与费尔巴哈存在着本质区别。马克思对费尔巴哈的批判是无情的、彻底的。

第一，马克思对费尔巴哈否认人的社会性批判。费尔巴哈试图从自然关系的本质来彻底了解人，他也把人视为一个团体的、社会的存在，视为"类"的存在，这一点马克思早已经看到："费尔巴哈也使'人与人之间'的社会关系成了理论的基本原则"，而且给予了很高的评价，认为费尔巴

---

① 《费尔巴哈哲学著作选集》（上卷），商务印书馆1984年版，第249页。

② 同上书，第229页。

③ 同上。

哈"创立了真正的唯物主义和实在科学"①。但费尔巴哈关于人作为类的观念更多地反映了个体与个体之间的关系，以及人与自然的关系，他忽视了社会的整体背景。对此，马克思批评道："费尔巴哈把宗教的本质归结于人的本质。但是，人的本质不是单个人所固有的抽象物，在其现实上，他是一切社会关系的总和。"② 在这里，马克思是从社会现实的存在状况了解人。他检验实际的社会现实，分析它的动力和规律，为物质的社会状况、劳动的作用、生产等提供具体的社会分析。

第二，马克思批判费尔巴哈忽视人的历史的、实践的活动的重要性。费尔巴哈一直把自己的哲学目标同经验的、感性的和具体的人联系起来，他通过资产阶级的改良，使人从宗教和道德束缚中解脱出来，重新建立人与人、人与自然的关系。但是对于他来说，人仍然是普遍的类，而马克思则从经济、政治立场把人的解放当作社会问题。马克思批评费尔巴哈没有对人的现实的本质进行批判，他"撇开历史的进程，把宗教情感固定为独立的东西，并假定有一种抽象的——孤立的——人的个体"③。马克思试图从历史的角度，在世界历史的伟大进程中，以特殊的历史时期为背景来理解人。对于马克思来说，解放不仅是一个自私与否的道德问题，而且是关于经济束缚和社会阶段的问题。所要求的不是人与自然的一种关系，而是投身实际的活动，通过劳动阶级革命获得自我解放的过程。

第三，马克思与费尔巴哈思想的重点是不同的，后者主要从抽象思辨的角度来批判宗教，马克思则越来越把思想转向社会问题。分歧的焦点不在于宗教是不是虚幻的意识形态的问题上，而是在于怎么理解宗教本质。费尔巴哈认为，宗教的本质即是人的异化归结为一般心理发生论，而马克思则进一步认为，宗教的本质是世俗社会造成的，不能以个人心理的分析作为异化的根源。马克思更为关注人所处的物质社会条件，致力于进一步探讨这一世俗生活本身。在马克思理论中有一种革命的力量，而费尔巴哈的人本主义里是体现不到的，"费尔巴哈是从宗教上的自我异化，从世界被二重化为宗教世界和世俗基础。但是，世俗基础使自己从自身中分离出去，并在云霄固定为一个独立王国，这只能用这个世俗基础的自我分裂和

---

① 马克思：《1844年经济学哲学手稿》，人民出版社2000年版，第96页。
② 《马克思恩格斯选集》第1卷，人民出版社1995年版，第56页。
③ 同上。

自我矛盾来说明。因此，对于这个世俗基础本身应当在自身中、从它的矛盾中去理解，并在实践中使之革命化。因此，例如自从发现神圣家族的秘密在于世俗家庭之后，世俗家庭本身就应当在理论上和实践中被消灭"①。自我异化不是通过内部转向自我，而是通过外部转向人类社会生活的现实而发现的。马克思在《形态》中指出，在费尔巴哈那里，"除了爱和友情，而且是理想化了爱和友情之外，他不知道'人与人之间'还有什么其他的'人的关系'"②。虽然如此，费尔巴哈取得的成就也是伟大的，马克思说道："只有费尔巴哈才是从黑格尔的观点出发而结束和批判黑格尔的哲学。费尔巴哈把形而上学的绝对精神归结为'以自然为基础的现实的人'，从而完成了对宗教的批判。同时也巧妙地拟定了对黑格尔的思辨以及一切形而上学的批判的基本要点。"③

（三）马克思宗教本质观

马克思、恩格斯在《形态》中曾这样说过："宗教本身既无本质也无王国。在宗教中，人们把自己的经验世界变成一种只是在思想中的、想象中的本质，这个本质作为某种异物与人对立着。这决不是又可以用其他概念，用'自我意识'以及诸如类似的胡言乱语来解释的，而是应该用一向存在的生产和交往的方式来解释的。"④ 在这里我们所说的无本质，指的就是宗教的本质不在其自身中，而在其历史发展的每个阶段的现存物质世界中，所以要想真正了解宗教的本质，只有深入其赖以生存和发展的世俗基础中。

第一，宗教的本质不在天上，而是在人间，宗教是人的自我意识和自我感觉，"宗教是还没有获得自身或再度丧失自身的人的自我意识和自我感觉"⑤。宗教是由人创造的，离开了人，宗教将不存在，宗教的本质就是人的自我意识和自我感觉。在社会生活中，有绝大多数人们从未停止过对物质解放的追求，但每次尝试都未能如愿，于是他们就把希望寄托在精

---

① 《马克思恩格斯选集》第1卷，人民出版社1995年版，第55页。
② 《马克思恩格斯选集》第3卷，人民出版社1995年版，第50页。
③ 《马克思恩格斯选集》第2卷，人民出版社1995年版，第177页。
④ 《马克思恩格斯全集》第3卷，人民出版社1995年版，第170页。
⑤ 《马克思恩格斯选集》第1卷，人民出版社1995年版，第1页。

神上,而精神上的追求也就是物质上的一种弥补,虽然物质是实在的,但精神上的慰藉和安抚给予人们新的希望,希望借此摆脱目前这种窘境。但"现状不堪忍受,未来也许更加可怕。没有任何出路,悲观绝望"。人们"只好俯首帖耳地服从于不可避免的命运"①。马克思对宗教的论述,有的是针对某个特征,有的是指向某个功能,或多或少都带有黑格尔、费尔巴哈的思想的残迹。从这一点来看,马克思对宗教本质的认识和把握也是一个循序渐进的过程。

第二,"一切宗教都不过是支配着人们日常生活的外部力量在人们头脑中的幻想的反映,在这种反映中,人间的力量采取了超人间的力量的形式。"② 这句话体现了三层意思:一是宗教根源于"支配人们日常生活的外部力量",根源于人间,归于人们的日常生活,根本来源就是生产劳动;二是宗教的本质是"支配人们日常生活的外部力量"的一种异化,显然,产生宗教的条件是只有这种活动不受人自身支配反而变成支配人的外部力量即异己的力量时,这种现象才会发生;三是宗教作为一种意识形态,其特征是对社会存在的反映采取了一种"幻想"的方式,超人间力量的形式,也就是说,它没有像其他意识形态一样直接以固有的方式表现出来,而是采取超自然、超人间的方式表现出来。"支配着人们日常生活的外部力量",首先指的是自然界中的"支配着人们日常生活"的力量。由于自然界的无限性和人类认识的有限性,才导致自然界中的异己力量总是存在的。其次是社会中"支配着人们日常生活"的力量。"我们已经不只一次地看到,在目前的资产阶级社会中,人们就像受某种异己力量的支配一样,受自己所创造的经济关系、受自己所生产的生产资料的支配。因此,宗教的反映过程的事实基础就继续存在,而且宗教反映本身也同它一起继续存在。"③ 最后是人自身的异己力量。它包括两个方面,一是人的生老病死是人无法把握和控制的;二是人对自身认识的局限性。

第三,用人的本质"是一切社会关系的总和"揭示宗教的本质。人类社会的一切文明成果,包括物质文明和精神文明都是人类自己创造出来的,它唯一的秘密就是隐藏在人的本质里,而这里所指的"人的本质不是

---

① 《马克思恩格斯全集》第19卷,人民出版社1995年版,第333—334页。
② 《马克思恩格斯全集》第3卷,人民出版社1972年版,第666—667页。
③ 《马克思恩格斯选集》第3卷,人民出版社1995年版,第355页。

单个人所固有的抽象物，在其现实性上，它是一切社会关系的总和"①。马克思的唯物主义无神论的出发点和立脚点不是抽象的人，而是"现实的个人"，是社会上实实在在、活生生的人，是能从事生产劳动的人，能认识自然和改造自然的人。关于对人的本质的理解，马克思是这样认为的，人的本质是一个相互联系的动态体系，首先，人的本质是生产劳动，是一种自发自由自觉的活动，人之所以为人，最根本就是其独有的实践性，在自己的主观能动性下适应和改造自然。其次，需要是人的本性，人在自然中只有通过劳动才能维持生计，成长，繁衍后代。最后，人的本质是一切社会关系的总和，马克思认为，社会关系起源于物质生产劳动，人在积极实现自己本质的过程中创造这种关系，关于社会关系的论述，马克思、恩格斯在《形态》中作了具体表述，在生产过程中，表现出两种关系：一种是自然关系，表现为人的自然属性，它决定了人与动物的共同性；另一种是社会关系，表现为在具体的生产过程中体现的社会属性，它决定了人与动物的本质不同。换句话说，人之所以为人，人的本质是由他的社会关系决定的，而不是由自然关系决定，也不是由他们共同决定的。同时，马克思还指出了社会关系又可以分为主要关系和次要关系，政治关系、经济关系和宗教关系，等等；人的本质就是这些关系的有机统一，所以，正是这些关系的有机统一才决定着人的本质。

五 "两个只有"：宗教消亡的前提条件

"宗教本身是没有内容的，它的根源不是在天上，而是在人间，随着以宗教为理论的被歪曲了的现实的消灭，宗教也将自行消灭。"② 关于宗教未来问题的论述，马克思指出，宗教是历史的产物，它和一切现存的制度一样，都是要消亡的。而要消灭宗教，首先就必须通过人类的实践活动消除产生私有制和阶级统治的根源，铲除宗教赖以存在的世俗基础。而私有制的消灭也不是一蹴而就的，正如马克思所说："无论哪一个社会形态，在它所能容纳的全部生产力发挥出来以前，是决不会灭亡的；而新的更高的生产关系，在它的物质存在条件在旧社会的胎胞里成熟以前，是决

---

① 《马克思恩格斯选集》第 1 卷，人民出版社 1995 年版，第 56 页。
② 《马克思恩格斯选集》第 4 卷，人民出版社 1995 年版，第 528 页。

不会出现的。"① 因此我们就必须清醒地认识到，私有制的消灭是个漫长复杂的过程，只有消灭私有制，建立公有制，宗教才会消失。

（一）马克思的"两个只有"

马克思认为："只有当日常实际生活的关系，在人们面前表现为人与人之间和人与自然之间极明白而合理的关系的时候，现实世界的宗教反映才会消失。只有当社会生活过程即物质生产过程的形态，作为自由结合的人的产物，处于人的有意识有计划的控制之下的时候，它才会把自己的神秘的面纱揭掉。但是，这需要有一定的社会物质基础或一系列物质生存条件，而这些条件本身又是长期的、痛苦的发展史的自然产物。"② 马克思从哲学和经济学的层面提出了宗教消亡的公有制基础外的三个前提条件：一是人与自然的关系极明白而合理；二是人与人的关系极明白而合理；三是人本身获得全面自由的发展。马克思早在《手稿》中就阐述过宗教消亡的途径，马克思认为，共产主义是异化劳动和私有财产的积极扬弃，是人类社会发展否定之否定的过程，是历史之谜的解答，同时也是宗教消亡之谜的解答，共产主义是真正的无神论社会，在那里，宗教将最终消亡。马克思认为异化劳动产生私有制，而私有制加剧了劳动异化，这是宗教存在和发展的最重要根源，要消灭宗教，就必须消灭私有制，实现公有制制度下的共产主义。而这三个前提条件，恩格斯总结为使人成为自然的主人、社会的主人、自己的主人。但是，人能否成为这三个主人呢？人怎样才能成为这三个主人呢？马克思在《资本论》及其手稿中对这些问题的研究，使得宗教消亡从理论假设变成了科学。

第一，人成为自然的主人，在农业社会，由于生产力水平极其低下，人类一度成为自然的奴隶。随着社会的逐步发展，生产力的发展，人类改造自然的能力也逐渐加强，在工业社会，人类开始使用大机器来进行生产，大机器的使用大大提高了人类征服自然和改造自然的能力。后来电子技术迅猛发展，人类将最终摆脱机器的束缚，不仅人体得到了解放，人脑也随之解放，"如果说在农业社会，人类是自然的奴隶；在工业社会，人是自然的征服者；那么，在共产主义社会，人将是自然的主人，人和自然

---

① 《马克思恩格斯全集》第23卷，人民出版社1972年版，第96—97页。
② 《马克思恩格斯选集》第2卷，人民出版社1995年版，第142页。

之间的关系将'极明白而合理'"①，这样，自然不再作为异己的力量统治人类，宗教存在的根源也将逐渐消失。

第二，人成为社会的主人，在农业社会，生产力水平低下，生产活动自给自足，没有广泛的分工，自然经济仅是一种循环、自我封闭的体系，人类无法摆脱自然宗教的统治。在商品经济时代，商品交换已普遍，商品经济的发展摧毁了以土地为基础的自然经济，大力发展了生产力，人类社会交往已趋于普遍。随着商品交往的普遍，人类社会交往形态也将进入共产主义社会化产品经济阶段，马克思把社会化的产品经济称为"在共同占有共同控制生产资料的基础上联合起来的个人所进行的自由交换"②。这里的自由交换，一是指产品的自由交换，二是指人与人之间的关系"极明白而合理"，社会不再作为异己的力量与人相对立。这样，产生宗教的自然异己力量和社会异己力量已经消除，人不仅成为自然的主人，而且成为社会的主人。

第三，人成为自己的主人，随着生产力的大力发展，人与自然、人与人之间的关系极其明白而合理，人的劳动已成为自主活动，不再是为了简单满足物质生活与屈从于某一外界力量的支配，而完全是出于个人的兴趣爱好，出于个人价值的自我实现与全面发展，马克思指出："个人的全面性不是想象的或设想的全面性，而是他的现实联系和观念联系的全面性。"③ 也就是说，个人的全面发展和个性的完整，并不是说每个人都无所不能，在这里指的是社会关系的合理性、丰富性、普遍性，同样人与人之间的关系也变得合理丰富普遍起来，人与人之间的矛盾和隔阂将通过这种关系变得和谐，人将成为自己的主人，这样，宗教赖以生存的土壤将不复存在。

（二）恩格斯的"两个当……的时候"

恩格斯指出："当社会通过占有和有计划地使用全部生产资料而使自己和一切社会成员摆脱奴役状态的时候……当谋事在人，成事也在人的时候，现在还在宗教中反映出来的最后的异己力量才会消失，因而宗教反映

---

① 陈荣富：《马克思主义宗教观研究》，四川人民出版社2008年版，第318页。
② 《马克思恩格斯全集》第30卷，人民出版社1995年版，第109页。
③ 同上书，第541页。

本身也就随着消失。理由很简单，因为那时再没有东西可以反映了。"① 恩格斯在这段话里，表述的思想跟马克思的"两个只有"的思想是一致的，这里的"谋事在人、成事也在人"也就是前面说的当人成为自然的主人、社会的主人和自己的主人的时候，宗教反映出来的最后异己力量才会消失。恩格斯指出，推动社会发展，铲除宗教赖以存在的根源是宗教消亡最有效的办法。"一旦社会占有了生产资料，商品生产就将被消除，而产品对生产者的统治也将随之消除。社会生产内部的无政府状态将为有计划的自觉的组织所代替。个体生存斗争停止了。于是，人在一定意义上才最终脱离了动物界，从动物的生存条件进入真正人的生存条件。人们周围的、至今统治着人们的生活条件，现在受人们的支配和控制，人们第一次成为自然界的自觉的和真正的主人，因为他们已经成为自身的社会结合的主人了。人们自己的社会行动的规律，这些一直作为异己的、支配着人们的自然规律而同人们相对立的规律，那时就将被人们熟练地运用，因而将听从人们的支配。人们自身的社会结合一直是作为自然界和历史强加于他们的东西而同他们相对立的，现在则变成他们自己的自由行动了。至今一直统治着历史的客观的异己的力量，现在处于人们自己的控制之下了。只是从这时起，人们才完全自觉地自己创造自己的历史；只是从这时起，由人们使之起作用的社会原因才大部分并且越来越多地达到他们所预期的结果。这是人类从必然王国进入自由王国的飞跃。……人终于成为自己的社会结合的主人，从而也就成为自然界的主人，成为自身的主人——自由的人。"②

（三）宗教的消亡是长期的、历史的过程

马克思认为，宗教的消亡是长期漫长的历史过程，马克思基于人类社会经济发展的整体把握，尤其是对资本关系的深刻分析和解剖，对宗教消亡有了更加科学的认识，马克思认为宗教的消亡"需要有一定的社会物质基础或一系列物质生存条件，而这些条件本身又是长期的、痛苦的发展史的自然产物"③。宗教的消亡过程不是靠思想觉悟、理论宣传或者行政手段

---

① 《马克思恩格斯选集》第 3 卷，人民出版社 1995 年版，第 668 页。
② 同上书，第 757—758 页。
③ 《马克思恩格斯全集》第 44 卷，人民出版社 2001 年版，第 97 页。

来实现，只有当私有制消灭，建立公有制，人成为自然的主人、社会的主人和自身的主人时，宗教才会消亡，而这个过程却是漫长的、复杂的、曲折的、痛苦的。恩格斯说："取缔手段是巩固不良信念的最好手段！有一点是毫无疑义的：在我们时代能给神唯一的效劳，就是把无神论宣布为强制性的信念特征。"① 取消宗教就是变相地延长宗教的生命期。宗教将在社会上的存在具有长期性，而这长期性主要表现在以下两个方面：

第一，从宗教产生的根源来说，宗教的存在具有长期性。人类本身需要宗教来调节心理。在现在的社会主义制度里，统治阶级和剥削阶级已不复存在，但由于人们的意识受到封建旧思想、旧传统的影响且社会的物质文明和精神文明还没有达到极大丰富的发展阶段，不能满足所有人民的需要，于是就有部分群众将内心的一些奢望付诸宗教，希望在宗教那里能得到一些慰藉和安抚。此外，一些灾难对人们的创伤也是无法弥补的，而宗教可以提供心理慰藉，使他们的心理趋于平静，并满足爱与关怀的渴求，从而化解他们心中那悲伤、失落的心情。在人类历史发展的长河中，宗教将长期伴随着人们左右，起着心理调节和慰藉心灵的作用。

第二，从宗教的积极功能来说，宗教的存在具有长期性。社会主义经济建设的第一要务是发展生产力，不断地提高人民的物质生活水平，这些跟很多宗教信徒的利益又是相一致的，大力发展生产力，不断地提高人民的物质生活和精神生活，改善人民的生活质量，这是所有人民共同期待的愿景，要实现这美好的愿景，就需全社会动员起来，充分发挥每一个人的聪明才智为社会经济建设贡献力量，广大宗教信徒也不例外，他们从发展家业起家，不断从事劳动生产和商品经济，为地方发展贡献了自己的力量。此外，在我国保存着大量的宗教遗迹和宗教传统习俗，它们从不同层面对当地的旅游经济起到了推波助澜的作用。

第三，宗教的这种长期性将随着社会的发展而不断地作出调整，并与之相适应。

我们都知道宗教是人类社会发展中一种独特历史文化现象，在社会主义制度以前，它早已伴随人类走过了漫长的历史，跨越了不同的社会形态，而在社会主义制度下，国家的意识形态是以唯物主义无神论为基础

---

① 《马克思恩格斯选集》第 2 卷，人民出版社 1995 年版，第 591—592 页。

的，与宗教有神论存在着本质区别，但宗教本身也不断发展和调整，并积极地与社会主义相适应。在社会主义社会里，宗教团体积极参与国家事务管理，参与社会经济建设，参与文化建设，积极服务当地百姓，调节人民心理。因此，我们对待宗教问题要尊重历史，尊重客观规律，积极引导宗教与社会主义相适应，为社会建设和发展贡献力量。我们应当科学地用唯物史观的态度和做法来对待当前的宗教，"我们人类在宗教领域中的努力方向，与其致力于宗教的消亡，毋宁致力于一个完美的理想社会建设。在这漫长的未来历史过程中，对于黑暗势力利用宗教进行危害社会的违法活动，社会当然应保持必要的警惕；但与此同时，社会应以更大的努力，发挥传统宗教所包含的那些正面有益的文化因素，使之有助于社会文化的建设。如何才能做到这一点，既往的历史也许尚未提供完善的经验，有待社会在未来的历史中去创造；但如果不这样做，历史却已积累了足够的教训，值得人类永远记取"[①]。

曾德虎　海南大学党委研究生工作部　副科长、讲师

参考文献

一、著作

[1]《马克思恩格斯全集》(第1版)第1、3、4、40卷，人民出版社1982年版。

[2]《马克思恩格斯选集》第1—4卷，人民出版社1995年版。

[3] 马克思：《1844年经济学哲学手稿》，人民出版社2000年版。

[4] 马克思：《资本论》第1—3卷，郭大力、王亚南译，人民出版社1953、1966年版。

[5]［英］罗素：《西方哲学史》(上卷)，何兆武、李约瑟译，商务印书馆1963年版。

[6] 列宁：《社会主义和宗教》，人民出版社1999年版。

---

① 吕大吉主编：《宗教学纲要》，高等教育出版社2003年版，第409页。

[7] 郑天星编:《马克思恩格斯论无神论、宗教和教会》, 华文出版社 1991 年版。

[8] [德] 梅林:《马克思传》, 人民出版社 1972 年版。

[9] [英] 戴维·麦克莱伦:《青年黑格尔派与马克思》, 夏威仪、陈启伟、金海民译, 商务印书馆 1982 年版。

[10] [英] 戴维·麦克莱伦:《马克思主义以前的马克思》, 李兴国、周小普、郝勤译, 社会科学文献出版社 1992 年版。

[11] [英] 戴维·麦克莱伦:《马克思以后的马克思主义》, 林春等译, 东方出版社 1986 年版。

[12] [英] 戴维·麦克莱伦:《马克思传》, 王珍译, 中国人民大学出版社 2005 年版。

[13] [法] 奥古斯特·科尔纽:《马克思恩格斯传》第 1 卷, 管士滨译, 商务印书馆 1963 年版。

[14] [法] 科尔纽:《马克思的思想起源》, 王瑾译, 中国人民大学出版社 1987 年版。

[15] 张奎良:《马克思的哲学思想及其当代意义》, 黑龙江人民出版社 2001 年版。

[16] [匈] 卢卡奇:《历史与阶级意识》, 杜章智、任立、燕宏远译, 商务印书馆 1992 年版。

[17] [德] 费尔巴哈:《费尔巴哈哲学著作选集》(上、下卷), 荣振华等译, 商务印书馆 1984 年版。

[18] [法] 路易·阿尔都塞:《保卫马克思》, 顾良译, 杜章智校, 商务印书馆 1984 年版。

[19] [法] 路易·阿尔都塞:《读〈资本论〉》, 李其庆等译, 中央编译出版社 2001 年版。

[20] 牛苏林:《马克思恩格斯的宗教理解》, 河南人民出版社 2002 年版。

[21] 施船升:《马克思主义宗教观及其相关动向》, 四川人民出版社 1998 年版。

[22] 赵敦华:《西方哲学简史》, 北京大学出版社 2001 年版。

[23] 高清海:《高清海哲学文存》(1 卷), 吉林大学出版社 1997 年版。

［24］衣俊卿：《衣俊卿集》，黑龙江教育出版社 1995 年版。

［25］丁立群：《哲学实践与终极关怀》，黑龙江教育出版社 1999 年版。

［26］陈先达：《陈先达集》，今日中国出版社 1995 年版。

［27］邓晓芒：《新批判主义》，湖北教育出版社 2001 年版。

［28］俞吾金：《从康德到马克思——千年之交的哲学沉思》，广西师范大学出版社 2004 年版。

［29］罗竹风：《中国社会主义时期的宗教问题》，上海社会科学出版社 1998 年版。

［30］吕大吉：《宗教学通论新编》，中国社会科学出版社 1998 年版。

［31］吕大吉：《宗教学纲要》，高等教育出版社 2003 年版。

［32］张志刚：《宗教研究指要》，北京大学出版社 2005 年版。

［33］卓新平：《宗教理解》，社会科学文献出版社 1999 年版。

［34］龚学增：《社会主义与宗教》，宗教文化出版社 2003 年版。

［35］杨适：《人的解放——重读马克思》四川人民出版社 1996 年版。

［36］牟钟鉴：《宗教·文艺·民俗》，中国社会科学出版社 2005 年版。

［37］张云阁：《马克思思维方式论——马克思哲学与费尔巴哈哲学关系研究》，武汉大学出版社 2007 年版。

［38］陈荣富：《马克思主义宗教观研究》，四川人民出版社 2008 年版。

［39］王志军：《论马克思的宗教批判》，中国社会科学出版社 2007 年版。

二、论文

［1］张宪：《自由的存在与感恩——马克思人观与基督教人观之比较》，载卓新平、许志伟主编《基督宗教研究》第五辑，宗教文化出版社 2002 年版。

［2］张宪：《马克思的宗教批判与当代基督教人文主义》，《现代哲学》2005 年第 3 期。

［3］黄颂杰：《论西方哲学的宗教和神学之品性》，《哲学研究》

2000 年第 8 期。

[4] 邓晓芒：《论马克思对哲学的扬弃》，《学术月刊》2003 年第 3 期。

[5] 邹文文、邵腾：《宗教批判对马克思理论形成的作用》，《吉林大学学报》2004 年第 1 期。

[6] 王志军：《马克思思想宗教化的"趋势"及其批判》，《学术交流》2006 年第 3 期。

[7] 王志军：《论马克思的宗教批判与哲学变革》，《哲学研究》2006 年第 7 期。

[8] 王志军、刘玉东：《论马克思宗教批判的理论与现实意义》，《理论探讨》2004 年第 6 期。

[9] 王志军：《从马克思的宗教批判看其与基督教的联系及意义》，《现代哲学》2011 年第 2 期。

[10] 陈荣富：《对"宗教是人民鸦片的再认识"》，《马克思主义与现实》2004 年第 6 期。

[11] 徐长福：《马克思的宗教观及其省思》，《马克思主义哲学研究》2006 年第 1 期。

[12] 叔贵峰、郭嘤蔚：《对马克思宗教观的人性思考》，《科学社会主义》2006 年第 4 期。

[13] 叔贵峰：《三十年来马克思宗教理论研究的回顾与反思》，《马克思主义与现实》（双月刊）2009 年第 6 期。

[14] 刘春晓：《马克思的宗教批判与基督宗教的革命性》，《学术研究》2009 年第 11 期。

[15] 张守奎：《从上帝救赎到自我解放》，《内蒙古社会科学》2009 年第 4 期。

[16] 李士菊：《从宗教异化到劳动异化——青年马克思的宗教思想发展文本解读》，《河北师范大学学报》2009 年第 9 期。

[17] 李琳：《当代视域中马克思宗教观批判的方法论价值》，《湖南社会学院学报》2010 年第 4 期。

[18] 汤夺先、张利洁：《论马克思的宗教观》，《江南社会学院学报》2004 年第 1 期。

[19] 刘东英：《马克思的宗教批判及其对青年黑格尔派的超越》，

《新疆师范大学学报》2005 年第 4 期。

［20］李桂花、张敏：《马克思的宗教异化思想》，《西南民族大学学报》2008 年第 11 期。

［21］白刚、张荣艳：《马克思宗教批判的双重使命》，《社会科学研究》2006 年第 6 期。

［22］刘丽：《马克思宗教批判走向——把对宗教批判变成对资本主义社会的批判》，《兰州学刊》2006 年第 8 期。

［23］刘啸霆：《每一个人都应当有可能满足自己的宗教需要》，《理论探究》2008 年第 4 期。

［24］李晓敏：《浅析马克思的宗教批判理论在其思想体系中的地位》，《学术交流》2010 年第 6 期。

［25］王礼平、黄伟：《西美尔与马克思宗教社会观比较》，《复旦学报》（社会科学版）2002 年第 1 期。

［26］钟志东：《马克思宗教观演变的逻辑轨迹》，《江西社会科学》2011 年第 4 期。

［27］邵长虎：《马克思宗教批判理论的幸福旨归》，《内蒙古农业大学学报》（社会科学版）2011 年第 2 期。

［28］钟晓宏：《马克思宗教观的历史唯物主义性质思考》，《学理论》2011 年第 9 期。

［29］蒋叶俊：《马克思宗教批判的世俗化意义》，《中共四川省委党校学报》2011 年第 1 期。

［30］邹诗鹏：《马克思主义宗教思想之辨析》，《现代哲学》2011 年第 1 期。

［31］王文扬：《马克思与尼采的宗教批判初析》，《现代哲学》2009 年第 6 期。

第六章

马克思人学思想生成论研究

摘　要：随着中国社会的发展，越来越多的社会问题在过去几年显露出来。面对这些社会问题是僵硬地把这些问题的出现都归于马克思思想无用论和过时论，还是寻求一种对马克思思想的科学理解就成为当代现实对马克思思想的一种挑战。而回应这种挑战则必须以马克思的人学思想的发展作为起点。因此，必须以生成论视角来研究马克思的人学思想，把马克思的人学思想当作一个不断变化发展的动态体系。马克思人学思想生成论研究不仅是对马克思人学思想研究的一种科学的思维方式，更是对马克思人学思想与当代社会之间关系的一种有效的解读方式。本文便在占有大量资料的基础上，力图通过把马克思人学思想作为一种发展中的动态的事物进行研究，回到马克思当时的状态，想马克思当时所想，从而努力抓取马克思思想的哲学精髓。由此，笔者以马克思立足于现实的人，对现实的人的发展的关注为逻辑路向，以马克思在不同时段对人的不同理解为逻辑主线，揭示了马克思对人的观点经由自由理性人和"现实的人"的路径发展最终找到了现实的个人，并在现实的个人的基础上，构建起了他致力终身所追求的目标——人的自由而全面的发展的现实可能性。对现实的人及其发展的关注同时也是解决当代性问题与马克思思想的错位的关键。但是马克思的人学思想不是纸上谈兵，只有发展马克思人学思想，把马克思人学思想现代化与现实化，马克思的思想才能永远闪耀着真理的光芒。

关键词：马克思；现实的人；人学思想；发展

一　理性的人：马克思人学思想的出场路径

任何理论的产生背后都是现实的变化与发展。在英国和法国等国家的资本主义工业飞速发展的时候，同在欧洲的德国也不可避免地受到了现实的冲击，德国古典哲学的发展就是在科技和工业影响下所带来的人的重新崛起。如果说康德开启了近代哲学思维方式的人学转向的话，黑格尔则通过理性精神构建起的人的现实世界深深影响了当时的德国。"在1830到1840年这个时期，'黑格尔主义'的独占统治达到了顶点，它甚至或多或少地感染了自己的敌人。"① 黑格尔哲学的浓厚氛围使得来到柏林不久的马克思彻底地震惊了，遥远的仙宫王国带着他对神的最初的敬畏全都被毁于一旦，柏林大学的生活使他重新回到了现实，并不得不把自己所憎恶的观点即黑格尔的观点变成自己的偶像。对于当时没有哲学就不能前进的马克思来说，"帷幕已经降下来了，我最神圣的东西已经毁了，必须把新的神安置进去。我从理想主义——顺便提一提，我曾拿它同康德和费希特的理想主义比较，并且从其中吸取营养，——转而向现实本身去寻求思想。如果说神先前是超脱尘世的，那么现在它们已经成为尘世的中心"②。在这过程中马克思深深地感觉到了黑格尔哲学体系的博大精深，但他并没有对黑格尔盲目崇拜，他带着审视和批判现实的人的问题的目光投入黑格尔用理性筑起的世界当中，从而揭开了他关于人的问题的研究的出场序幕。

（一）自由的理性人：基于自我意识基础上对人的思考

人的问题是马克思一直关注的重点，他关注着现实的人的生活。在他看来德国人民正在经历着最大的苦难，要想解决现实的人及其发展的问题首先在于重新认识人，把人从神的奴仆的位置上拉下来。黑格尔注重人的理性，他把人的理性无限扩大并客观化为绝对精神，从而把人虚幻为只是理性本身自我实现的工具和手段。马克思吸收了黑格尔理性人的看法，但是从一开始他就强调应该关注的是黑格尔见解背后隐藏着的秘密意向。他积极参加具有批判精神的青年黑格尔派的博士俱乐部，并因此结识了该派的代表人物布鲁诺·鲍威尔，受他影响接受了青年黑格尔派对黑格尔哲学的自我意识解读，用自我意识来对抗宗教和神的存在。马克思撰写的博士论文《论德谟克利特的自然哲学和伊壁鸠鲁的自然哲学的差别》便是以自我意识为主导的，他从一开始就不同于黑格尔和鲍威尔，在对人与现实的问题上，马克思批判黑格尔对德谟克利特唯物主义的敌视，同时他也不

---

① 《马克思恩格斯全集》第4卷，人民出版社1958年版，第216页。
② 《马克思恩格斯全集》第40卷，人民出版社1982年版，第14—15页。

认同鲍威尔等人远离现实的费希特主观唯心主义转向。他主张人的自我意识与外界的统一，使他在对现实的人及其发展的思考的道路上迈出了他蜕变的第一步。

1. 自我意识的理性本质：不做神的奴仆

黑格尔对人的看法是从现实的国家所引申出来的抽象的人，马克思吸收了他的这种观点。他反对黑格尔运用无人身的理性把人和人的活动理解为绝对精神的实现环节的存在。因为在黑格尔那里，人和人的活动不过是理性自我实现的工具和结果，所以，不论现实生活中的人是怎样的，都是作为绝对精神的理性存在的。马克思则希望改变现实的人的生活现状，他不赞同把人作为绝对精神的工具，而是强调突出人的本质即自我意识的作用，认为人的自我意识是在其历史性发展中实现人的个体性发展的，是自由的理性普遍精神的个体体现，是个体相对于整体的更为独立的意义。

在马克思看来，自我意识不是一直以理性出现的，宗教就是自我意识的异化，是非理性的自我意识。宗教的存在是不利于人类发展的，而解除这种非理性的自我意识使人不再做神的奴仆，就需要把哲学中的理性转化为个别的自我意识来提醒与告知世人。所以马克思强调哲学世界化，即哲学把握了整个世界以后就必须起来反对世俗的现实宗教世界，恢复人本身的理性自我意识。

2. 自我意识的自由本性：定在中的自由

黑格尔曾把人看作精神存在物，并把自由当作人的本质。他认为唯有人作为有思想的动物，才能凌驾于冲动之上，才能作为完全无规定的东西，也才能自由。马克思赞成黑格尔把自由当作人的本性追求，自由不仅作为时代精神被人们所追求，更是作为自我意识的本性为人所探寻和追求。但是他认为黑格尔由于"唯心主义者忍受不了唯物主义的精神"[1]，从而使他本身并不能很好地正视伊壁鸠鲁的自我意识哲学。在马克思看来，伊壁鸠鲁是最伟大的希腊启蒙思想家，通过对伊壁鸠鲁原子论哲学黑格尔式的解读，他阐明了自我意识的自由本性。

近代的哲学家总是把伊壁鸠鲁的哲学当作德谟克利特哲学的翻版修改，对此马克思持否定的态度。在他看来，伊壁鸠鲁哲学对德谟克利特哲

---

[1]《列宁全集》第38卷，人民出版社1959年版，第294页。

学来说是创造性的发展,最为出彩的地方就在于把原子从德谟克利特的必然性中拯救了出来,强调原子运动的偶然性来对抗作为命运的束缚的必然性。但是他不同意伊壁鸠鲁把自由看成脱离外界的自我意识的宁静,而是强调自我意识与外界的统一,提出了自由的关系范畴——"定在中的自由"。马克思认为自由是个实现的过程,在伊壁鸠鲁承认原子的直线运动基础上,他还赋予原子以能动性提出原子的偏斜运动,认为原子的偏离直线运动是对直线运动的必然性、被动性的否定,是让原子从自己的相对定在中解放出来。他指出"原子既被假定为抽象的、个别的和完成的东西,就不能把自己显示为将这种多样性理想化并且贯穿在其中的力量"[①],只有把自我意识从欲望的力量和纯粹自然的力量的相对定在中解放出来,人才能自由。

在马克思看来,给黑格尔哲学穿上自我意识的外衣不是要抛弃它的理性和辩证内容,而是为了赋予它主观的形式同现实的关系。这正是马克思一开始背离黑格尔的地方,也是他超越黑格尔和鲍威尔等人的地方。但也因为这时的他在对人的看法上主要还是一个黑格尔式的唯心主义者,所以自由的理性人在面对现实时不可能在马克思的思想中留存很久。

(二) 非理性的存在:揭露普鲁士的非人性国家

马克思对人的探讨不外是要从人的观点出发,用人的眼光来批判和抨击普鲁士国家现存的封建制度。在他看来,自我意识的任务和它的首要武器就是实践即哲学批判,他指出,只有通过这种哲学批判揭示出与自我意识的自由发展相对立的一切力量和观念,人的理性和自由性质才能彰显。在对待国家的问题上,马克思对黑格尔再次超越,虽然继承了黑格尔把国家看作理性自由的实现的观点,但他否定了现存即合理的观点,突破了黑格尔国家观的现实解释性。通过对国家的现实思考,他指出"哲学所要求的国家是符合人性的国家"[②],"不实现理性自由的国家就是坏的国家"[③],就是非人性的国家。因此,他重新回归现实,对一系列现实社会问题进行非理性存在的分析,揭露出封建专制制度的普鲁士国家不符合国

[①] 《马克思恩格斯全集》第40卷,人民出版社1982年版,第228页。

[②] 《马克思恩格斯全集》第1卷,人民出版社1956年版,第126页。

[③] 同上书,第127页。

家的概念，不是作为真正的人性国家的体现，而是作为非人性国家的存在。

与英法等国相比，德国资本主义的工业发展是十分缓慢的，不过德国的哲学尤其是黑格尔哲学已经迈入了资本主义时代。但因德国资产阶级本身实力发展的不足，所以代表资产阶级的黑格尔哲学面对现实又是十分软弱的，不能否认这时的马克思也是处于资产阶级立场的，但对现实的人及其发展的关注使他对普鲁士的封建专制制度的批判是坚持而决绝的。《评普鲁士最近的书报检查令》是马克思政论文章的第一篇，虽然还披着唯心主义的哲学外衣，但其泼辣笔锋直指普鲁士专制制度的非人性。他认为"国家应该是政治的和法的理性的实现"[1]。但在现实的普鲁士国家中，法和政治却表现为非理性的存在。

究竟是什么使得政治与法都成为这种非理性的存在？为什么国家能这样无所顾虑地表现私人利益？黑格尔的唯心主义国家观在这里坍塌瓦解了，《摩塞尔记者的辩护》让马克思离真理更近了一步，发现了客观关系的存在。他指出："在研究国家生活现象时，很容易走入歧途，即忽视各种关系的客观本性，而用当事人的意志来解释一切。但是存在着这样一些关系，这些关系决定私人和个别政权代表者的行动，而且就像呼吸一样地不以他们为转移。只要一开始就站在这种客观立场上，就不会忽此忽彼地去寻找善意或恶意，而会在初看起来似乎只有人在活动的地方看到客观关系的作用。"[2] 这种作用的发现是天才的联想，虽然这时的马克思并没有把粗鄙的物质利益当作问题的核心看待，但是无论现在多么微弱，它成长壮大的力量定如燎原之火。

《莱茵报》时期马克思积极地实践着黑格尔的国家观，他用黑格尔的自由理性人来驳斥现存的一切非理性的存在。正像马克思自己总结的一样，必须承认的是"德国的破坏性批判，在以费尔巴哈为代表对现实的人进行考察之前，力图用自我意识的原则来铲除一切确定的现存的东西"[3]。这种揭露是具有重大进步意义的，但由于它具有唯心主义性质，最终使得马克思消极地叛离了黑格尔的国家观，他看到了抽象的人背后的

---

[1] 《马克思恩格斯全集》第1卷，人民出版社1956年版，第14页。
[2] 同上书，第216页。
[3] 《马克思恩格斯全集》第2卷，人民出版社1957年版，第48页。

具体，意识到自由的理性人的不普遍自由和不普遍理性，就算政治与法甚至是国家都是理性的，但是人从来就不仅是理性的存在。马克思倒向了费尔巴哈的感性存在，但是已经开启的关于物质利益研究的经济学大门使得他从一开始就已经不再是一个纯粹的感性存在者，他的人不仅有血有肉，还有社会灵魂。

（三）理性的人不自由：对理性的人的批判与改造

马克思接受黑格尔的理性人也是为了给现实的人及其发展寻找一条理想美好的出路，但是现实告诉他自由的理性人最终并不能带给人们真正的自由，那抽象的政治生活自由就算是存在的，也只是将自由推向了彼岸的世界，现实的人的生活依然是不自由的。这个苦恼的问题狠狠地折磨着马克思，为了解决使他苦恼的疑问，他在克罗茨纳赫时期开始了他对自由理性人的批判性分析。

马克思认识到抽象的理性人不是现实的人的存在，即使人们在抽象的思维意识中获得了平等与自由，现实生活中人们仍被非政治的物质紧紧地束缚和压迫着。他描绘一个工人，在政治国家中，他作为一个公民享有法律给予的形式上的平等权利；而在市民社会中，他却一无所有。工人政治上的平等权利和现实中的一无所有构成了一幅对比强烈的讽刺图画，由此马克思强调应该关注根源于物质生活关系的人即市民社会，认为市民社会是国家存在的基础，他转而批判黑格尔把"理念变成了独立的主体，而家庭和市民社会对国家的现实关系变成了理念所具有的想象的内部活动。实际上，家庭和市民社会是国家的前提，他们才是真正的活动者；而思辨的思维却把这一切头足倒置"[①]。他指出"理解人类历史发展过程的钥匙，不应当到黑格尔描绘成'大厦之顶'的国家中去寻找，而应该到黑格尔所鄙视的'市民社会'中去寻找"[②]。

"市民社会"的发现是马克思清算黑格尔影响的第一步，也是超越费尔巴哈的坚实基础。费尔巴哈自以为把黑格尔颠倒的主语和宾语置换就能得到真理，但是对天才的马克思来说，虽然这时的他已经被费尔巴哈的唯物主义力量所吸引，但是他并没有像费尔巴哈一样"突破了黑格尔的体

---

① 《马克思恩格斯全集》第 1 卷，人民出版社 1957 年版，第 250—251 页。
② 《马克思恩格斯全集》第 16 卷，人民出版社 1964 年版，第 409 页。

系，并且干脆把它抛在一旁"。对他来说，"仅仅宣布一种哲学是错误的，还制服不了这种哲学。像对民族的精神发展有过如此巨大影响的黑格尔哲学这样的伟大创作，是不能用干脆置之不理的办法加以消除的。必须从它的本来意义上'扬弃'它，就是说，要批判地消灭它的形式，但是要救出通过这个形式获得的新内容"[1]。首先，他颠倒了黑格尔的思维与存在的关系，否定了思维的第一性，重新突出存在的主体地位。最后，他批判地指出自我意识不是人的本质存在，并站在感性存在的人的角度，改造了黑格尔的精神劳动，指出劳动是作为人的本质存在，他认为黑格尔没有赋予劳动以物质关系，他指出在现实生活中，劳动是物质生产劳动，是作为人的本质的现实体现。

基于黑格尔哲学的自由理性人的批判与改造，是马克思对黑格尔哲学深刻的吸收与认识。他通过现实与理性的碰撞，真正地认识了黑格尔哲学，指出黑格尔哲学是现实的因果颠倒，他通过对思维与存在位置的重新置换，透过费尔巴哈的感性存在来改造黑格尔哲学。但黑格尔哲学是近代哲学史的伟大巨作，真正地消化理解它并不是容易的事，这时的马克思必然要经历一个黑格尔式的费尔巴哈阶段来推进他对人的正确认识。

二 异化的人：马克思人学思想的推进路径

马克思已经认识到青年黑格尔派建立在自我意识基础上的人是一种抽象的人和抽象的自由，它并不能使现实的人获得真正的自由和幸福。渴望改变现实的人的命运的马克思在费尔巴哈的影响下，转向现实认为德国的宗教批判的思辨领域革命已经结束，现实的人的解放才是真正的解放。他赞同费尔巴哈对宗教本质的叙述，批判地指出黑格尔哲学只是形式地解决了宗教所设置的人与上帝的矛盾，实质上只是把上帝别名为绝对精神而已，强调只有颠倒主语和宾语，在感性存在的基础上才能达到对人的真正认识。他没有采用费尔巴哈的爱的宗教真谛去达成人的类本质，而是把宗教定义为"是还没有获得自身或已经再度丧失自身的人的自我意识和自我感觉"[2]。在马克思看来，费尔巴哈虽然找到了宗教的二重化世界即宗

---

[1] 《马克思恩格斯全集》第21卷，人民出版社1965年版，314页。

[2] 《马克思恩格斯选集》第1卷，人民出版社1995年版，第1页。

教的世界和现实的世界,但他并没有认识到使自我与自我本质分裂的根本原因在于世俗世界的自我分裂和自我矛盾。所以马克思转向对现实的人及其发展的关注,期望在世俗世界的分裂中找寻人的秘密。

(一)"现实的人":基于感性存在基础上对人的思考

对于费尔巴哈来说,自然的感性存在的人即现实的人才是人的本质存在,他把黑格尔的只存在于主体的思辨逻辑里的世界又活生生地搬到了人的眼前。不过也因为他的人是从宗教的本质里还原归来的人,所以对费尔巴哈来说,他的人从一开始便停留在了历史和社会之外,是作为一个从属于自然的存在物而存在。可以想象对于一直想要批判现实,改变贫苦的现实的人的生活现状的马克思来说,这样的人实在是过多地强调自然而过少地关心政治了。面对现实的无力感使得马克思循着对黑格尔哲学的批判与改造,扩展了费尔巴哈的感性存在的观点,对人进行了重新的思考。

1. 人是对象性的自然存在物

马克思承接了费尔巴哈把人从天堂落到人间的看法。他在《1844年经济学哲学手稿》(以下简称《手稿》)中便直接强调我们关注的人不应该是抽象的人,而应该是"现实的、肉体的、站在坚实的呈圆形的地球上呼出和吸入一切自然力的人"[①],是有自然力和生命力的人,是自然的、肉体的、感性的、对象性的统一的存在物。他继承了费尔巴哈对人的自然解读,同时也扩展了费尔巴哈对人的自然解读。这时的他虽然十分崇拜费尔巴哈,但是骨子里对现实的关注已经使他背离并超越了费尔巴哈。

他批判费尔巴哈诉诸直观仅仅看到了人从属于自然,受到自然界的制约和限制,所以在他眼中的人只能消极地适应自然界。继承了黑格尔和英国古典经济学家关于劳动积极性的看法的马克思,回归到现实的维度看到了人对自然界的积极性改造。在他看来,人因为作为对象性的、受动的存在物,所以人必须是一个有激情的存在物,这种激情、热情是人强烈追求自己的对象的本质力量。把人看作能动性与受动性的统一的马克思,强调自然和人类社会都是通过人的劳动而生成的存在。这也就间接地指出了人与动物的本质不同之处在于动物只能消极地适应自然,而人能积极地改造

[①] 马克思:《1844年经济学哲学手稿》,人民出版社2000年版,第105页。

自然，所以人的本质在于人是自由的有意识的劳动的存在物。

2. 人是自由的有意识的劳动的存在物

对马克思来说，人直接是自然存在物，"但人又不仅仅是自然存在物，而且是人的自然存在物，就是说，是自为地存在着的存在物，因而是类存在物"①。在这里他虽然沿用了费尔巴哈的类存在的术语，却赋予了它与众不同的内容，即人是自由的有意识的劳动的存在物。费尔巴哈虽然也强调类存在，但他的类存在仅仅是人与人自然关系之间的存在，是被抽象了的自然存在，而马克思则从社会现实出发，寻找到了他超越费尔巴哈人本思想的起点。

正像恩格斯在总结哲学史上的各种思想交替时提出的推动哲学家前进的绝不是纯粹思想的力量，而是自然科学和工业的强大进步一样，马克思从一开始就没有仅从哲学的角度思考问题，他考虑到了现实发展的经济因素，力图通过经济学和哲学双重路径来解决社会存在的现实问题。他从国民经济学的各个前提出发，批判地继承了黑格尔把人看作自我产生的过程的观点，反对黑格尔只把劳动当作抽象的精神的劳动，认为自由的有意识的现实的劳动才是人的本质。马克思反对只把人作为从上帝那里引进过来的，带有神学光环的"人"，强调人是一种把整个世界作为对象能动地生产的真实存在。"诚然，动物也生产。它为自己营造巢穴或住所，如蜜蜂、海狸、蚂蚁等。但是，动物只生产它自己或它的幼崽所直接需要的东西；动物的生产是片面的，而人的生产是全面的；动物只是在直接的肉体需要的支配下生产，而人甚至不受肉体需要的影响也进行生产；动物只生产自身，而人再生产整个自然界。动物的产品直接属于它的肉体，而人则自由地面对自己的产品。动物只是按照它所属的那个种的尺度和需要来构造，而人懂得按照任何一个种的尺度来进行生产，并且懂得处处都把内在的尺度运用于对象。"② 由此可以看出，马克思通过对比直接地指出人的类生活因有意识的劳动而与动物的种生活不同。

这种把劳动作为人的本质的分析是对当时异化的人的十分深刻的认识，是基于现实的基础的分析，是马克思这个时期人学思想所取得的重要成就，推进了马克思在研究人的问题的方面的进展，不过因为这种对人的本质的分析只是人的预先存在的分析，终究归于抽象，而对人的社会性的

---

① 马克思：《1844年经济学哲学手稿》，人民出版社2000年版，第107页。

② 同上书，第57—58页。

研究也只是简单地接触并停留在对一般的社会性的分析上，没有真正进入社会历史中。

（二）人的异化：抨击资本主义社会中人的现实生存状况

对人的思考归根结底是为了批判现实社会中的人的生存状况，寻找能够解决这种悲惨的境遇的方法。以此为目的，马克思循着费尔巴哈继承黑格尔所产生的异化路径，开始了他用异化思想批判现实的发展历程，从一开始对国家、法、宗教的异化问题的批判到最后转向对劳动异化的批判。他基于人本复归逻辑，认为人本身的实现只能依靠人的完全丧失来获得人的完全恢复。这种完全丧失是人类社会的必经阶段，只有经历了完全丧失，人才能获得完全的恢复。

如果说"中世纪的俗语'没有无主的土地'"表明了在封建领主制下的人已经被部分地异化了的话，那么"现代俗语'金钱没有主人'"则展现了在资本主义的现实社会里"死的物质对人的完全统治"，即人已经成为了人的完全丧失的非人的存在。马克思指出只有最为苦难、最受压迫的被视为整个社会中昭彰的罪恶的无产阶级才能完成人由人的完全丧失向人自身的完全恢复。这种人的完全恢复不仅是建立在哲学的基础上的，更是建立在现实的物质基础上。马克思不同于费尔巴哈把对人的恢复仅仅停留在哲学层面上，他在分析人的时候便已经把有意识的劳动作为人的本质。在他看来，以往的国民经济学家只看到了劳动的积极方面而没有注意到劳动的消极方面，没有关注劳动者和他们的生存境遇，看不到资本主义社会中劳动者的悲惨和痛苦。马克思正是透过现实社会生活中的劳动者的劳动消极性即异化劳动的研究，强调资本主义社会中无产者的"人的完全丧失"的状态，并以此来抨击资本主义社会的残酷现实。

1. 全面异化：物对人的普遍统治

"人就是人的世界，就是国家，社会。"[①] 人是社会的存在物，而社会也是以人为尺度存在的。社会是由人生产的，人是怎样的也就决定着人的社会联系是怎样的，从而也必然地规定着社会到底是怎样的。在《詹姆斯·穆勒〈政治经济学原理〉一书摘要》中，马克思提到国民经济学家

---

① 《马克思恩格斯选集》第 1 卷，人民出版社 1995 年版，第 1 页。

对交换和贸易的分析正是对人的本质的补充。他认为在私有财产的前提下，人同人的关系已经表现为物与物交换的关系。"过去表现为个人对个人的统治的东西，现在则是物对个人、产品对生产者的普遍统治。"① 人作为私有者成为物，人同人之间的联系成为物与物之间的交换关系，社会也不再以人为尺度，而是以物作为尺度，社会成为了"非社会"。到此所有人都被物异化了，人的本质已经完全被物所遮蔽。

马克思虽然认同了所有人的异化，但是他认为关键的异化不在这里，而在于劳动者身上。所以，他从工资、地租、资本三方面分析得出整个社会必然被分化为两个阶级，即极少数的有产者阶级和绝大多数的无产阶级。他看到了现实生活中的绝大多数的无产者即劳动者的苦难，强调指出资本家和劳动者的异化是不相同的。在他看来，资本家并不是这个社会的受害者，而是这个社会的得利者。资本家虽然也被物所统治，但他是被满足的一方，是不能同劳动者所受的残害程度相提并论的。而劳动者则完全不同，他们经历着这个社会的最为沉重的苦难和压迫，他们的本质被完全异化了。只有他们本质的复归才是人的即社会的真正复归。

2. 异化劳动：劳动者的"人的完全丧失"

异化劳动分析是建立在劳动者基础上的分析，马克思从最直接、最容易感触到的客观的经济事实出发——辛辣地指出："工人生产的财富越多，他的产品的力量和数量越大，他就越贫穷。工人创造的商品越多，他就越变成廉价的商品。物的世界的增值同人的世界的贬值成正比"②，揭示了异化劳动的四个方面，即物的异化；人的自我异化；人的类本质同人相异化；以及人同人相异化。他通过对劳动异化的这四个表现的描述由表及里地证明了资本主义社会中劳动者的"人的完全丧失"的状态。

物的异化衍生为人的自我异化，从而更进一步发展为人的类本质同人相异化。这种类本质的异化是人的本质的完全丧失的开始，它导致的直接结果便是人同人相异化。劳动者通过异化劳动不仅生产出了对劳动生疏的、站在劳动之外的资本家，同时也生产出了资本家和这个劳动的关系，即私有财产。马克思嘲讽国民经济学把私有财产的主体本质归结为劳动，在他看来，把劳动作为私有财产的本质是对劳动的遮蔽，它实现的是对人

---

① 马克思：《1844年经济学哲学手稿》，人民出版社2000年版，第176页。
② 同上书，第51页。

的彻底否定。劳动在工业现实中支离破碎了，私有财产作为工业资本完成了它对人的最普遍的统治。而只有在这个最高、最后的阶段才暴露的秘密——私有财产是异化劳动的结果，也已经重新凸显在世人的面前。因此，劳动者的"人的完全丧失"在这里完成了。劳动者的本质在这个资本主义社会中完全丧失了，人成为了非人的存在，经历着畸形、苦难、屈辱、被支配和退化。只有进入共产主义社会里，人才是真正的人，社会才是真正的社会。

对资本主义异化劳动的批判是马克思基于当时的社会现实的基础上的批判，鲜明地指出了社会的两大阶级的对立，是对资本主义社会的强有力的抨击。并且他的这种分析是在英国古典经济学基础上的分析，是他迈向历史唯物史观的伏笔。不过因为这时的马克思还主要沿用费尔巴哈的异化复归的逻辑思路和方法，所以对事物的分析更倾向于结果的道德评价。虽然他也对异化劳动的产生原因进行了分析，但是由于他没有真正地了解生产力和生产关系，所以他必然陷入了无路可达的境地。

（三）"现实的人"不现实：对异化的人的批判与超越

马克思是崇拜费尔巴哈的，但他从一开始便已经不再是一个纯粹的费尔巴哈派了，他接受了费尔巴哈的影响，同时又不断地改造和超越着费尔巴哈。也正是这些突破和改造给马克思走向历史唯物史观铺平了道路。在1845年初所撰写的《关于费尔巴哈的提纲》（以下简称《提纲》）便是针对异化的人所作的全面批判。对异化的人的研究的时期是马克思人学思想发展的推进时期。这个时期马克思的异化思想研究是建立在他始终对现实社会中的人的关注的基础上的，是对人的研究的进一步肯定和发展。马克思在《手稿》中对异化的人的分析是潜藏在两种思维逻辑交互影响之下的。一种是他把目光回归现实，在英国古典经济学的基础上把劳动作为人的本质，把人的异化作为一种人类发展的历史过程，从而着眼于分析劳动中形成的客观关系——人与自然、人与人的关系的历史唯物逻辑；另一种是他着眼于人自身，通过对人是什么和现实社会中的人是怎样的了解，他所运用的期望非人向人们复归的人—非人—人的虚构的三段式逻辑。这两种矛盾的逻辑致使这个时期的马克思的现实的"异化的人"的不现实。

1. 人的本质的不现实

马克思对人的分析是以现实为原则的，他对人的认识不再仅仅局限于人本主义，而是突破性地跳到了历史唯物主义的脉络下。但因他还没有形成正确的唯物史观，所以在他眼中的人的现实在他的思想中、文本中就变得不现实起来。这种不现实表现在：马克思把自由的有意识的劳动作为人的本质，但这种本质的分析使得人在这里再次地不现实起来。因为这里的劳动是一种先验的初始规定。这种现实的初始规定性虽然较自我意识的抽象规定性前进了一步，但是在这里人依然是远离历史和现实的、立于云霄之上的存在，即作为抽象、直观和孤立的一般的人的存在。与此同时，马克思虽然把劳动作为人与动物相区分的根本标志是对人的正确理解，但是人的本质与人性是不相同的，劳动是人的根本属性，是停留在历史之外的属性。人的本质在于人的现实的社会性，这种社会性绝不停留在人的自然性与一般社会性即个人在社会中的生活关系上，而是强调任何人都没有办法离开社会而生存，从而达成了对类与个体的真正理解。

此时的马克思已经完全抛弃了当初对人与动物的区别的理解，他认识到自我的社会基础。为了真正地完成对人的本质的分析，马克思再次将目光投注到了历史和现实中，他认为从前的一切唯物主义之所以不能正确地理解人的本质，就在于他们没有把人当作感性活动的人，即实践的人去理解。人作为有血有肉的存在是活在现实的社会中的，他不是一般的、预先规定的存在，他是继承于历史，活在当下的存在；他是时刻活动着改变着的存在；他同任何人一样都不能离开社会也没有可能离开社会生活。所以马克思强调"人的本质不是单个人所固有的抽象物，在其现实性上，它是一切社会关系的总和"[①]。

2. 人的复归的不现实

马克思对异化劳动的批判是站在对未来展望的理想上的，他对资本主义社会中的非人存在的批判是为了引导人们过渡到共产主义社会中。并且他还给人们提供了向共产主义过渡的方式——对私有财产的扬弃即对人的自我异化的扬弃。在马克思看来，"对私有财产的积极的扬弃，作为对人的生命的占有，是对一切私有财产的积极的扬弃，从而是人从宗教、家庭、国家等等向自己的人的存在即社会的存在的复归"[②]。由此他强调共产主义的到来必须要借助于人的实践的力量来解决。这时的马克思关于共

[①] 《马克思恩格斯选集》第1卷，人民出版社1995年版，第60页。
[②] 马克思：《1844年经济学哲学手稿》，人民出版社2000年版，第82页。

产主义的展望是美好并具有前瞻意义的，但仅仅使人本复归的逻辑具有实践的力量并不能够解决问题，因为他的这种展望是建立在人本复归逻辑上的，所以必然使得人的复归变得不现实起来。这种不现实表现在：马克思建立了以固定不变的东西作为人的本质，并把本质的异化作为历史发展的必然过程，实现从人—非人，再由非人—人的人本复归图谱的演示。虽然他对资本主义社会中的人的现实生存状况进行了严厉的抨击与批判，但由于他的分析立脚点是市民社会，是通过透视存在于市民社会中的政治经济现实所作的一种抽象的直观批判，这种分析的本质依然是一种感性的直观。因此，当时的共产主义必然是一种悲观、被动和无路前进的共产主义。

马克思要的一直都是改变世界，而不只是解释世界。批判过后的他看清了人本复归逻辑的保守之处，在他看来，"社会生活在本质上是实践的。凡是把理论导致神秘主义的神秘的东西，都能在人的实践中以及对这个实践的理解中得到合理的解决"①。因此，马克思转向物质实践，再次起航去追寻现实的个人以完成对人的美好的追寻。

三 自由而全面发展的人：马克思人学思想的理论旨归

人的自由而全面发展是人们共同追寻的关于人的古老话题。对自由而全面发展的人的生成问题的研究也同样贯穿了马克思的一生。早在中学时期，马克思就立下了为人类的幸福和自身的完美而奋斗的宏伟志向。他在中学毕业论文《青年在选择职业时的考虑》一文中曾这样写道："历史承认那些为共同目标劳动因而自己变得高尚的人是伟大的人物；经验赞美那些为大多数人带来幸福的人是最幸福的人；宗教本身也教诲我们，人人敬仰的理想人物，就曾为人类牺牲了自己——有谁敢否定这类教诲呢？如果我们选择了最能为人类福利而劳动的职业，那么，重担就不能把我们压倒，因为这是为大家而献身；那时我们所感到的就不是可怜的、有限的、自私的乐趣，我们的幸福将属于千百万人，我们的事业将默默地，但是永

---

① 《马克思恩格斯选集》第1卷，人民出版社1995年版，第60页。

恒发挥作用地存在下去，而面对我们的骨灰，高尚的人们将洒下热泪。"①这宏大的志愿使得马克思一直把现实的人的命运扛负在自己身上，让他比任何人都更具有革命倾向。也致使他在对待现实的人的自由而全面的发展的问题时，必然地超越了"偏离的原子"和"人性的复归"。在他看来，思辨终止的地方就是现实生活的面前，他把现实的个人作为前提，指出现实的个人是以一定的物质资料生产为基础的，同样人的自由而全面发展也必然要以现实的物质资料的生产方式为基础。因此他抛弃了直观的、思辨的异化批判路径转去找寻异化现象产生背后的历史现实根源，在现实的个人基础上开拓出自由而全面发展的人的建构之路。

（一）现实的个人：基于物质实践基础上对人的思考

对马克思来说，对人的正确认识是改变现实的人的生活，实现人的自由而全面发展的前提。那到底人是什么？德国古典哲学家们把人仅仅作为思想领域中的抽象的人的存在，因而没有真正地认识现实生活中的人。"要使我们的思想，尤其是要使我们的'人'成为某种真实的东西，我们就必须从经验主义和唯物主义出发；我们必须从个别物中引申出普遍物，而不要从本身中或者像黑格尔那样从虚无中去引申。"② 因此马克思才真正地认识了现实生活中的人，他清算了德国古典哲学以哲学反注历史和现实的人的思辨错误，批判地指出现实的人既不是施蒂纳的无条件的绝对自由的"唯一者"，也不是费尔巴哈式的离开社会而存在的抽象的人类个体，"而是在一定的物质的、不受他们任意支配的界限、前提和条件下活动着的""现实中的个人"③。他从物质实践的基础出发，用一种历史的真实关系来重新审视人，并且着重强调"我们开始要谈的前提不是任意提出的，不是教条，而是一些只有在想象中才能撇开的现实前提。这是一些现实的个人，是他们的活动和他们的物质生活条件，包括他们已有的和由他们自己活动创造出来的物质生活条件"④。

---

① 《马克思恩格斯全集》第40卷，人民出版社1982年版，第7页。
② 《马克思恩格斯全集》第27卷，人民出版社1972年版，第13页。
③ 马克思：《德意志意识形态》，人民出版社2003年版，第16页。
④ 同上书，第10—11页。

1. 现实的个人在本质上是社会性的存在

扬弃了黑格尔的理性的人和费尔巴哈的感性存在的人,人作为有血有肉的、从事实际活动的存在而被马克思重新解读。在他看来,人只有在物质实践的基础上才获得了人自身生存的现实可能性和本质规定性,因而人才成为人。"一当人开始生产自己的生活资料,即迈出他们肉体组织所决定的这一步的时候,人本身就开始把自己和动物区别开来。"① 也正是这种物质生产使得人从一开始就不是作为自然附属的存在,而是作为社会性存在屹立于人类的历史中。

现实的个人作为社会中具体的、特殊的、不断变化着人是复杂的与变化的存在,但是马克思意识到不能因为这种过于复杂的和变化的种种规定而忘记了人的本质的差别。在他看来,黑格尔与费尔巴哈的人的本质都是精神抽象的虚幻本质,因为无论黑格尔的自我意识本质还是费尔巴哈那些亲子之情、男女之爱、友谊等美好的感情本质,都是被以物质实践为基础的社会生活决定的并且在其中形成的。马克思强调现实的个人在本质上是社会的产物,各个人借以进行生产的社会关系的总和构成了人的本质,即"个人是什么样的,这取决于他们进行生产的物质条件"②。社会作为现实的人类社会,也已经不再是费尔巴哈所想象的单个人的简单集合,而是现实的个人彼此发生的那些联系和关系的总和。同样人作为个体也不再是费尔巴哈所想象的抽象存在,而是在社会生活中结合起来的历史的现实的具体的人。

2. 现实的个人是在历史活动中生成的

基于物质实践的视野,马克思否定德国古典哲学用后来阶段的一般化的个人强加于先前阶段的个人来对历史的现实存在的人进行曲解,强调现实的个人只能从纯粹的经验的方法出发来确认。他批判地指出:"当费尔巴哈是一个唯物主义者的时候,历史在他的视野之外;当他去探讨历史的时候,他不是一个唯物主义者。在他那里唯物主义和历史是彼此完全脱离的。"③ 因此,他从没有任何前提的德国人出发,经验地阐述到现实的个人是具体的历史的存在。

---

① 马克思:《德意志意识形态》,人民出版社 2003 年版,第 11 页。
② 同上书,第 12 页。
③ 同上书,第 22 页。

马克思分析现实的个人的生成性,他指出现实的个人是在人类历史实践中生成的,并且这种生成不是杂乱无章的,而是具体有序的,它包含了五个初始的人的历史实践。为满足自己的生活需要而进行的生活资料的生产是人类历史的第一个前提,也是现实的个人能够生活从而成为人的首要实践。现实的个人在满足第一个需要的同时又引起的新的需要而进行的历史活动是第二个历史实践活动,它是为了满足人的发展所进行的实践。第三个历史实践活动人的生产是基于前两种历史实践活动而同时进行着的活动。这三个历史实践活动为人的延续发展提供了充足的动力,但是人不仅是为延续而存在,人之所以成为人还在于前三个历史实践活动联合致使第四个历史实践活动的产生即社会关系的生产的实现。"生活的生产——无论是自己生活的生产(通过劳动)或是他人生活的生产(通过生育)——立即表现为双重关系:一方面是自然关系,另一方面是社会关系;社会关系的含义是指许多个人的合作,至于这种合作是在什么条件下、用什么方式和为了什么目的进行的,则是无关紧要的。"[1] 然后"我们才发现,人还具有'意识'"[2]。而意识一开始就不是作为"纯粹的"意识而存在。它初始就是现实的个人在生产活动中由于交往的迫切需要而生成的产物,是作为反映现实的社会关系的存在。到此,历史的五个实践活动已经进行到一个阶段,即人作为感性活动的、有血有肉的还有意识的现实的个人在历史活动中才正式生成了。所以人作为历史主体,每个现实的个人和每一代所遇到的生产力、资金和社会交往形式的总和都必然是前一代人所生产的结果。而人要想成为现实的个人,就只能存在于历史的生成尺度中。

马克思基于物质实践正确地认识了社会生活中的现实的个人。但是对人的正确认识仅仅是他实现把人由地上升到天国的逻辑起点。他的目标是给现实的人寻找到自由而全面发展的出路。这次的马克思没有再去启用那些虚无缥缈的、光怪陆离的思辨之路。他以现实的个人为发现基础,从而构建起了人类的发展过程,并把自由而全面发展的人的生成作为人的发展的最高目标,使人得以追寻。

---

[1] 马克思:《德意志意识形态》,人民出版社2003年版,第24页。
[2] 同上书,第25页。

(二) 自由而全面发展的人的生成：人类发展的最高目标

马克思认为以前的所有对自由而全面发展的人的建构最终都陷入了纯理想的领域，因为他们仅仅把"人"从"词句的统治下——而人从来没有受到过这些词句的奴役——解放出来，那么'人'的'解放'也并没有前进一步；只有在现实的世界中并使用现实的手段才能实现真正的解放；没有蒸汽机和珍妮走锭精纺机就不能消灭奴隶制；没有改良的农业就不能消灭农奴制；当人还不能使自己的吃喝住穿在质和量方面得到充分保证的时候，人们就不能获得解放。'解放'是一种历史活动，不是思想活动，'解放'是由历史的关系，是由工业状况、商业状况、农业状况、交往状况促成的……"①。仅仅依靠以市民社会中的抽象的人的美好来批判现实并不能真正地解决人的自由而全面发展的问题，于是马克思彻底地抛弃了自黑格尔经费尔巴哈以来的不现实的异化逻辑。在他看来，市民社会中所寻求的政治解放并不是真正的人类解放，只有以社会生产方式为根基的解放才是真正的解放。他否定现存的市民社会中以牺牲一部分人的发展来换取另一部分人发展的现象，指出真正的人类解放即自由而全面发展的人的生成要立足于人类社会或社会化的人类，以一切人的自由而全面发展为终极目标。所以他不再局限于纯粹的批判，而是更多地从社会现实的生产方式出发，从而构建起了人的自由而全面发展。

1. 自由而全面发展的人的生成立足于人类社会或社会化的人类

自由而全面发展的人不仅是现实的个人的自由而全面的发展，更是基于人类社会或社会化的人类所构建的人的自由而全面的发展。马克思指出那些成就了一部分人的自由而全面发展的社会从根本上是不自由的。他批判用哲学观点简单地设想"在这些个人中，类或人得到了发展，或者这些个人发展了人；这样设想，是对历史的莫大侮辱"②。在马克思看来，虽然个人的历史发展总是与等级和阶级相连，但是等级和阶级的存在是现实的每个个人自由而全面发展的阻碍。他强调的"人"已经不再仅仅是特定阶级或人群的所指，在这里"人"代表着人类，同时也代表着每一个现实的个人。而要想构建起每一个现实的个人的自由而全面的发展，就

---

① 马克思：《德意志意识形态》，人民出版社 2003 年版，第 18—19 页。
② 同上书，第 62 页。

必须立足人类社会或社会化的人类，追求一切人的自由而全面的发展。

这一次马克思不再仅仅追求理论上与法律上的自由，他否定了过去立足于市民社会寻求虚幻的共同体的做法，指出人类的自由而全面的发展是以个人的自由而全面的发展为依据的。以少数个人的牺牲所换得的名义上的类的发展对马克思来说是不可取的。每一个现实的个人的自由而全面发展才是类自由而全面发展的前提。因为在他看来，"每个人的自由发展是一切人的自由发展的条件"①，"私有制只有在个人得到全面发展的条件下才能消灭，因为现存的交往和现存的生产力是全面的，而只有全面发展的个人才可能占有它们"②。也是基于此，马克思完全抛弃了之前哲学家们所带有的狭隘的视野，他不仅看到了基于现实的个人的类的实现，更是强调现实的个人的发展是在类的基础上进行的。马克思分析指出在现有的"异化"关系的遮蔽下，现实的个人已经被分散和打乱，不联合起来的人们面对阶级命运时，是悲惨并且无力的。只有构建起现实的个人的阶级联合体，才能真正地对抗不公平的命运，也才能真正地带来每一个现实的个人的自由而全面发展的实现。

2. 自由而全面发展的人的生成根源于现存的社会生产方式

对马克思来说，自由而全面发展的人不是他凭空想象的，而是基于现存的生产方式的发现。因而人的自由而全面发展"不是在人们关于人的理想所规定和所容许的范围之内，而是在现有的生产力所规定和所容许的范围之内取得的"③。费尔巴哈用抽象的"非人的东西"来解释现实世界，无非是"从现实个人的现实异化和这种异化的经验条件中来描述现实的个人"④，这仅仅是对资本主义社会的感性直观。归根到底也只不过是对现有生产方式内部的否定，是对现有生产方式的维护。

马克思要求对现实的人的生活进行改革，他期望人们能过上一种真正自由美好的生活。他指出过去的所有的社会一直都是在"人的东西"和"非人的东西"的对立中发展的，如古代的自由民与奴隶、中世纪的贵族与农奴、近代的资产阶级与无产阶级的对立。但是费尔巴哈等哲学家们妄

---

① 《马克思恩格斯选集》第1卷，人民出版社1995年版，第294页。
② 马克思：《德意志意识形态》，人民出版社2003年版，第100页。
③ 同上书，第96页。
④ 《马克思恩格斯全集》第3卷，人民出版社1960年版，第317页。

图回到过去来恢复"人的东西"。这在马克思看来是十分可笑的,他强调"非人的东西"同"人的东西"其实是一样的,都是现实的人的现实存在状况,也都是现代关系的产物。而"非人的东西"之所以存在主要是因为过去到现今的生产力发展的有限性,也正是这种有限性使得发展只有在一些人靠另一些为满足不断拼搏但是被排除在一切发展之外的人来满足自己的需要的对立中才是存在的。由此,马克思意识到人的自由而全面的发展的现实根源就在于现存的社会生产方式中。也是基于社会生产方式,他不再简单地否定资本主义社会,而是重视起欧洲资本主义社会发展所带来的生产力和生产方式发展。在《1857—1858 年经济学手稿》中马克思从人类社会的发展角度再次强调指出,"以物的依赖性为基础的人的独立性,是第二大形式,在这种形式下,才形成普遍的社会物质交换、全面的关系、多方面的需要以及全面的能力的体系。建立在个人全面发展和他们共同的、社会的生产能力成为从属于他们的社会财富这一基础上的自由个性,是第三个阶段。第二个阶段为第三个阶段创造条件。"[①] 由此可见,自由而全面发展的人的生成是依赖于现实的社会生产方式,只有具备了社会的普遍交往和生产力的普遍发展的现实条件,自由而全面发展的人才能够实现。

自由而全面发展的人的生成是马克思立足于人类社会或社会化的人类,并根据现实的社会生产方式所构建起的人类发展的最高目标。他直指现实的阶级关系背后那些天然存在的东西,强调过去的一切生产关系和生产力的发展都是无意识的自然形成的,然而资本主义社会的生产力的发展和普遍交往的形成却给予了人们自我主宰自己命运的现实可能性,即自觉地把握和支配以前自发形成的前人的创造。因此,马克思要求唤醒人们作为历史主体的意识,强调人生不是一种被动性的活动,而是一种创造性的过程。在他看来,作为自然过程推动的人类历史的发展已经有一只脚迈进了共产主义社会的门槛,那么接下来就需要作为历史主体的人来迈出另一只脚。

(三)自主活动:自由而全面发展的人的实现

现实的物质基础已经在推进,但是实现人的自由而全面发展的关键还

[①]《马克思恩格斯全集》第 46 卷(上),人民出版社 1979 年版,第 104 页。

在于人的自主活动。这个自主活动已经不再简单地等同于马克思《手稿》中理想化的劳动,在这里它强调的是人在现实地改造外部世界时所占据的主导地位。因为在马克思看来,整个历史本身就是人的力量的发展史。在撰写《资本论》的时候他更进一步地论述道:"人的存在是有机生命所经历的前一个过程的结果。只有在这个过程的一定阶段上,人才成为人。但是一旦人已经存在,人,作为人类历史的经常前提,也是人类历史的经常的产物和结果,而人只有作为自己本身的产物和结果才成为前提。"[1] 由此可见,人作为历史主体在历史生成过程中所产生的巨大影响。马克思正是看到了这种影响,所以他非常重视人作为历史主体的力量。这时他不再简单地局限于把人作为憧憬的目标来思考,而是更为现实地指出人是人自身实现自由而全面发展的工具。

(四) 无产阶级:自主活动的主体

作为历史主体的人的力量虽然一直被马克思所强调,但是"人"在这里已经不再是原先的理论含义上所指的一般人类。透过历史与现实,"人"被他具象化为无产阶级。虽然马克思是继承了在撰写《手稿》时所直观抓住的主体——无产阶级,但是在这里他已经不再使用异化逻辑,而是基于生产方式的基础上实现了对无产阶级自主活动主体地位的分析。因为对他来说,旧有的分工和不平等的分配所造成的必然结果就是任何个人都是属于一定的社会形式的个人,他们必然处于一定的社会结构中,隶属于一定的阶级。而任何个人问题的解决归根到底还在于这个阶级的命运。他分析指出,以往的革命主体都由于他们仅仅局限于他们自身所拥有的具有局限性的生产工具,"因此他们只是达到了新的局限性",即"他们的生产工具成为了他们的财产,但是他们本身始终屈从于分工和自己的生产工具"[2]。而要想实现人的自由而全面的发展,就必然需要一个不再屈从于他们自有的生产工具或财产的阶级出现。

这个阶级就是无产阶级,马克思强调只有完全丧失了整个自主活动的他们,才能够实现"自己的充分的、不再受限制的自主活动"[3]。而无产

---

[1] 《马克思恩格斯全集》第 26 卷第 3 册,人民出版社 1972 年版,第 545 页。

[2] 马克思:《德意志意识形态》,人民出版社 2003 年版,第 74 页。

[3] 同上书,第 73 页。

阶级正是这样一个一无所有的阶级，他们已经完全失去了铐在以往阶级身上的枷锁。所以无产阶级必然成为自主活动的主体。因为无产阶级承担着这个社会的一切的重负却被排除在社会之外，不能享受任何的社会福利，因此它必然同社会的各个人迄今借以表现为一个整体的那种形式即国家处于直接的对立中，也必然会产生出最为革命的意识，即共产主义意识。无产阶级同时还作为社会大多数成员的存在体现着大多数人的追求，它已经不再简简单单地称为一个阶级，它俨然成为一切阶级、民族等的代表。无产阶级的对手已经不单是资产阶级，它要消灭的是迄今为止作为整个社会的生存条件的劳动和任何阶级的统治以及这些阶级本身。只有消灭劳动和阶级本身，无产阶级才能够解放自己，使自己的个性得以体现，才能够成为新社会的基础，从而使个人或是人类得到自由而全面的发展。

（五）自由人联合体：建构人的自觉的自主活动

自主活动在以前的各个时期就已存在，不过那时的自主活动是与物质生活相分离的自发性的自主活动，并不能够算是人的真正的自主活动。随着后来的生产力的不断发展，这种自发性自主活动与现实物质生活的分离越来越大，以致自主活动已经完全成为了假象。物质生活变成了人们追求的目的，作为自主活动的唯一表现的劳动却沦为手段。要想实现人的真正的自觉的自主活动，就要求各个人必须占有现有的生产力的总和，而这种占有只有依靠联合才能实现。伴随着联合起来的个人对全部生产力的占有的同时，自主活动和物质活动也将统一起来共同促进"各个人向完全的个人的发展"[①]。而这个由各个人联合起来的就是自由人联合体。自由人联合体不是马克思的突发奇想，它是基于社会生产方式从人类社会或社会化的人类的层次出发所得到的确实论证，人只有经由它才能完成从"必然王国"到"自由王国"的飞跃。

自由人联合体的建构是马克思实现人的自觉的自主活动的真正觉醒，在他看来，它与以往的所有运动都不相同。"它推翻一切旧的生产关系和交往关系的基础，并且第一次自觉地把一切自发形成的前提看作是前人的创造，消除这些前提的自发性，使它们受联合起来的个人的支配。"[②] 只

[①] 马克思：《德意志意识形态》，人民出版社2003年版，第74页。

[②] 同上书，第66页。

有通过自由人联合体，人才能够实现自觉的自主活动，也才能够实现人的自由而全面的发展。在《资本论》中马克思也更进一步的论述到，只有由自由结合的人构成的社会才是"以每个人的全面而自由的发展为基本原则"①的共产主义社会。但是这个自由人联合体不是人的简单结合，也不是依据个人所隶属的阶级背景而形成的虚假的共同体，自由人联合体是依赖于共同的目标即实现人的自由而全面的发展而建构起来的。他们中的每个人都是作为个人自愿参加的，在联合体里他们不再需要隐蔽的阶级依据或是分散地受制于从前的偶然性的划分，而是集合起来利用这种偶然性，把每个人的自由发展和运动条件即生产力和生产方式置于他们的控制之下，从而共同追求人的自由而全面的发展。

到此，人的自由而全面的发展已经由纯理想式的追求被马克思在现实的生活的基础上完整的建构起来了。不过现实生活的改变还需要现实的个人自主地去完成和实现。在实现的过程中将必不可少地遇到越来越多的马克思所没有经历过和没有论述到的新的问题，面对这些问题究竟该怎样去实践马克思的人学思想，或者说如何让马克思人学思想更为精准地解答当代问题，"发展"一词就必然地出现在视野里。

四　马克思人学思想的当代发展

马克思人学思想不是纸上谈兵，它必然要面对现实的发展。马克思生活的时代是资本主义迅猛发展的时代，是资本与市场的全球化时代。这种时代背景深深印刻在马克思的思想中。就像黑格尔所形容的那样，任何一种真正的哲学理论都是"思想中所把握的时代"，马克思自己也称之为"时代精神的精华"。但是随着帝国主义的形成与社会阵营的瓦解，许许多多的新的问题、新的困境产生，资本主义社会已经不再是马克思所形容的那个简单对立的样子，那么是否还能继续以马克思思想来研究并解决问题？是否需要坚定不移地坚持马克思思想的永恒原则？马克思思想本身是不是一个凝固的体系？面对新的自然科学成果和西方哲学的发展，马克思思想是否需要再前进一步？面对这些质疑，应该看到只要还在资本主义时

---

① 《马克思恩格斯全集》第23卷，人民出版社1979年版，第649页。

代,只要"马克思的思想发生作用的时代没有被超越",只要"资本主义的内在矛盾仍然存在,只要这些矛盾所决定的客观规律还在起作用,揭示和反映这些矛盾和客观规律的马克思的思想就决不会失去生命力"①。并且马克思思想从来就不是一成不变的封闭体系,它自身就拥有不断自我否定、自我修正、自我完善和自我更新的品质。这种不断完善的品质是在现实的人的基础上对自由而全面发展的人的追求,它不是纯粹的思辨哲学,它是以人为主导的当代实践。它的要求就是哲学必须以现实为基础,符合"哲学的现代化";而哲学家则需要改变世界,实现"哲学的现实化"。

(一) 哲学的现代化:现实发展影响下马克思人学思想的发展

孙正聿教授曾说过,哲学是"思想中的时代","任何一种真正的哲学,无论它在表现形式上是多么抽象或思辨,它都具有时代的容涵性"②。那么要适应现代社会发展,马克思的思想就必须也要容涵现代性的时代特点。韩庆祥教授也指出:"哲学应反映时代精神和自身发展的内在要求,因而在当代应研究完整的人,哲学在过去的形态曾是本体论、认识论、历史观,在当代却是人学。"③ 马克思人学思想就是在时代呼唤下马克思思想的理论发展,是马克思思想中最为精髓的部分。

1. "主体"转变下马克思人学思想研究的开启

在当时的年代,许多学者们就连同马克思本人的关注焦点都一直集中于对现实影响最大的无产阶级革命之上。那时的马克思积极献身到革命团体之中,他给工人阶级制定纲领,呼吁受到最深层压迫的、作为资本主义发展的根本力量的工人阶级起来革命。在马克思看来,工人阶级是作为"主体"的存在,因为只有工人阶级才能承担起人类解放的使命,只要把资产阶级剥削压迫的秘密暴露在工人面前,那么工人阶级就必定会推翻资产阶级并取得革命的最终胜利。但是历史并没有如马克思所描述的那样简单续写下去。随着现实的转变和发展,作为"主体"的工人阶级在现实生活中也日益翻新着它的本来面貌。

---

① 糜海波:《国外马克思主义研究的新走向述评》,《江淮论坛》2007 年第 5 期。
② 孙正聿:《哲学通论》,人民出版社 2010 年版,第 289 页。
③ 韩庆祥:《90 年代人学研究述评》,《教学与研究》1996 年第 1 期。

第一次转变是在马克思逝世之后，作为他主要研究对象的西方资本主义社会发生了他自己没有预测到的时代性的变化。在俄国十月革命胜利之后，20世纪20年代欧洲发生的工人运动都相继失败并陷入低潮；同时，科学技术的无限制地发展给人带来了很多的负面影响；而经济大危机后的当代西方资本主义社会的经济结构、阶级关系和意识形态等的矛盾却都在国家和政府的干预下走向了缓和，恢复了生机。面对这些在马克思主义中并没有出现的现实问题，苏联的正统马克思主义者并没有给出回答。但是作为时代领路人的马克思主义怎么能不回答这些问题，西方国家中一些研究马克思主义的学者们便以此为质疑，开启了他们重新关注马克思主义的创始人——马克思的理论及其实质的道路。

卢卡奇是最早关注到这些问题的，他继承了马克思分析异化现象时所强调的主体的力量，并且也看到了作为主体力量发挥而胜利的苏联。所以他积极参加欧洲工人运动以期望得到革命的胜利。但是这些东欧国家的革命运动在历史的鼓舞下失败了，认真思考的卢卡奇感觉到了问题的复杂性。他意识到科技的发展给人带来的麻木和片面化，使得工人阶级作为资本主义社会的"掘墓人"已经失去了掘墓的主动性。生活在科技发展的资本主义社会的工人已经被机械物化了。这些工人在整个劳动过程中完全丧失了自己，一切事情都用一种越来越形式化、标准化的物的机械的方式来处理，他们本身和他们的劳动以及他们的劳动的产品都从整个人中分离出去，变成一种物品、一种商品。如果在马克思那里的工人还具有工人阶级的自我意识的话，那么到了卢卡奇这里，工人已经完全丧失了这种意识，他无论是肉体还是思维都已经成为了机器的一部分。所以卢卡奇强调要激发和壮大这种阶级意识，只有把这种工人阶级的意识壮大，革命才有可能取得胜利。作为西方马克思主义的开山鼻祖的卢卡奇，他的理论无疑是希望运用马克思人学思想解决已经发生了变化的资本主义社会中的怠倦、软弱的无产阶级的问题。不过由于他过于强调无产阶级的主体性，忽视了革命的客观条件发生了变化，从而导致了他的理论模式流于黑格尔式的唯心主义之中。

第二次转变是在20世纪70年代以来，在国际背景以两大阵营为主的对抗中，苏联社会主义实践深受挫折，而资本主义通过改革和调整日益显现出它残存的生命力。并且伴随着工业和科技的发展资本主义社会以传统的工业为主的时代已经过去，以服务业和信息为主的后工业时代来临。以传统的经济因素所划分的工人阶级的标准已经失去了它的有效性，传统的工人阶级数量锐减，在政治影响力上日益衰微，工人阶级也越来越不能作为对立性的力量与资产阶级相抗衡。面对这个现实，后马克思主义者拉克劳力图用后现代思潮来解构马克思的理论。他看到作为"主体"的大写的无产阶级的死亡，并且没有任何救治的余地。但是值得庆幸的是他认为无产阶级工人仍然存在，只不过这里的工人已经不再作为一个阶级的概念而存在，同资本主义社会中的其他人一样，成为了新的"中性化"的非阶级性的"主体"。这种对新的"主体"的构建是对马克思思想的解构和否定，然而他对现实的人及其发展的关注和对资本主义社会的批判又是源于马克思的。由此可以看出，以拉克劳为代表的后马克思主义是"左派在新的历史条件下一种思想转型和战略转型"[1]，它保留了马克思的幽灵，但是却抛弃了传统的马克思主义的核心范畴与基本命题，因为他没有认识到工人阶级其实并没有解体，而是被资本主义社会盛行的政治社会等关系分裂为不同的等级所掩盖。

西方马克思主义流派的发展和解读是马克思人学思想作为真理发展的必然弘扬，开启了马克思人学思想现代化的进程。不过西方马克思主义流派的建立更加倾向于针对资本主义社会现实的一种追问，所以他们并没有真正地理解马克思的人学思想。但不可否认的是，他们的发展和解读在开辟了新的研究对象和研究内容，同时也对我国学界提出了非凡的挑战。面对这些现实问题的存在，必须承认西方马克思主义学者们对马克思人学思想的解读存在着一定的可取性，他们关注现实并批判现实。但因为他们继承了马克思思想的形，而没有继承它的神，所以只能是形似而神不似，终归只流于思辨层面。而要抓住马克思思想的神髓，就必须要想马克思当时所想，看马克思当时所看。我国学者张一兵教授也认为："要真正面对新的社会现实和理论的新问题，首先就必须有一个对马克思历史视域认认真真正本清源的过程。"[2] 只有回到马克思即回到马克思对现实的人及其发展的关注上，通过对马克思思想中对人的问题的研究，才能真正地理解马克思，也才能解决现实问题与马克思思想的错位。

---

[1] 周凡：《后马克思主义导论》，中央编译出版社2010年版，第2页。
[2] 张一兵：《神会马克思》，中国人民大学出版社2004年版，第197页。

2. 微观范式兴起下马克思人学思想研究的发展

后现代资本主义社会的发展致使对马克思思想宏大领域的研究陷入了一种困境。面对这种困境，一些西方学者期望通过把马克思的思想与其他思想相结合来解决问题，但也因为没有紧紧抓住马克思思想的神髓而停下了马克思思想研究发展的脚步。另一些学者们则转变研究范式，重新开启了对现实的微观生活的人的问题的强调和关注。在他们看来，以往学者偏向于马克思思想的宏大领域的研究，但是仅仅局限于此是远远不够的，现实的发展要求必须重新对马克思思想的研究范式进行反思。

范式的概念是由美国著名科学哲学家托马斯·库恩系统提出并加以阐述的，他认为范式就是一种公认的模型或模式。它不是某种具体的研究方法，而是对研究对象、研究主题、研究角度和研究方式的探讨。以往的对马克思思想的研究总是围绕社会历史的性质、规律、决定因素、动力系统等根本或基础问题展开的，是从整体上把握和再现经济政治和文化等宏大领域，是以马克思思想的宏观范式为主导的研究模式。但是这种研究模式缺少对微观的日常生活中的人的关注。也正是由于这种对日常生活的人的研究缺失，马克思思想的新的研究模式——微观范式的兴起成为必然。以法国学者列斐伏尔的日常生活批判为先导，开启了一系列对马克思哲学的微观视野的研究。

这种微观范式的兴起是在日常生活领域中的对人的重新关注，它不是一种突然的或凭空出现的范式，它的兴起是有深刻的现实根源和理论支撑的。首先，在现实生活中随着全球化、科技化、市场化、网络化的发展，人们所处的现实的生活世界已经发生了巨大的变化，革命已经不再作为社会发展的核心，人们遭遇到了大量新的现实日常生活问题，日常的生活世界在每个国家中变得日益重要起来。作为时代精髓的理论必须能够符合现实的日常生活的需要，马克思思想的微观范式则必然成为现实发展的趋势。其次，在理论层面上微观范式的兴起是以马克思对人的研究的思想为基础的一种思维范式。它不是一种新的范式，它的创始人即是马克思本人。同时它也不是一种孤立的范式，而是与宏观范式并存的。它的崛起是对以往学者对马克思思想的研究进行教条式的解读的反驳和批判。最后，教条的僵化的解读只能使马克思的思想变成了某些偏向于社会历史的性质、规律、决定因素、动力系统等宏观方面的僵硬的绝对的原理，从而忽视了对人的日常生活方面的关注。西方学者萨特就认为马克思的思想中出现了"人学的空场"。

面对这种质疑,不能否认因为当时的世界格局和历史革命状况,致使马克思在人学思想的宏观范式方面进行了强调和加强,以期通过对宏观范式的加强来为无产阶级的革命指导方向。但不能忘记,其实马克思的理论关注的从一开始便是日常生活中的现实的人,他并没有否认人的个体性和差异性,而是在一开始便已经提出了人的天然差别。不过宏观范式却忽略了马克思对人的日常生活的关注,殊不知马克思虽然建立了对人类社会的动力机制等的宏观范式的研究,但这种研究是建立在马克思对人的日常生活研究的微观范式基础之上的,他的最终目的还是对日常生活中的人的关注。

马克思的人学思想的现代化发展无疑是在西方马克思主义学者们的努力下开启的。他们抓住了对现实的人及其发展的关注,构建起了马克思人学思想的现代化进程。但是由于他们仅仅纠结于马克思的文本,并没有真正理解到马克思人学思想的精髓,冲动地把马克思的长远的追求目标即现实人的自由而全面的共产主义社会作为现代性的目标,所以他们以现实的短暂曲折作为重点的研究对象,致使他们的理解无一例外地都偏离了马克思人学思想本身,这也是西方马克思主义流派发展的必然趋势。对马克思思想的真正解读应该是一种与时俱进的精髓解读,是回归到马克思文本中对马克思所想的理解。只有抓住了这个马克思的思想精髓,才能正确解决马克思思想与当代问题的错位。

(二)哲学的现实化:马克思人学思想指导下现实的人的发展

对马克思来说最关键的任务就是改变世界,改变人悲苦的生存现状,从而实现人的自由而全面的发展。但是这种实现不是盲目的、混沌的,而是以正确的哲学理论的现实化为原则的。这个正确的理论——马克思的思想,则是以现实的人为逻辑路径的。虽然马克思思想除哲学外还有政治经济学和科学社会主义,但是这些思想的中心主旨无外乎都是对现实的人的发展的关注。而以马克思主义思想作为指导思想的我国,就更应该关注现实的人及其发展。

1. 立足我国现实,推动人的自由而全面发展的物质前提的完善

历史从来都是人类自我创造和发展的历史。但是在马克思看来,人类

的第一次觉醒，第一次把以前的一切都看成是前人的创造，第一次自发自觉地创造历史的时代还是属于共产主义运动的开始。因此，作为共产主义社会的初级发展阶段的我国更是要立足我国现实国情，看到现实社会生活中物质前提的不完善性，从而充分发挥个人能力在生产过程中的积极作用，积极推动人的自由而全面发展的物质前提的完善，从而达到实现人的自由而全面发展。

马克思在论述实现人的自由而全面发展的关键之时，特别提出了"两个绝不会"来强调只有在生产力高度发展和由此形成的世界的普遍联系的前提下，才能消灭私有制和旧式分工，也才能从根本上消除人的畸形化和片面化。因为在他看来，"只有在物质条件已经存在或者至少是在生成过程中的时候"①，人们才能构建起自由自觉地自主活动，把生产资料从资本主义的私有制的桎梏下解放出来，重新建立一个不同于以往的"个人的、以自己劳动为基础的"劳动者个人所有制来推动社会化的生产力发展，也才能推动人的自由而全面发展。

2. 关注现实的人及其发展，促进人的自由而全面发展的实现

第一，关注现实的人及其发展，坚持以人为本的科学发展观。近些年来我国在对待经济发展的态度上总是更多地从经济利益的角度来左右评判的标准，缺少了对现实的人及其发展的关注，从而导致社会生活中经济发展问题、城乡发展问题、区域发展问题、生态环境问题、效率与公平的问题等许多问题的出现。但是，经济发展的最终目的不是只为了发展，而是要推动人的自由而全面的发展。马克思在谈到人的自由而全面发展时，就强调其实现路径在于人的解放。他认为这种人的解放不仅仅是政治解放，它是以政治解放为前提的人与自然、人与社会、人与人之间关系的全面解放。这种解放要求生产力的发展不是以毁灭的方式前进，而是要求发展的科学性，即发展的协调性、可持续性。胡锦涛同志所提出的以人为本的科学发展观正是在关注现实的人及其发展的基础上的、发展了的马克思人学思想。"科学发展观，第一要义是发展，核心是以人为本，基本要求是全面协调和可持续，根本方法是统筹兼顾。"② 以人为本的科学发展观的确

---

① 《马克思恩格斯选集》第 2 卷，人民出版社 1995 年版，第 83 页。

② 胡锦涛：《高举中国特色社会主义伟大旗帜为夺取全面建设小康社会新胜利而奋斗》，人民出版社 2007 年版，第 15 页。

立是建立在我国的基本国情的基础上的,它是对社会主义市场经济的正确引导。必须坚持以人为本的科学发展观,充分发挥社会主义市场经济的优势,在经济发展中既见物又见人,从而推动人的自由而全面的发展。

第二,关注现实的人及其发展,积极构建社会主义和谐社会。和谐社会是中国化的马克思主义实践,是根据我国基本国情所设立的目标状态,是对社会主义社会本质的实现,它只能在社会主义的土壤中生根发芽,发展壮大。构建社会主义和谐社会不仅根植于社会主义的本质中,更是立足于现实的人所提出的要求。现实的人是依托于社会而存在的,社会也是依赖现实的人而生成的。只有立足现实的人,关注现实的人的发展,才能实现社会主义和谐社会的构建。马克思的理论基石便是对现实的人及其发展的关注。我国虽然是社会主义国家,但不能否认我国仍然存在着许多的不和谐因素,尤其是我国还处于共产主义低级阶段即社会主义的初级阶段,生产力水平低下,旧式分工也没有消失,人与人之间事实和内容上的不平等更是被凸显出来。也正是在这种不平等的现实面前,更要立足于现实的人的发展承认这种不平等矛盾的存在,如分配不均的问题,官场腐败的问题,等等。这些不和谐因素正是威胁我国社会稳定的主要隐患,它们埋藏着社会成员彼此对立的导火线。只有处理好这些隐患,我国才能实现构建和谐社会的目标。而处理好这些隐患首先要做的便是正确认识这些隐患。认清这些隐患产生的根源是在于发展生产力过程中所实行的所有制和分配方式多样化而必然存在的矛盾,还是因为旧有的封建文化遗毒或是一些不利于生产力发展的固有赘瘤。后者所产生的问题是必须要解决的,因为它们的存在本身就不利于生产力的发展。而前者所产生的矛盾却需要必须正视这种矛盾的长期存在性,因为这是生产力的发展必经阶段。马克思在《哥达纲领批判》中论述共产主义社会的两个阶段的时候,也曾鲜明地强调在共产主义的低级阶段中,社会里必然还存在着一些由自然差别和旧式分工差别所造成的分配不均等事实的不平等问题,他指出"这些弊病,在共产主义社会第一阶段,在它经过长久的阵痛刚刚从资本主义社会里产生出来的形态中,是不可避免的"[①]。

只有立足现实的人,关注现实的人的发展,正确地认识现实所必然存

[①] 《马克思恩格斯全集》第 19 卷,人民出版社 1974 年版,第 22 页。

在的差别,才能改善现实的人的话语和心态,更好地解决现实的人的自由而全面发展问题。因此,现阶段我国想要实现生产力的高速发展,就必须坚持以人为本的科学发展观,积极地构建社会主义和谐社会,努力营造出适应生产力发展的社会环境。因为只有在以人为本的和谐的社会主义社会里,人们才能更加专注于解放生产力和发展生产力,也才能更好地促进人们关注人自身的自由而全面发展的实现。

郭士博　北京金信网银金融信息服务有限公司　职员

参考文献

1. 著作

[1]《马克思恩格斯全集》第 1 卷,人民出版社 1956 年版。

[2]《马克思恩格斯全集》第 3 卷,人民出版社 1960 年版。

[3]《马克思恩格斯全集》,第 19 卷,人民出版社 1974 年版。

[4]《马克思恩格斯全集》第 23 卷,人民出版社 1979 年版。

[5]《马克思恩格斯全集》第 26 卷,人民出版社 1972 年版。

[6]《马克思恩格斯全集》第 27 卷,人民出版社 1972 年版。

[7]《马克思恩格斯全集》第 40 卷,人民出版社 1982 年版。

[8]《马克思恩格斯全集》第 42 卷,人民出版社 1979 年版。

[9]《马克思恩格斯全集》第 46 卷(上),人民出版社 1980 年版。

[10]《马克思恩格斯选集》第 1 卷,人民出版社 1995 年版。

[11]《1844 年经济学哲学手稿》,人民出版社 2000 年版。

[12]《德意志意识形态》,人民出版社 2003 年版。

[13]《列宁选集》第 2 卷,人民出版社 1995 年版。

[14] 列宁:《哲学笔记》,人民出版社 1993 年版。

[15][德] 黑格尔:《法哲学原理》,商务印书馆 1982 年版。

[16][德] 费尔巴哈:《费尔巴哈哲学著作选集》(上、下),荣震华、李金山译,商务印书馆 1984 年版。

[17][匈] 卢卡奇:《历史与阶级意识》,杜章智、任立、燕宏远译,商务印书馆 1999 年版。

[18] [英] 麦克莱伦:《马克思传》,王珍译,中国人民大学出版社 2010 年版。

[19] 孙正聿:《哲学通论》,人民出版社 2010 年版。

[20] 康渝生:《马克思主义哲学的人学致思理路》,社会科学文献出版社 2004 年版。

[21] 庞世伟:《论"完整的人"——马克思人学生成论研究》,中央编译局 2009 年版。

[22] 韩庆祥:《马克思的人学理论》,河南人民出版社 2011 年版。

[23] 张一兵:《神会马克思》,中国人民大学出版社 2005 年版。

[24] 陈先达:《走向历史的深处》,中国人民大学出版社 2010 年版。

[25] 陈先达:《马克思早期思想研究》(第 2 卷),中国人民大学出版社 2006 年版。

[26] 王晓红:《现实的人的发现——马克思对人性理论的变革》,北京师范大学出版社 2011 年版。

[27] 李鹏程:《马克思早期思想探源》,人民出版社 2008 年版。

[28] 张云阁:《马克思思维方式论——马克思哲学与费尔巴哈哲学关系研究》,武汉大学出版社 2007 年版。

[29] 武天林:《实践生成论人学》,中国社会科学出版社 2005 年版。

[30] 中共中央党校马克思主义理论教研部、中国马克思主义研究基金会:《马克思主义关于人的学说》,人民出版社 2011 年版。

[31] 黄楠森:《人学原理》,广西人民出版社 2000 年版。

[32] 王双桥:《人学概论》,湖南大学出版社 2004 年版。

[33] 周凡:《后马克思主义导论》,中央编译出版社 2010 年版。

[34] 沈亚生:《人学思潮前沿问题探究》,社会科学文献出版社 2010 年版。

[35] 张一兵:《文本的深度耕犁——西方马克思主义经典文本解读》,人民大学出版社 2004 年版。

[36] 胡锦涛:《高举中国特色社会主义伟大旗帜为夺取全面建设小康社会新胜利而奋斗》,人民出版社 2007 年版。

2. 论文

[1] 于兰:《马克思的人学思想及其现当代价值》,硕士学位论文,

燕山大学，2006年12月。

[2] 吕金东：《马克思的人学思想及其当代价值》，硕士学位论文，四川师范大学，2009年4月。

[3] 李文阁：《马克思的思维方式》，《教学与研究》2002年第8期。

[4] 李文阁、于召平：《生活世界：人的自我生成之域》，《求是学刊》2000年第1期。

[5] 邹广文、崔唯航：《如何理解马克思的哲学革命》，《天津社会科学》2003年第1期。

[6] 邹广文、李成旺：《历史唯物主义中"历史"概念的双重内涵》，《清华大学学报》（哲学社会科学版）2007年第6期。

[7] 马志生、敬海新：《哲学思维方式的嬗变：从预成论到生成论》，《北方论丛》2003年第6期。

[8] 韩庆祥：《90年代人学研究述评》，《教学与研究》1996年第1期。

[9] 郭艳君：《历史与人的生成》，《学习与探索》2005年第6期。

[10] 糜海波：《国外马克思主义研究的新走向述评》，《江淮论坛》2007年第5期。

[11] 张一兵：《何为晚期马克思主义》，《南京大学学报》（人文社会科学版）2004年第5期。

[12] 周嘉昕：《中国学界关于国外马克思主义哲学研究的历史和现状》，《理论探讨》2011年第5期。

[13] 秦慧源：《马克思唯物史观的双重维度——微观理论范式与宏观理论范式》，《唯实》2012年第11期。

[14] 刘怀玉：《日常生活批判：走向微观具体存在论的哲学》，《吉林大学社会科学学报》2007年第5期。

[15] 冯燕芳、安启念：《社会历史理论研究新趋势：微观范式的凸显——评衣俊卿教授主编的"微观政治哲学研究丛书"》，《马克思主义与现实》2012年第4期。

[16] 张一兵、姚顺良：《两条逻辑的相互消长还是共同消解？——析青年马克思〈1844年经济学哲学手稿〉的内在结构（学术对话）》，《理论探讨》2006年第3期。

[17] 李世涛：《后马克思主义：一种似是而非的马克思主义》，《马

克思主义研究》2009年第10期。

[18] 陈炳辉：《后马克思主义与当代社会科学发展》，《马克思主义与现实》2012年第2期。

[19] 周凡：《"后马克思主义"：西方马克思主义的后现代转换》，《哲学研究》2010年第12期。

[20] 冯燕芳：《后马克思主义在中国：问题与现状》，《中共天津市委党校学报》2012年第1期。

[21] 陈先达：《马克思主义的社会形态理论与和谐社会的构建》，《马克思主义研究》2006年第9期。

第七章

马克思人的本质论研究

摘　要：人的全面发展是马克思倾尽毕生心血为之奋斗的焦点，因为现实社会生活中存在着人丧失自我的现象，他需要探寻人失去自我的现实根源，探索重新找回失去的自我的现实途径以及人重新实现自我时的理想境界，隐含于其中最深处的就是人的本质论。马克思关于人的本质的探索，是指引着他的思想和理论向前发展的一条核心脉络，他在不同时期关于人的本质的不同论断，引起了国内外学术界众多的共鸣与争论，并且产生了丰硕的成果。但学者们更多地倾向于关注"人的本质"的内容和概念界定，对隐藏其中、支配着整个"人的本质"内容的思维方式却有所忽视。本文将抓住从抽象的人出发的思维方式转变到从现实的人出发的实践思维方式这一逻辑线索，深究马克思如何一步步接近科学的人的本质论的过程。并紧密结合"劳动"和"社会关系"两个要素，挖掘人之为人的内在根据，解读马克思关于人的本质的两个论断的内在辩证关系，全面梳理、总结和把握马克思人的本质论。

关键词：马克思；人的本质；社会性实践；人的全面发展

从人类自我意识产生的那一天起，我们就开始了对自身秘密不懈地探索和追问。人的问题自"认识你自己"伊始一直是哲学研究的真实主题和内核。正如德国哲学家恩斯特·卡西尔在其人学大作《人论》一书中，开门见山、直截了当地表明的核心观点所言，人类认识自我"被证明是阿基米德点，是一切思潮的牢固而不可动摇的中心……乃是实现自我的第一条件"[①]。如此一席话更是突出了人类认识自我在哲学领域的地位，而在关于人的问题的研究和探寻过程中，人的本质问题显然是开端和基石，

---

① ［德］恩斯特·卡西尔：《人论》，甘阳译，上海译文出版社2004年版，第3页。

整个人学理论的大厦都是构筑在人的本质问题基础之上，为寻求人之为人而现实存在的内在根据服务。

不外如是，被誉为"千年影响人物"的马克思在构筑自己的理论大厦时，也是从研究人的问题开始的，对人的生存状态的同情和关怀及对人类幸福的追求，都是其思想的发端，其理论贯穿着研究人在日常生活中失去自我的现象、探寻人失去自我的根源、探索重新找回失去的自我的途径以及人重新实现自我时的理想境界，隐含于这些理论最深处的就是人的本质论。马克思站在以往哲学家们探索结晶的基础上，在历经继承、扬弃、突破和超越等各个阶段后才形成并确立了自己独特的、科学的人的本质论，这与他唯物史观的形成历程在本质上是一致的。因此，从一定程度上看，他对人的本质的深刻内涵和最终全面实现的现实道路进行不懈探索的过程，毫无疑问地同质于一部他努力揭示人类生存现状及未来发展趋势的社会实践史。

一 马克思人的本质论的历史溯源

历史上任何一种哲学学说都不能脱离前人理论成果的奠基而凭空产生，马克思的人学理论也是如此。作为其人学理论的核心问题——人的本质论，是他在为全世界无产阶级寻求彻底解放的正确道路过程中，批判性地吸收人类两千多年思想史的养分和精华而逐步发展并最终确立的。

（一）古希腊哲学对人的本质的懵懂

古希腊神话寓言《俄狄浦斯王》中的"斯芬克斯之谜"，令哲学家们的探寻、追问与争论在漫长的历史长河中无休无止。在西方文明之洋静静流淌的过程中，每一滴水都折射出对"人的本质"之谜的解答，这也记录下了人类在认识自身历程中的艰辛，为如今的我们提供了许多有益的借鉴。恩格斯曾说我们几乎可以在古希腊哲学中去发现和领悟到其后各种理论观点的胚胎和萌芽。马克思所作的博士论文《德谟克利特的自然哲学和伊壁鸠鲁的自然哲学的差别》就是在其中去寻求解答自己迷惑的明证。

早期希腊哲学是一种自然哲学，先哲们超越了创世神话的范畴，将关注的重点转移到了宇宙万物的起源和生成的问题之上。"人"作为宇宙万物的一分子，也被当作一种纯自然的因素来考察。此时对人的本质的认识完全依附于对自然世界的认识。如伊奥尼亚学派的早期代表哲学家泰勒斯，认为水这种纯粹自然的因素是宇宙万物的本原和始基。随后的几位学者也没能突破这种思维方式，用"无定"和气等自然因素来对世界进行解读，在赫拉克利特看来这样的因素则是"火"，再到早期希腊哲学的集大成者德谟克利特那里，他将原子和虚空看作万物的本原，包括人的感觉、思想和理性都是原子的产物，但他把原子在虚空中的运动看作必然的过程，否认偶然因素的存在，掩盖了人自由活动的可能性。由此可见，在早期古希腊哲学中，对"人"的研究蕴含于对宇宙万物起源和生成的问题之中，把人类以及自然归结为一种或多种"原初"物质，这是在本体论研究思路上探讨人的本质的开端。

到公元前5世纪，随着希腊城邦繁荣期的到来，民主制日益发展，人们关注的焦点随之转变到政治、社会生活和伦理领域。为了追求群体之善，把握着时代脉搏的哲学思想也从一般的自然领域转向以人为中心的领域。智者普罗泰戈拉提出"人是万物的尺度"①，这是人对自身感性认识的起点，为之后的哲学家提供了一种全新的思维方式，开启了由"自然哲学"向"人的哲学"过渡的大门。

苏格拉底持类似的观点，在他看来，于人而言，最重要的东西不在于对处于人本身之外的太空或宇宙的认知和研究，而在于理解和把握人本身，就像德尔斐的阿波罗神庙上镌刻的箴言一样：认识你自己。他率先赋予了这句箴言以深刻的哲学内涵，开辟了西方哲学史上对人的哲学进行系统研究的历程。他认为人的共同本性是美德与智慧的统一，就像西塞罗对他的评价一样：他把哲学从天上挪回地上，搬进城市和屋子，教导人们思索内心世界和心灵、道德品质和能力、邪恶与善良，其人学思想具有理性主义的光芒。

柏拉图对苏格拉底思想中的理性主义进行了进一步深化和发扬，他将世界看作由现实世界和理念世界两个不同层面构成，其中在客观现实世界中存在着的万物，它们永恒地处于无常的变化之中，但这一切都只是虚无缥缈的表象，真实的存在只有在人的理念世界中去寻找。按照同样的逻辑，人是由肉体和精神（或灵魂）两个层面构成，肉体的不断变化只是

---

① ［古希腊］柏拉图：《理想国》，北京理工大学出版社2010年版，第125页。

表象，只有精神（或灵魂）才是人真实存在的确证，它规定了人的本质。因为精神（或灵魂）除了与肉体同在，还可以追溯到肉体出生之前，并且延伸到肉体消亡之后。

亚里士多德延续了柏拉图的"理性至上"的观点，在关于人的本质方面，他提出"求知是人的本质"①、人是理性动物以及人是天然的政治动物等论述，分别从伦理、思维和现实社会生活等方面规定了人的定义。此外，他还认为人生的最高目标就是追求幸福，而国家和社会是人实现至善和幸福的桥梁和中介。简言之，只有在社会关系当中才能真正地发现和实现人的本质。他关于人的本质的三个论断，尤其是第三个论断，已然显露出人的社会属性的曙光，马克思对此观点的认同程度很高，并奉他为最博学的古希腊哲学家。

晚期希腊哲学大师伊壁鸠鲁主张原子主要有三种运动方式——必然性的垂直、偶然性的偏斜和偶然性的碰撞，而正是这种偶然性才形成了形形色色、变幻万千的宇宙万物。虽然哲学史上对此理论的提出持有是否抄袭的疑虑，但在马克思看来，这是对德谟克利特的原子论的创造性发展，并且在这三种运动方式中最为深刻的是"原子偏离直线"②，它证明了自由是世界的根源之一，神、天体和命运等仅仅是远离人事的原子偶然性运动的产物，从而使自然哲学（包括人的哲学）彻底摆脱了宿命论和神的意志。马克思对伊壁鸠鲁的评价颇高，认为他是"古代真正激进的启蒙者"③，其哲学要旨在于"精神的自由和精神的独立"④。

综上，在古希腊哲学中，对人的研究依附于自然，倾向于在自然之中为人安身立命寻求依据，但由于人与自然尚未真正分离，此时哲学家们对人的本质的理解是懵懂的。

（二）中世纪哲学对人的本质的掩盖

中世纪是信仰的时代，当然对人的哲学研究也不例外，在对待人的一切问题上，都是以上帝为核心的，人的本质就在于神的意志。由于哲学成

---

① 《亚里士多德全集》第7卷，苗力田译，中国人民大学出版社1997年版，第27页。
② 《马克思恩格斯全集》第40卷，人民出版社1982年版，第119页。
③ 《马克思恩格斯全集》第3卷，人民出版社1960年版，第147页。
④ 《马克思恩格斯全集》第40卷，人民出版社1982年版，第80页。

为神学的婢仆，人们只得借助信仰的力量来追寻人的本质及时代精神，致使哲学以非人的形态出现在这一哲学史阶段。

最早提出"基督教哲学"概念的是护教士查士丁，他从理论的角度为基督教哲学比希腊哲学更具有优越性寻找根据，将神性凌驾于人的理性之上。被称为"第一个拉丁教父"的德尔图良是极端信仰主义者，主张以对神的完全信仰代替人的理性。他的理论观点为整个中世纪哲学定下了人的理性依附于神的意志的基调，影响波及这一阶段的所有哲学家。此时人的理性已经被信仰和神学掩盖。

直到托马斯·阿奎那，虽然他的哲学立场并没有发生改变，但他开始着手调和理性与信仰之间的关系。他首先从理论角度明确区分了哲学与神学之间的差异，尤其是在性质和研究方法方面。然后根据这个逻辑推导出哲学家可以脱离神学的束缚并按照自然理性来探索真理，这是在中世纪宗教哲学的大背景下首次对哲学可以独立于神学而单独存在进行了肯定，人类理性对神的意志的依附关系由此得到了有限程度上的解放。14世纪中后期，奥卡姆以批判的、经验的和科学探索的精神宣扬上帝面前人人平等和神的意志绝对自由的神学观点，动摇了传统的神学世界观，把人类理性的解放进一步深化，从内部瓦解了经院哲学体系，西方哲学开始向近代形态过渡，神学对人的本质的遮掩将被一步步揭开。

（三）近代西方哲学对人的本质的抽象假定

近代西方哲学的兴起和发展与社会生产力的发展密不可分，伴随着资本主义的萌芽，新兴资产阶级势力日益壮大，反映其阶级需求的人文主义思潮逐渐涌现，与中世纪时期唯一的意识形态——宗教神学之间形成了尖锐的矛盾，宗教改革运动和文艺复兴运动应运而生。

由马丁·路德、闵采尔和加尔文领导的宗教改革运动，虽然没有超越基督教信仰的范畴，但他们所倡导的以"确信"作为知识的基础和真理的内在标准，从内部削弱了教会的统治地位，为近代西欧各国哲学提供了新的理论背景和条件。

文艺复兴时期的艺术家和思想家为了反对宗教神学，主张将关注的目光重新投射到人本身，坚持"抑神扬人"的原则，用现实存在的尘世俗人反对虚无缥缈的上帝，肯定人的自由和尊严，确立人的价值和主体地位。这一时期艺术家们所有的作品拥有一个共同的特征：将人理解为

"自然人",号召人们大胆追求自己的自然欲望和世俗幸福,追求自由意志和人性发展,追求能力的全面提升,以此来反对宗教神学的禁欲主义,反对教会的专权独断,反对封建制度的奴役和对虚幻的超自然能力崇拜。最著名的政治哲学家马基雅维利,他所持的观点与中世纪神权政治背道而驰,在其作品《君主论》和《论李维》中,坚持用人性的需要来对政治的本质作出规定,马克思曾评价自他之后的政治哲学家们开始"用人的眼光来观察国家了"[1],他为近代政治哲学朝着现实性和人性方向发展奠定了基础。

由于这一时期的艺术家和思想家对人的关注过多地倾向于情感与价值方面,对人的自由和地位的强调过多地倾向于意识形态的片面议论,致使这种"人"只能存在于逻辑演绎和艺术天地中,因此,这一时期的"自然人"是抽象的。

近代西方哲学,从理性主义认识论的角度看,以开创者笛卡尔提出的"我思故我在"为典型,认为人的本质也在于思想和理性,这为近代哲学向主观性方向的转变提供了契机。从经验主义认识论的角度看,以"真正始祖"[2] 培根提出的"知识就是力量"为代表,认为作为认识主体的人,只有在掌握自然规律的基础之上才能成为自然的主人。经验主义者对知识和理性的重视与理性主义者是一致的。

理性主义者反对将人性解释为"自然性",主张把理性作为人之为人、区别与动物的根本特征和评判一切的根本尺度。为实现人的自由和平等,必须使国家趋于理性。但他们片面夸大了人的主体性,忽略了客观世界和物质条件对人的制约,以至于恩格斯评价这一时期是一个用"头"立地的世界,这一时期对人的本质规定是抽象的。

(四)德国古典哲学对人的本质的继续深入

德国古典哲学对马克思整个哲学理论体系形成和最终确立的影响是总体性、全方位的,不言而喻,它对马克思人学思想特别是关于人的本质规定方面的影响同样是不容忽视的。

康德将"理性主义"的观点发扬光大,开创了德国古典哲学这一支

---

[1] 《马克思恩格斯全集》第1卷,人民出版社1995年版,第227页。

[2] 同上书,第331页。

新流派。他的观点主要集中在他所著的三大哲学批判作品中，其一为《纯粹理性批判》，从理论理性的角度入手来剖析人；其二为《实践理性批判》，从实践理性的角度入手来剖析人；其三为《判断力批判》，从判断理性的角度入手来剖析人，同时又将三个不同层面的理性统一于人，形成了一个完整的关于人的问题的理论体系。为了说明人类理性判断先于对象而存在并贯穿于整个认识过程的始终，他提出要以与哥白尼解释天体运行类似的方式来直观对象，试图反抗以往哲学研究中根深蒂固的观念——科学思想的性质由它所研究的客体的性质决定，确立人是自然界的中心，凸显了人的主体性地位。

黑格尔推动德国古典哲学走向巅峰，他继承了西方哲学的理性主义传统，在其作品《精神现象学》和《法哲学》中，都把人归结为自身劳动的结果，认为劳动是人的本质所在，集中分析了劳动在人的形成过程中的巨大作用。他还运用辩证法对自己的观点进行论证和阐释，马克思认为他的辩证法最突出的贡献在于"把人的自我产生看作一个过程，……抓住了劳动的本质，把……真正的人理解为他自己的劳动的结果"[①]。但由于黑格尔哲学的唯心主义立场，他所谓劳动的唯一指向性就是抽象的精神劳动，因此在他那里，"劳动是人的本质"的实质就被贬低为"精神是人的真正本质"。马克思提出的"劳动是人的类本质"是经过唯物主义的扬弃后才得到的。

费尔巴哈是德国古典哲学的终结者，他的人学思想是人本主义的，并以"回到人，回到自然"为人学研究的原则，他是近代坚持"自然人"观点的集大成者。首先，针对理性主义和黑格尔的唯心主义思辨哲学中研究的抽象的人，他持竭力批驳和拒斥的态度。他认为应以感性存在的人，即建立在自然基础之上的人来作为哲学研究的出发点和立足点。这种唯物主义本体论和认识论，为马克思搭建了由唯心主义向唯物主义转变的桥梁。其次，他提出"人是人的最高本质"的观点，认为完整的"人本身"才能体现和展示人的本质。所谓"人本身"，即以自然联系为普遍共性的生命体，它表现为单个人身上所固有的脱离历史进程的"抽象属性"或"不变本性"。如此一来便陷入了抽象、直观和感性的理解层面。最后，他揭露了

---

① ［德］马克思：《1844年经济学哲学手稿》，人民出版社2000年版，第101页。

宗教的本质，认为是人的本质的异化，是人的自我感觉的丧失，因此要建立"爱的宗教"来调节人与人之间的关系，并且在宗教关系中来实现对人的主体地位的确立。总之，费尔巴哈认为人应具有完善的本质，但是人的本质在现实生活中被异化，因此要扬弃异化，实现本质，这种"应有——现有——回归和实现应有"的三段式思维方式，使其"人的本质论——人的存在论——人的复归论"的完整人本主义理论体系得以形成和确立。他的人学观点对马克思从黑格尔的"绝对观念"转向对现实的人及历史进行考察产生了促进作用。但他对人的理解因脱离实践、脱离历史而非真正现实的人，所以其人本学对人的本质的考察仍然是抽象的、直观的。

经过对西方哲学史上关于人的本质思想的系统考察，我们认为以往哲学家们虽然在不同历史时期对此形成了不同的理论观点，但从总体上看，在关于人的本质不计其数的各种结论中，大致有两种逻辑路径：一种是将人的本质归结为某一物质本质，主张将人看作一种感性的自然存在物，忽略主观理性对人的指导作用；另一种是将人的本质归结为灵魂或精神本质，主张将人看作一种理性的精神存在物，轻视客观存在对人的制约作用。这两种相互对立同时又互为补充的逻辑理路在哲学史上无休无止地互相博弈，但自始至终都难以驳倒对方确立自己在哲学界的权威，究其根源在于考察人时所采用的思维方式的单一性。他们割裂了人具有的物质和精神的双重本质，只是单一地强调其中之一，力求以存在否定思维或将存在消融于思维之中，这样只能导致对人的本质的抽象化理解。即使费尔巴哈发现问题并试图以感性存在的人来消解"物质"与"精神"之间的分离和对立，但是感性存在的人脱离实践，脱离历史，只能是一种感性直观，仍是对人的抽象化理解。

二 马克思人的本质论的演化轨迹

谈论这一问题的前提，首先是对马克思所理解的"本质"有所认识。他借鉴了黑格尔对"本质"所作的规定。黑格尔说："根据就是内在存在着的本质，而本质实质上即是根据。"① 其中包含着原因、根源之意，是

---

① ［德］黑格尔：《小逻辑》，商务印书馆1980年版，第259页。

一事物作为该事物而现实存在的根据①。马克思吸收了这一"时代精神的精华",并表示"如果事物的表现形式和事物的本质会直接合而为一,其他一切科学就都成为多余的了"②。从这个意义上看,"本质"是相对于"表现形式"而言的,是事物的内部联系。其次,在马克思的哲学中,人的本质问题是人之所以成为人而现实存在的内在根据,是人如何成为真正完整的、现实存在的人的问题。而对此问题的研究则应涵盖揭示人得以产生的根源,寻求人现实存在和发展的根据和动力、人的发展趋势及现实道路等范畴。人的本质与人性存在着根本上的差异性,人性是人与动物之间相互区分的外在差异性,正如马克思所言,可以根据宗教、意识等多种因素来实现这种差异性,这种外在属性具有多样性。然而人的本质则完全不同,它是人脱离动物最终成为现实存在的人的本质区别,是人克服他物尤其是动物的生存和活动方式局限性的临界点。最后,我们应对马克思所研究的"人"进行确定。他的研究对象,既与以黑格尔为代表的唯心主义哲学中研究的抽象思辨的人有本质上的区别,因而是具体的人;也异于以费尔巴哈为代表的旧唯物主义哲学中所涉及的客体直观的人,因而是历史的人,并且是体现在一定的社会关系中、从事社会生产实践的人。

马克思对人的本质的认识并非一步到位的,而是站在以往哲学家的肩上登高望远,积极地投身于革命实践,在主动与同时代思想家们的理论博弈中使之不断革新和完善的。他关于人的本质的认识批判地吸收了西方传统哲学的精华,早期受黑格尔唯心主义思辨哲学影响,与青年黑格尔派一样,将自我意识和理性自由当作人的本质;之后发展到受费尔巴哈人本主义哲学的影响,从个人的感性存在与人的类本质之间的分离和对立的矛盾来认识人的本质;最后经过实践批判,创立自己的唯物史观,从人的现实的生活生产活动中去把握实践和社会关系二者之间的辩证统一,从而使其关于人的本质论在长期探索和发展的过程中逐渐丰满和立体起来,并沿着从抽象上升到具体的逻辑理路逐步贴近现实。这一历程大致可以分为两个阶段。

---

① 袁贵仁:《马克思主义人学理论研究》,北京师范大学出版社2012年版,第76页。
② [德] 马克思:《资本论》第3卷,人民出版社1972年版,第923页。

(一) 抽象的人的理想本质：从"博士论文"到《1844年经济学哲学手稿》时期

1. 基于理性的人：从"博士论文"到《莱茵报》时期

青年马克思对人的本质的探索在他的"博士论文"和《莱茵报》时期所作的文章和所参与的活动中就早早地开始了。

大学时期，马克思加入了一个讨论黑格尔思想的"博士俱乐部"，他的思想很快便对其余会员产生了较大的影响。如其他青年黑格尔派成员一样，马克思这一时期主要奉行黑格尔体系中的"自我意识"及"凡是合乎理性的都是现实的"[①]原则，以理性即自我意识作为自己哲学的立足点和根本出发点。博士毕业时他所选择的论文题目，意在通过对比古希腊自然哲学家德谟克利特和伊壁鸠鲁的观点，运用伊壁鸠鲁在自然哲学领域的创造性发展——原子本性运动方式还包括偏斜，并借助这种运动方式所折射出的偶然性，改变德谟克利特在自然哲学领域中坚持的"旧原子论"的统治地位，扫除其中所蕴含的机械决定论为自由命运制造的障碍。从自然基础上为一切事物（包括人）的自由、独立寻找依据。人除了遵从必然性规律的支配，还存在偶然性的能动活动，这种能动活动就是表现自身行为目的的精神活动，即"自我意识"。因为"人的自我意识具有最高的神性"[②]，从而把人的本质规定为自我意识。

这一时期的马克思，关于人在本质上应当是自由的看法，从表面上看，与伊壁鸠鲁、黑格尔和青年黑格尔派所持的看法之间没有大的差异，但隐藏在这种看法背后的关于人的自由应如何实现这一问题上，他却有独到的看法，并且通过对其他人观点的尖锐批判，开始与他们分道扬镳了。伊壁鸠鲁认为人的自我意识在社会现实面前是极其渺小和苍白无力的，对此，人的唯一选择就是背对世界、逃避现实，消极地寻求内在的、纯粹的精神自由。青年黑格尔派则分离自我意识同社会现实之间的关联并通过夸大自我意识的批判能力来阐释人的自由。马克思坚决否定把人同周围世界和社会现实隔离开来或对立起来，消极或否定地对待客观现实的形而上学

[①] 《马克思恩格斯选集》第4卷，人民出版社2012年版，第221页。
[②] 《马克思恩格斯全集》第40卷，人民出版社1982年版，第189—190页。

自由观。

博士毕业以后，为在波恩大学获得教职，马克思开始修改并扩展论文以便发表。其间他与青年黑格尔派成员布鲁诺·鲍威尔一起投入了直接的、富有争议性的问题研究——反对宗教，坚持无神论，造成与政府当局之间的摩擦，并危及了二人预期的大学教职。随后他认识了《德意志年鉴》的创办人卢格，并给他寄去了一篇杰出的论战性文章——《评普鲁士最近的书报检查令》。他认为出版作品是反映个人的自我意识的，出版自由是人类精神的普遍特权，而新的检查令包含了国家政权机构所坚持的理性与个人出版自由即人类理性自由之间的矛盾。

在为《莱茵报》撰稿时期，马克思写了有关莱茵地区议会辩论的多篇文章，涉及出版自由、科伦事件、林木盗窃法、偷窃和土地分派等几个话题，但最终公开发表的只有《关于出版自由和公布等级会议记录的辩论》和《关于林木盗窃法的辩论》两篇。通过对这一系列话题的探讨，马克思发现了辩论者并不把自由当作一切理性的人的自然权利，而是当作特定阶级和人群的特殊权利。特别是将贫苦劳动者在缺衣少食的生活状态下，捡拾枯枝的行为被定性为盗窃，更使他充分认识到国家政权机构和法的不合理性，它们已经沦为林木占有者即私有财产的私人工具。一切法和制度成为了股东们的意欲和政府妥协的结果[①]，理性和现实之间的巨大落差使马克思产生了"苦恼的疑问"，也动摇了黑格尔唯心主义思辨哲学在他心目中的地位。

从对这一时期马克思所作的研究中可以看出，他对人的本质的把握逐步深刻，但此阶段，他探讨问题的角度和方式仍是一般性的，所使用的词汇"人"是普遍的，对任何历史时期、任何人都适用，不具有现实性；"自由"也仅仅是一种抽象的理性原则，所以这种人的自由即本质的实现仍是一般和抽象的，是理想主义的。

2. 基于抽象的人：从《黑格尔法哲学批判》到《1844年经济学哲学手稿》时期

《莱茵报》时期所经历和感受的社会现实使马克思产生的"苦恼疑问"——人的类本质与个人感性存在之间的落差和矛盾，成为马克思返

[①] 参见［英］麦克莱伦《马克思传》（最新插图本），王珍译，中国人民大学出版社2010年版，第63页。

回书斋的研究重点。恰巧在这一阶段，马克思接触到了费尔巴哈公开发表的一系列作品，包括《基督教的本质》、《关于哲学改造的临时纲要》和《未来哲学原理》等。其中所展现出来的人本主义思想迅速为马克思所接受，并成为了他快速从黑格尔唯心主义思辨哲学中脱离出来的催化剂。费尔巴哈在一系列作品中公开批驳黑格尔颠倒了主词与宾词之间的合理关系，并将宗教和人的位置置换过来，认为宗教是人创造的产物，是人的本质的异化。借助他的研究方法，马克思对黑格尔在《法哲学》中表述的已经深入人心的观点进行了毫不留情的驳斥，首先，就是对他的辩证法实行了特定的颠倒，并分析出黑格尔是通过对社会现实作为观念的展开进行说明来论证其合乎理性，以此竭力调和理想与现实之间的矛盾关系。马克思把黑格尔的整个理论体系归结到纯粹思辨范畴，强调理想与现实之间的矛盾是不可调和的。最后，马克思将费尔巴哈批判宗教与人的关系的方法推进到国家和市民社会的关系领域，认为国家和市民社会二者之间的对立之处在于人的类本质和感性存在之间的落差、分离和对立。因为国家应是人的类本质——理性和自由的产物和表现，而现实的市民社会则是人的感性存在的外在表现。

之后在《德法年鉴》上公开刊登的《论犹太人问题》一文中，马克思继续采用之前所使用的方法。首先，他猛烈地攻击了鲍威尔思想中的思辨性，尤其是鲍氏从宗教和神学的角度来看待犹太人的现实问题，忽略了隐藏在世俗之中的现实经济状况的重要作用这一点。最后，他从犹太人这个独特群体的现实经济生活入手，对其群体的"高度经验本质"进行揭露，说明对金钱的顶礼膜拜是犹太人的狭隘性，更是生活的狭隘性。可见，这个阶段的马克思已经开始着手通过研究社会经济生活来剖析人的本质。

对黑格尔唯心主义思辨哲学的清算和对犹太人的现实经济生活的深入研究后，马克思写作的《〈黑格尔法哲学批判〉导言》一文表明，个人的感性存在所涉及的社会关系研究的思维方式逐步在他的脑海中扎下根来。首先，马克思完全突破和抛弃了费尔巴哈对局限于自然领域抽象的人进行考察的方式，认为只有将人纳入现实的社会生活之中，才能真正考察和认识人的本质，并依此找出宗教产生的根源及消灭宗教的方式。他认为宗教源于现实社会关系中的压迫，要消灭宗教，就必须"推翻使人成为被侮辱、被奴役、被遗弃和被蔑视的东西的一切关系"①。其次，他指出推翻德国现实中的一切压迫关系，必须把实践批判同理论批判结合起来，即把对德国的现实批判同对产生这种现实的观念——黑格尔唯心主义思辨哲学的批判结合起来，并唯物主义地解读了理论与实践、物质与精神的辩证统一关系。最后，对于尚处在探索阶段的人类解放问题，他认为就德国而言，需要形成一个能"表明人的完全丧失"并且"只有通过人的完全回复才能回复自己本身"②的领域，也就是无产阶级。因为他们是变革这个社会的"物质力量"，并具有以"人就是人的最高本质"③这个精神武器为立足点来实现"德国唯一实际可能的解放"④的能力。由此可见，马克思在这一阶段所提倡的无产阶级革命仍是把人的已经异化了的本质重新归还给人本身，并片面地要求生活在现实社会中的人力求趋向抽象不变的人的类本质。由于他对人的本质的抽象性理解，使得他此时所持有的唯物主义仍是非历史性、非辩证的，共产主义立场也是非科学的。

从《〈黑格尔法哲学批判〉导言》中分析出人类解放的主体和方式后，马克思就从联系副本的批判进入了联系原本的批判，对人的考察也深入涉及了人在社会经济生活中的活动。首先，就人的本质问题而言，他充分肯定并部分借鉴了黑格尔认为劳动是人的本质的合理性，认为劳动"把人同动物的生命活动直接区别开来"使人成为"类存在物"⑤，但同时也批判了黑格尔所谓"劳动"仅仅指向精神劳动所蕴含的抽象性和思辨性。最后，他指出"人懂得按照任何一个种的尺度来进行生产"⑥，当且仅当脱离肉体需要的影响时才从事真正的生产活动，这表明人在改造自然界的既成性和给定性，创造新的对象世界这一过程中，同时融合了人的主体目的、理想和价值追求⑦，使现实世界向人生成。

马克思以人与动物之间的根本差异的临界点为标准，从人的主体能动

---

① 《马克思恩格斯选集》第 1 卷，人民出版社 2012 年版，第 10 页。
② 同上书，第 15 页。
③ 同上书，第 16 页。
④ 同上。
⑤ 参见 [德] 马克思《1844 年经济学哲学手稿》，人民出版社 2000 年版，第 57 页。
⑥ 同上书，第 58 页。
⑦ 参见李楠明《对人的本质的理解是马克思实践哲学创立的内在逻辑线索》，《学术交流》2001 年第 1 期，第 12—16 页。

性视角对人的类本质的考察,也是马克思在这一阶段批判现实的出发点和重要武器。针对人的类本质与个人感性存在之间的分离和对立,马克思已逐步把劳动作为个人与社会相互联系、相互作用的中介,由于劳动的理想性使马克思徘徊在抽象与现实之间进退维谷,用人追求自由自觉的必然性批判现实社会中同人性相背离的方面,仍然深深地陷在人本主义的理论模式中无法进行科学的思考;但他把异化劳动具体为工人的生产劳动,使劳动生产者开始逐渐从感性存在一步步转向感性活动,为之后思想中现实的、活生生的人即从事具体物质生产活动的人奠定了坚实的基础。

几乎在同一时期,马克思大范围搜寻经济学家们对资本主义经济进行解读的作品,如果作品对他产生启发,他便会仔细阅读,并做下详细的摘要。在对詹姆斯·穆勒的《政治经济学原理》一书所做的摘要中,同样充斥着两种矛盾的思维路径:一方面继续在哲学上从人的类本质出发来批判现实社会中存在的非人性;另一方面试图从经济学的角度为现实社会找到合理的解释途径。他对人的本质作出了新的界定——"人的本质是人的真正的社会联系"[1]。据他分析,在资本主义条件下,人与人之间"彼此的价值"变成了"彼此拥有的物品的价值"[2],现实的社会被异化为"个人需要和利己主义"[3] 的社会。这表明马克思此时突破了透过国家与市民社会之间的关系来理解人的方法,而是通过人的劳动创造的社会联系来理解人的社会特质,虽然此时他尚未达到跳出"抽象预设人的理想本质——人的本质在现实社会中的异化存在——扬弃异化、实现人的本质的复归"的思维怪圈的高度,但已经预示着他由旧唯物主义向历史唯物主义过渡的不可逆转性。

(二)现实的人的真正本质:从《神圣家族》到《共产党宣言》时期

《神圣家族》是马克思、恩格斯首次合作的成果,文中阐述了历史是发源于物质生产之中的观点,并彻底清算和拔除了青年黑格尔派唯心史观对他们的影响。首先,他们指出人的劳动产品"是人的实物存在,……

---

[1] [德] 马克思:《1844年经济学哲学手稿》,人民出版社2000年版,第170页。

[2] 同上书,第183页。

[3] 同上书,第171页。

是他对他人的人的关系，是人对人的社会关系"①，这显示出他们不再单独地考察劳动产品的经济意义，而是意识到其中包含的社会价值；也不再独立地探讨人与人之间的关系，转而透过产品与产品之间的关系来探索。其次，在人与历史的关系方面，他们发出"历史不过是追求着自己的目的的人的活动而已"②的感慨，指出历史是人从事生产创造的基石，而要考察人必须深入粗糙的物质生产、具体的经济生活和工业状况之中。最后，虽然马克思自称此时还带有"对费尔巴哈的迷信"③，但他已经开始将在历史中具体的、现实的人的实践活动和社会生活条件纳入自己理论分析和探讨的范围，这使他对人的本质把握更加深刻，充当了人的现实本质提出的理论酵母，促进了人的本质论的完善和唯物史观的确立。

在思想成熟前夕，马克思撰写了一个纲领性文件，并在其中全面地归纳了自己"新唯物主义"的核心观点，与"从前的一切唯物主义"和"唯心主义"实行了彻底的决裂，并划清了界限④，这部作品就是《关于费尔巴哈的提纲》。11条提纲中多次涉及人的问题，使之前对人的异化的探讨推进到了市民社会分裂的领域；而关于人学核心问题，即人的本质界定也从类本质落实到现实本质的层面，也就是从"自由自觉的劳动"转变到"感性实践"和"一切社会关系的总和"，至此他终于脱离了人的类本质与个人感性存在之间二元对立范式的影响，跳出人本主义思维怪圈，科学地揭示了人的本质。费尔巴哈界定人的本质时采用了抽象方法，即脱离历史、脱离实践将人的本质看作"单个人所固有的抽象物"⑤，这表明直观的唯物主义忽视了感性活动的价值和意义。马克思的新世界观则正是以感性的活动为立足点和出发点，在哲学史上首次实现了思维与存在的统一，从而确立了实践思维方式，借此不仅深刻地揭示了人的本质，还正确地揭示和理解人类历史之谜。人的现实本质这一观点的提出，是对探讨人的本质的基本原则的完善，它深刻地表明应经由各种社会关系共同作用而对人的具体本质作出规定。这一论断从外在客观方面阐明社会历史条件对

---

① 《马克思恩格斯全集》第2卷，人民出版社1965年版，第52页。

② 同上书，第118—119页。

③ 《马克思恩格斯全集》第31卷，人民出版社1972年版，第293页。

④ 参见《马克思恩格斯选集》第1卷，人民出版社2012年版，第133—136页。

⑤ 同上书，第135页。

人的本质的约束和限制，随着社会实践活动的不断变化，人的本质的生成和发展也经历同步的变化，因此它还强调了人的社会性和历史性。

在《关于费尔巴哈的提纲》这一不足1500字、仅仅由11条"提纲"构成的纲领性文件中，蕴含着极其丰富的历史唯物主义观点。这些天才萌芽的科学观点都在由马克思、恩格斯于1845年合著的《德意志意识形态》中得到了详细而具体的制定和全面的阐释，其中也对人的本质的问题进行了全方位的扩展，这部作品使马克思的人学理论趋向成熟与完善。特别是在《费尔巴哈》第一卷第一章中，以"现实的人"即"从事实际活动的人"①作为理论逻辑的出发点，对人的实践活动与社会关系，人类历史发展等问题进行了深入挖掘，更加全面和深刻地揭示了直观唯物主义对人的本质理解的抽象性失误。人的本质是"在实践中，即通过革命使自己的'存在'同自己的'本质'协调一致的"②，换言之，人的本质是在现实的物质资料生产基础之上生成和发展的，是随着生产实践活动的不断发展而不断更新的，与人的存在之间是辩证统一的关系，它是一个开放的历史性系统。

马克思在此实现了双重的扬弃与超越过程，首先是用客观的感性活动代替了纯粹的精神活动，克服唯心主义对人的本质理解的思辨性的偏颇；其次是借助因从事物质资料生产活动而现实存在的人所折射出的主体能动性，清算了直观的唯物主义仅仅把人当作客体来对待的抽象性缺陷。最后，科学的人的本质论完全确立，新的世界观也正式建立。但马克思志不在此，而在于"改变世界"，这一切都为他之后对现实社会的政治经济学和科学社会主义的探讨奠定了深厚的哲学基础。

三　马克思人的本质论的全景展示

纵观马克思人的本质论的发展和演变轨迹，从青年时代世界观尚未定型时受黑格尔和费尔巴哈影响时所持有的"自我意识""自由和理性"、"人本身"等观点，到思想过渡时期得出的"自由自觉的活动"，再到成熟时期所坚持的"一切社会关系的总和""物质生活资料生产"、"劳动"

---

① 《马克思恩格斯选集》第1卷，人民出版社2012年版，第152页。
② 同上书，第177页。

等众多关键点,这样曲折的发展历程表明马克思早期也同以往的哲学家们一样,以单一的实体思维方式来考察人自身,但他很快便意识到自己思维方式的片面性和抽象性,努力寻找更加科学的思维方式来解释和认识世界,最终达到改变世界的目的。思想成熟后,他寻找到了人之为人的现实存在,且能使人自身众多属性得以统一的基础——物质生产活动,并在其中揭示了人的本质之谜。

(一) 人的类本质是"自由的有意识的活动"

1. 两种思维方式的交锋:预设人的类本质

哲学思维方式是一个哲学家认识、分析和解决问题时所坚持的最根本观点和最高方法论,它规定着其全部哲学对待事物的方式、理解事物的模式和处理问题的方法,其本质是人的生存和活动方式在哲学高度上的一种表现[①]。

在思想过渡时期所撰写的《1844年经济学哲学手稿》一书中,由于尚未找到科学的思维方式和哲学基本概念,因此,马克思充分吸收和借鉴了以往哲学家尤其是德国古典哲学家在人学理论方面的研究成果中合理的精华。首先,在哲学概念上,一方面肯定黑格尔将劳动当作人的本质的观点,反对其只将劳动归于抽象的精神劳动的思辨性;另一方面接受费尔巴哈将人当作"类存在物"的思想,反对其脱离历史、脱离实践的直观性。其次,在思维方式上,主要沿用费尔巴哈"抽象预设人的理想本质——批判现实中人的本质异化——扬弃异化、实现复归"的人本主义思维方式来进行论证和阐释,因此提出了"自由的有意识的活动"是人的类本质这样一个命题。需得注意的是,马克思此时已经意识到前人思维方式的狭隘性和抽象性,在借鉴的过程中隐藏着反叛的种子——试图从现实的经济事实出发,寻找导致现存世界中人的感性存在与人的类本质分离和对立的原因和解决矛盾的路径。虽然这种从经济事实出发的思维方式此时还是以隐性的形式存在着,但它预示着马克思实践思维方式生成和发展的不可逆转的内在趋势。

马克思客观地描述了资本主义条件下工人生活艰苦、极端贫困,即使

[①] 参见倪志安、侯继迎《实践思维方式与马克思人的本质理论——关于人学的总体性方法论思考》,《西南师范大学学报》(人文社会科学版) 2004 年第 1 期,第 10—16 页。

付出艰辛的劳动却得不到相应的酬劳的生活状况，而国民经济学家们不仅无视这样的残酷事实，还争相为资本主义制度的合理性作辩解、唱赞歌。为了揭示这种社会现象，在逻辑上马克思不得不预先设定一个理想本质作为前提和依据，进而为批判这些社会现象、指导无产阶级找到奋斗和革命的目标提供有力的支撑。"共产主义是私有财产即人的自我异化的积极的扬弃，因而是通过人并且为了人而对人的本质的真正占有"①，显然，马克思在此时却暂时未能找到扬弃异化的现实道路。

虽然同费尔巴哈的人学理论一样，马克思也预设了一个理想本质——自由的有意识的活动，但不同于费尔巴哈预设脱离历史、脱离实践的理想本质的完全抽象性，马克思设定的理想本质是有一定的现实基础的。这个现实基础是异化劳动理论四个规定中的前两个：第一个是劳动产品的异化，具体表现为作为劳动主体的工人，本该享有对劳动成果的支配权利，而在资本主义制度中却刚好相反，他们付出辛劳与汗水生产出来的、给予生命的对象，再也不受控于他们，而是作为某种"敌对的和相异的东西"站在了他们的对立面，并对他们的生存和活动形成了制约和束缚；第二个是"具有异化形式的现实劳动活动过程"②，具体表现为工人在劳动过程中感受到的不是自我力量得到确证的幸福感和成就感，反而经受着折磨自己肉体、摧残自己精神的遭遇；第三个层次的规定——人与人的类本质两者之间的异化，就是站在"经济事实即工人及其产品的异化"③ 这一基石之上自然而然地推导得出的。人"异己的本质"的提出，深刻揭示出工人的劳动在资本主义条件下被异化得如同动物的本能活动一般，除了仅能满足自身的肉体生存，它没有其他用武之地④。由此可见，马克思对现实中工人的生存境遇有着深刻的同情，也坚决站在工人（无产阶级）的立场批判现存世界，力求达到应然的、理想的未来（共产主义社会）。

对人的本质的预设否认了人的本质的生成性及历史承继变化性，从这个角度讲，人的类本质无论设定为何种内容都会带有抽象性。当然，马克

---

① ［德］马克思：《1844年经济学哲学手稿》，人民出版社2000年版，第81页。
② 李怡、赵庆元：《马克思人的本质理论的深层检视》，《求实》2008年第6期，第18—21页。
③ ［德］马克思：《1844年经济学哲学手稿》，人民出版社2000年版，第59页。
④ 同上书，参见第53—60页。

思的设定同样不可避免有其抽象性，以"自由的有意识的活动"来衡量人和社会，只能更多地停留在道德评判和价值拷问的层面，这也是刺激马克思由对人的感性存在的考察深入对人的感性活动进行研究的重要因素。

2. "自由的有意识的活动"的深刻内涵

马克思接受了费尔巴哈将人当作"类存在物"的思想，首先将人作为一个统一的整体规定为"类"，一种超越了具体的时间和空间的存在。并把整个人类规定为统一的整体与其他动物作"类际关系"对比，在人与非人之间划分出一条明确的界线。

人自脱离动物伊始，就开始改造自然世界、创造属人世界，并且能"按照美的规律来构造"[①] 自己的世界。自由自觉的活动是对人的本质力量的确认，同时也是人与动物"类际"关系之间分隔的根本标志，劳动创造了人类自身和人类社会历史，是打开人类历史之谜的钥匙。

（1）劳动是人类脱离动物的"最后的本质"特征

人类是自然界漫长进化和演进过程的产物。在这个过程中，劳动起了关键性的决定作用。首先表现在手的出现，"意味着工具的出现……意味着人对自然界进行改造的反作用，意味着生产"[②]。其次是立足于脚的"直立行走"使人的视野和眼界得到开阔，对客观世界的感性认识得以增加，相互交流和沟通的需求增强，从而促进了类人猿不发达的喉头的演化及猿脑向人脑的进化，语言和意识的应运而生，标志着人的产生。"诚然，动物也生产"[③]，但动物式的本能活动与人的劳动之间存在着本质的差别，动物在自然面前只能消极被动地服从其规律，而人可以积极主动地认识、把握并按自己的目的支配自然界。正如恩格斯所言，造成人同其他动物的"最后的本质"的区别的还是劳动[④]。

（2）劳动是人类生存和发展的最基本方式

人类为了在世界上安身立命，必须与自然之间进行物质、能量和信息等诸多方面资源的交换活动，而处于自然界与人之间的中介和桥梁就是人类所特有的生命运动形式——劳动，它是人类满足自身所有需求的必要条

---

① ［德］马克思：《1844年经济学哲学手稿》，人民出版社2000年版，第58页。
② 《马克思恩格斯全集》第20卷，人民出版社1971年版，第373页。
③ ［德］马克思：《1844年经济学哲学手稿》，人民出版社2000年版，第57页。
④ 《马克思恩格斯全集》第20卷，人民出版社1971年版，第518页。

件。与动物界完全自发地、狭隘地、片面地维持自身个体生存的本能有着根本上的区别,人类为了满足自身的生存需求,从事着更加广泛、全面的,与自身生理、心理本能相适应的,自觉的、社会的物质资料生产。因为人的需要"不是纯粹的自然需要,而是历史上随着一定文化水平而发生变化的自然需要"①。由此可见,人类对于自然界的依存关系,是以劳动创造、生产实践为中介的。没有了劳动,人类便无法存在,遑论发展。

(3) 劳动是人类社会产生的最深层次根源

人类除了拥有与自然之间产生的双向改造的相互关系之外,还拥有在劳动实践过程中与人分工、交往和合作创生的社会关系,所有的社会关系总合起来就构成社会,社会性是人的特有属性。西方马克思主义者卢卡奇认为,劳动是"人自己创造自己的手段",并随着自我的实现而进入"一种新的、自我创造的存在:社会存在"②。这表明人类社会是劳动(社会生产)的产物,人借助自己的劳动证明自己的本质力量,同时通过交换实现对其他人劳动成果的占有和享用,以此证明其他人的本质力量;反之亦然。人就在相互分工合作交往的劳动过程中提升了相互的人化程度和社会化水平,并从不间断地丰富和完善其社会性,从而丰富和发展人类社会。

(4) 劳动是人类社会历史发展的最强大动力

人类社会历史是人类通过自己的劳动而对自我创生和肯定的过程,它与动物这种非历史性的存在完全不同,除了具有纵向的自然时间向度,还拥有社会历史的特质。东欧马克思主义者乔治·马尔库什认为:"正是作为对象化的人的本质的劳动为历史创造了可能性。"③ 人的劳动能力的提升对社会历史的发展具有强大的推动作用,"火药把骑士阶层炸得粉碎,指南针打开了世界市场并建立了殖民地,而印刷术则变成新教的工具"④,这三大发明预示了资产阶级社会的到来。近代大工业的兴起,特别是由蒸

---

① 《马克思恩格斯全集》第 47 卷,人民出版社 1979 年版,第 52 页。

② 参见 [匈] 卢卡奇《关于社会存在的本体论》(下卷),重庆出版社 1993 年版,第 50 页。

③ [匈] 马尔库什:《马克思主义与人类学——马克思关于"人的本质"的概念》,李斌玉、孙建茵译,黑龙江大学出版社 2011 年版,第 15 页。

④ 《马克思恩格斯全集》第 47 卷,人民出版社 1979 年版,第 427 页。

汽机及其相关机械的发明解放了人的肢体能力，由电子计算机的发明解放了人的智力，这些都是人的本质力量不断展现、提升和增强的重要标志。对此，马克思很早就有所总结："工业的历史和工业的已生成的对象性存在，是一本打开了关于人的本质力量的书"①，一部人类发展史同质于一部人的劳动实践史。

劳动使人脱离自然界成为相对独立的主体，表明"类本质"这一规定内含着人是劳动创造、生产实践的主体，是可以按照自身的需要、理想和价值追求而对世界的既成性进行改造的主体，充分显示了人的主体性、能动性和创造性。但不仅"人与动物"类际之间存在差别，现实中的"人与人"类内也存在差别，后者仅用"类本质"是无法解释彻底的。此时，马克思对造成人的本质的丧失和异化的资本主义经济事实的批判还没有真正有力的武器，追求人的本质与现存之间的同一也还没找到坚实的"实践"基础，他只能在两种思维方式中徘徊，找寻通往现实的出路。自此之后，马克思意识到不能再纠结于劳动本身，而必须深入社会现实活动中去考察。

（二）人的现实本质是"一切社会关系的总和"

1. 实践思维方式的确立：提出人的现实本质

首先，旧唯物主义将"自然"、"存在"作为认识事物的根本出发点，主张在人本身的存在和结构中去探索人的本质，认为属人世界是自然世界的简单延伸，人的本质就在于自然的本质或某种存在的本质，强调自然或客观存在的决定作用。其次，唯心主义却脱离自然，脱离存在，从"思维"或"意识"出发，主张在独立于人本身的存在之外的理性、概念中去探索人的本质，使人失去了自然、存在的本原和基础特性，将人的本质归结于抽象的"精神"或"意识"，强调主观意志的作用。最后，以费尔巴哈为代表的直观唯物主义已经意识到前两种哲学的弊端，在思维与存在的关系问题上，一方面取得了一定的成效——批判了将思维消融于存在的机械唯物论，又批判了将存在消融于抽象思维的思辨唯心主义；另一方面却有失偏颇——试图运用人本学的思维方式来寻求思维与存在的统一，结

---

① ［德］马克思：《1844年经济学哲学手稿》，人民出版社2000年版，第88页。

果却只能统一于直观的形式,即认为人就是精神与肉体、思维与存在的简单相加和直接结合,这种观点缺乏了具体的研究内容。在实际的运用中,更多地倾向于自然、存在的观点,一旦踏入历史领域就立马显现出它倾向于思维和意识观点的缺陷。总之,以往的哲学家们无法找到将人的思维与存在统一起来的现实基础,导致自然世界与属人世界之间分裂和对立的矛盾。这个矛盾只能从现实"世俗世界的自我分裂和自我矛盾"[①] 中去寻找根源,矛盾的根源同时也是矛盾双方得以统一的现实基础——人的生产实践。[②] 以往的哲学未能深入这个程度,马克思将在之后的一系列著作中来完成。

经过前期在两种思维方式的思想挣扎,在《关于费尔巴哈的提纲》一书中,马克思确立了实践思维方式来认识和理解问题,为思维与存在、自然世界和属人世界的辩证统一找到了坚实的现实基础。在考察人的本质方面,也不再局限于之前仅强调主观方面的"劳动",而是从客观的社会现实角度入手提出人的本质"在其现实性上,它是一切社会关系的总和"[③]。至此,马克思最终脱离了抽象的思维方式的樊笼,确立了自己以感性活动为出发点的科学的思维方式,创建了自己的新哲学。

2. "一切社会关系的总和"的深刻内涵

马克思一生所关注的重点不是人与动物生存状态的异同,而是人处于不同社会历史形态下或相同社会历史形态中却有完全迥异的生活状态,尤其是资本主义制度下工人阶级和资产阶级何以有天壤之别的命运,探究造成这一切的根源是马克思毕生的追求。在认识人的本质的思路上,他首先从一般性入手,再研究"每个时代历史地发生了变化"的特殊性[④]。马克思运用了唯物辩证法,立足于现实的人的感性活动和在社会交往中形成的各种关系,强调人的现实性,反对将人的本质抽象化、绝对化,对人的本质进行了动态的辩证综合,"一切社会关系的总和"也具有深刻的内涵。

---

① 《马克思恩格斯选集》第 1 卷,人民出版社 2012 年版,第 134 页。

② 张云阁:《马克思思维方式论——马克思哲学与费尔巴哈哲学关系研究》,武汉大学出版社 2007 年版,第 47—49 页。

③ 《马克思恩格斯选集》第 1 卷,人民出版社 2012 年版,第 135 页。

④ 《马克思恩格斯全集》第 23 卷,人民出版社 1972 年版,第 669 页。

(1)"关系"是认识人的现实本质的核心

通过把人放入相互分工、交往和合作形成的"社会关系"中来规定人的现实本质,不但使马克思超越以往哲学家们的实体思维方式,更使他以关系思维方式来思考和解答人的本质问题,实现从研究"抽象的人"到"现实的人"的过渡。传统实体思维方式在研究人时,不仅仅只是从某种人自身所固有的抽象物出发,更是把人所拥有的这种或者那种亘古不变的本质当作人类、社会和历史不断向前进步的标准和根据。马克思反对实体思维方式对人的本质的抽象性理解,更反对把人看成社会、历史的首要因素这种历史唯心主义观点。关系思维是对实践思维方式的衍生,它们二者的实质是一致的,因为人们在从事生产劳动的过程中必然要形成和确立人与自然、人与人及人与社会之间多方面、多角度和多层次的关系,这表明关系思维寓于实践思维方式之中,是考察活生生的、立体丰满的、"实践"的人时必不可少的。即使在思想体系已经十分成熟和完善之后,马克思在写作《资本论》时期仍然没有抛弃使用这种关系思维方式来阐述资本家与工人的区别。

(2)"总和"是理解人的现实本质的重点

人在生产实践和分工合作的相互交往中形成了多方面、多层次的社会关系,而"总和"二字,首先强调我们考察人的本质时务必严谨地对诸多社会关系进行全方位的综合分析,切忌以偏概全。即在断定某人的现实本质时,既要横向考察与他相关的所有社会关系,并对这些社会关系进行去伪存真、由表及里的甄别,又要纵向兼顾这些社会关系的历史性变化。与此同时也要注意其中所有社会关系并非简单的堆砌,而应将其视作一个由多种社会关系相互联系、相互影响而形成的有机统一体,以"总和"的形式存在并发挥着作用①。但"总和"之中的诸多社会关系,绝不处于平行或并列的地位,它们之间还存有主要与次要之分,决定与被决定之别,因此考察人的本质时要坚持"两点论"与"重点论"的统一②。

(3)"现实性"是把握人的现实本质的关键

这个关键一方面表明马克思所探讨的对象是"具体的人"。具体的人"与作为概念、只存在和活动于人们头脑中的"抽象、一般的人"截

---

① 袁贵仁:《马克思主义人学理论研究》,北京师范大学出版社2012年版,第86页。
② 王善超:《关于人的理解》,河南人民出版社2011年版,第79页。

然不同,他是在一定社会制度下的具体社会关系中从事实际活动的人,是受客观的社会条件制约的、社会化的人,每个"具体的人"都因其成长背景、社会关系和所处的社会地位不同而展示出截然相异的现实本质。承认人的具体性,是马克思考察人的独特原则,其他针对"抽象的人"的一切探索和追求都无法"对我们说出任何确定的东西"①。"现实性"的另一方面表明马克思所考察的对象是"历史的人"。由社会生产力和社会关系制约的人的本质决计不会停留在某一固定状态驻足不前,它必然会随着物质生产资料、生产力和生产关系的变化而改变,随着社会历史的不断发展而逐步得到完善,以此,现实的人是"在历史中行动的人"②。因此探讨人的本质时需要坚决反对非历史主义的态度,反对静止、凝固的形而上学的观点和方法。在美国实用主义哲学家杜威看来,"人性不变的理论是在一切可能的学说中,最令人沮丧的和最悲观的一种学说"③。

总之,人的现实本质的这一科学论断让我们既能解释同时生活在奴隶社会中的奴隶为何不同于奴隶主,或者生活在封建社会中的人为何不同于生活在资本主义社会中的人,又能说明同一个人在不同的历史时期的本质为何会随着社会关系的变化而发生历史性的改变,或者同时处于某个社会中的同一阶级为何在具有共同的阶级性时还具有不同的个性,实现了对人的本质的研究由"人类"和"个体"的抽象上升到"社会"和"个人"的具体。

(三) 二者关系之透视

经过以上的详细剖析,我们可以看出马克思关于人的本质的两个论断是探索的思维方式、视角和层次转换的结果,它们绝不是矛盾和对立的,只是不断扬弃和超越的结果,并且两者是相辅相成、互为补充的有机联系体。

劳动是人的类本质,展示出一般性特点,而根据什么原则、采取什么方式进行劳动,这些具体问题表明一般本质有待发展到具体的人的现实本质。列宁认为:"唯物主义的社会学者把人与人间一定的社会关系当作自

---

① 《马克思恩格斯选集》第4卷,人民出版社2012年版,第247页。

② 同上。

③ [美] 杜威:《人的问题》,傅统先等译,上海人民出版社1986年版,第155页。

己研究的对象，从而也就是研究真实的个人，因为这些关系是由个人的活动组成的。"① 这显然是对马克思理论逻辑和思维方式的科学解释，劳动是社会关系产生的前提和基础。因为社会关系绝不会凭空产生，也不是凝固不变的，而是由人的劳动生产出来的，人因置身其中而获得丰富多彩的真实。人是一定社会关系的承载者，离开劳动单独探讨社会关系必然流于形式。"生产本身又是以个人彼此之间的交往为前提的"②，一定的社会关系是人的劳动实践的具体历史形式，但它不只是完全消极、被动的结果，其产生和发展不以人的意志为转移，并对人的劳动实践具有促进或阻碍的双向作用。这又表明社会关系制约着人在劳动过程中相互交往、分工协作的生活方式和组织方式，是人的劳动实践得以进行的必要条件，离开社会关系单独考察劳动实践必将陷入抽象。人的本质两个层面统一于现实的人，具有开放性、历史生成性的根本特性，马克思对人的发展进行划分时所得的"三形态"理论就是对这一观点的最好证明。这同样证实了马克思绝不会给"人的本质是什么"下一个僵化的定义，"一切社会关系的总和"只是为探究此问题提供更加科学的原则和方法，它是对"劳动是人的类本质"的进一步发展和深化。

虽然劳动实践和社会关系具有不可分割的密切联系，但并不表示它们在任何情况下都具有同等重要的地位。由于它们拥有不同的角度、层次和侧重点，在研究人的问题时应注意具体问题具体分析。在一定意义上，劳动实践是社会关系产生的源泉，它决定着社会关系的性质和变化，因此占有比社会关系更根本的位置。但在现实中，认识人的现实本质远比只了解人的一般本质更重要。尤其是在阶级社会中，虽然每个人都是不同于动物的存在，却因所处社会关系的差别导致社会地位的严重不平等，比如在资本主义社会中，"资产者把无产者不是看作人，而是看作创造财富的力量"③。假设我们只就人的类本质、一般本质来考察人和社会，一切现实的实践活动（生产实践、阶级斗争和科学实验等），都将迷失前进的方向。

因此，对人的本质的完整认识是指在一定社会关系总和中从事劳动实

---

① 《列宁全集》第1卷，人民出版社1984年版，第368页。
② 《马克思恩格斯选集》第1卷，人民出版社2012年版，第147页。
③ 《马克思恩格斯全集》第42卷，人民出版社1979年版，第262页。

践活动，简而言之就是"社会性的实践"。① 把握人的本质时必须贯彻对二者采取辩证统一的原则。二者的辩证统一既能分辨出人与动物的根本区别，又能对现实中人的个性、阶级性、民族性等现实本质以及人的本质的历史生成性进行考察，体现出马克思对人的本质的完整把握；二者的辩证统一既能展现人可以通过劳动实践创造自身、创造社会、创造历史的主观能动性，又能揭示人只有将自己置身于一定社会关系之中才能从事劳动生产的客观受动性，展示出马克思"把人们当成他们本身历史的剧中人物和剧作者"② 的哲学原则；二者的辩证统一既能避免脱离社会、脱离形式的思辨唯心主义的抽象人性论，又能克服排除主体、排除内容的旧的唯物主义机械人性论，凸显辩证唯物主义人的本质论兼顾主体与客体、内容与形式的理论特质。

四　马克思人的本质论的终极指向

经过对马克思人的本质论的来源考察、发展历程的梳理和理论本身的全景展示，我们已经清楚地明确了其人的本质论是对现实的人的本质的深刻研究和考察，其目的在于为人的全面发展——人对自身本质的全面和真正占有——提供理论依据和现实的实践指导，人的全面发展是作为主体的人在其本质生成和发展的过程中的内在必然要求，也是人的本质论的落脚点和终极关怀。

（一）人的全面发展的深刻内涵

人的全面发展状态是马克思倾尽毕生心血为之奋斗的焦点，早在1844年马克思的理论逻辑和思维方式尚未成熟和完善之际，他就在《1844年经济学哲学手稿》中对此进行了描摹，即"人以一种全面的方式……作为一个总体的人，占有自己的全面的本质"③，换言之，人的全面发展就是人真正全面占有自己本质的最高境界，而人的本质问题就是理

---

① 黄楠森、陈志尚、赵敦华等：《人学理论与历史》（人学原理卷），北京出版社2004年版，第99页。

② 《马克思恩格斯选集》第1卷，人民出版社2012年版，第227页。

③ ［德］马克思：《1844年经济学哲学手稿》，人民出版社2000年版，第85页。

解人的发展问题的钥匙。

1. 人的类本质的全面发展

人的类本质是劳动，其全面发展主要表现为劳动活动的全面发展，并且可以从其性质及其内容和形式等方面来进行分析。在未来"共产主义社会里，任何人都没有特殊的活动范围，而是都可以在任何部门内发展，社会调节着整个生产，因而使我有可能随自己的兴趣今天干这事，明天干那事"①。

首先，就劳动活动的性质方面来看，人的劳动完全有别于动物所拥有的自然的、本能式的活动，其独立、自主、能动、自由、自觉等特性的发展水平取决于人的劳动能力大小，即人是否能够或能在多大程度上根据"任何物种的尺度"和"内在固有的尺度"，按照"美的规律"来认识和改造对象世界。劳动发展的关键在于劳动能力的提升和人的主体地位的确立，劳动的产物和结果是"人的本质力量的公开的展示"②。除了马克思本人用"全面地发展自己的一切能力"③、"人类全部力量的全面发展"④等语言和概念来表述人的全面发展问题，恩格斯也用了类似的语言来表达——"发挥他的全部才能和力量"⑤、"各方面都有能力的人"⑥，列宁则认为全面发展的人是"会做一切工作的人"⑦。

其次，就劳动活动的内容和形式方面来看，在未来社会中的人的劳动活动不再局限于某一单调乏味的领域，也不再屈从于某一狭隘的分工，而是可以自觉地根据每个个人的天赋、兴趣和特长等主观因素对自己劳动活动的内容和方式进行自由的取舍。他们或从事体力劳动，或从事智力劳动，或参与物质资料生产活动，或参与科学艺术、社会管理等活动，使劳动活动的丰富性、灵活性和全面性代替了以往社会中劳动活动的贫乏化、固定化（强制化）和片面化。

---

① 《马克思恩格斯选集》第1卷，人民出版社2012年版，第165页。
② 《马克思恩格斯全集》第42卷，人民出版社1979年版，第128页。
③ 《马克思恩格斯全集》第3卷，人民出版社1960年版，第330页。
④ 《马克思恩格斯全集》第46卷（上），人民出版社1979年版，第486页。
⑤ 《马克思恩格斯全集》第42卷，人民出版社1979年版，第373页。
⑥ 《马克思恩格斯全集》第4卷，人民出版社1958年版，第370页。
⑦ 《列宁全集》第4卷，人民出版社1984年版，第205页。

2. 人的社会本质的全面发展

一切社会关系的总和是人的社会本质，社会关系对于人的生存和发展而言无处不在，无时不有，"社会关系实际上决定着一个人能够发展到什么程度"①。人的社会本质的发展主要表现在以下两个重要的方面：

首先，现实的人的社会关系的全面生成。前资本主义社会中人的劳动活动和社会交往局限于地域、血缘、民族等客观条件，因此他们的社会关系只能呈现出相应贫乏和单一的特征；资本主义条件下生产资料私有制的存在和异化劳动都使人的劳动活动具有片面性。在这样的情况下，工人劳动分工、合作和交流产生的人与人之间的社会关系也不可避免地呈现出片面性的特征。而未来共产主义社会中人的劳动活动的内容和形式达到丰富、灵活和全面的状态，劳动活动的性质也达到自由自觉、独立自主和能动创造的状态，必然要求人与人之间全面、系统而丰富的社会关系与之相适应。

其次，现实的人对于社会关系的自由度的提高。这更侧重于对人的自主性和能动性方面的强调，因为社会关系是人劳动活动得以顺利进行和展开的基本场域，人们只有置身于社会关系当中，才能进行劳动实践活动、物质和精神的交换活动等，从而真正展示自己，发展自己，也就是说任何人无论能力多强多大都不能脱离社会关系而独立地求得发展和进步。但这并不意味着社会关系对人的自由的绝对限制和否定，它实际上是对现实的人的真正肯定和确认。其中隐含着人对自身的自主选择、自我创造和自我发展的客观需求的深刻意蕴，假使社会关系被作为主体的人把握得越多，人的自由自觉性、独立自主性和能动创造性就越能凸显。

马克思探讨人的发展涉及诸多历史因素，综合起来可以建立如下指标体系（见表7-1）：

表7-1

发展阶段 评判指标	前资本主义社会的一切形态	资本主义社会	共产主义社会
人的本质	原始的丰富性	异化	全面占有和复归

---

① 《马克思恩格斯全集》第3卷，人民出版社1960年版，第295页。

续表

发展阶段 评判指标	前资本主义社会的一切形态	资本主义社会	共产主义社会
人性	人的依赖性	人的独立性	人的自由个性
人的能力	低下	全面的能力体系	能力的普遍性和全面性
人的关系	人身依赖关系	对物的依赖关系	自由、丰富、全面的人的关系
活动范围	狭隘、封闭、孤立	片面的分工交往场所	世界普遍性
限制因素	人	物	自由自觉
劳动方式	粗糙、朴素	片面的社会分工	自主取舍

资料来源：参见王善超《关于人的理解》，河南人民出版社 2011 年版，第 164—165 页。

通过以上分析，我们可以总结出以人作为创造历史的主体为立足点和出发点，人的本质力量发挥和提升的历史可以用来演绎和解释人类社会历史发展具体形态的变迁，其中不仅包含了对人类发展前一阶段的批判和否定，对人所处现阶段状态的客观描述和概括，更寄托着对未来社会的展望和追求。马克思人的全面发展理论的核心和精髓就在于确认人在世界中的主体地位及存在的价值和意义，并找到实现自己的方式，即实现个人发展与人类社会发展的协调一致性。用哲学的话语来表达，马克思关于人的全面发展理论不仅体现了科学原则与价值原则的统一，还体现了人道主义与历史唯物主义的有机结合[①]。

（二）人的全面发展的现实道路

人的全面发展的现实道路，也就是人的本质的复归的现实道路。对这一问题的深入探讨是马克思人学的独特之处。以往的哲学家没有从现实的经济状况出发来分析人的本质，对人的一切问题的考察始终停留在抽象和理想的层面上，而马克思找到了理想通往现实的实际理路——社会实践之后，为找到人的全面发展实现的现实道路提供了崭新的契机。

在历史唯物主义视域内，无论对人的全面发展状态的追寻，抑或是人的本质的全面生成过程，两者无疑都是一个客观的历史过程。首先，就横

[①] 参见黄楠森、王锐生、袁贵仁等主编《人学原理》，广西人民出版社 2000 年版，第 418、440 页。

向共时态的视角而言，这是一个由狭隘的、地域性的个人到世界历史性的、普遍的个人的发展过程[1]。其次，就纵向历时态的视角而言，这是一个从人的依赖性到人的独立性，最后到自由个性的发展过程[2]。与马克思的看法相互呼应的，是恩格斯提出人要将自身从动物之中提升出来有两个层面的规定，一个是通过劳动在物种关系层面，另一个是通过制度变革和组织创新在社会关系层面，完成了两个层面的提升后才能成为自然和社会的真正的主人，成为全面发展的人[3]，也就是"人的双重提升"理论。这一理论在《劳动在从猿到人转变过程中的作用》一文中得到充分的阐述，由此可见，要现实地实现人的全面发展，就必须提升人的劳动能力（即社会生产力），变革社会制度。

1. 提升人的劳动能力

人的劳动能力是人类改造自然界使其适应人和社会需要的客观物质力量，是人存在和发展的前提和动力，体现在社会历史方面就是社会生产力，它是社会发展的最终决定力量[4]。提升人的劳动能力（社会生产力）的途径主要包括发展科学技术、增加自由时间、加大教育投入等。

首先，发展科学技术。"科学的力量也是不费资本家分文的另一种生产力"[5]，但我们应该清楚地意识到，抽象的、单纯的科学技术本身并不是生产力，只有经过劳动实践的中介，将科学技术运用于生产过程中，才能使其现实地转化为生产力。换言之，在科学技术向生产力转化的过程中，人的实践能力、劳动能力（无论体力或脑力）扮演着中介的角色，其强弱在其中占据着至关重要的地位。其次，增加自由时间。时间是人的"生命的尺度"和"发展的空间"，是人的"积极存在"[6]，要实现人的本质力量和社会关系的全面生成等，除了必要的空间，时间是另一个必不可少的要素。而一个人在世界上生存和发展的时间是有限的，他在自由时间

---

[1] 参见王善超《关于人的理解》，河南人民出版社2011年版，第120页。

[2] 参见《马克思恩格斯全集》第30卷，人民出版社1995年版，第107—108页。

[3] 参见王善超《关于人的理解》，河南人民出版社2011年版，第125—126页。

[4] 参见吴向东《论马克思人的全面发展理论》，《马克思主义研究》2005年第1期，第29—37页。

[5] 《马克思恩格斯全集》第47卷，人民出版社1979年版，第553页。

[6] 同上书，第532页。

中拥有选择能够体现自身主观意愿的活动的权利。自由时间的增加意味着人类增加了"得到充分发展的时间，而个人的充分发展又作为最大的生产力反作用于劳动生产力"①。换言之，自由时间的增加可以推动人的全面发展。最后，加大教育投入。初生的婴孩虽因带有先天遗传而拥有不同程度的体质，但其能力、素质等发展状况取决于后天的教育。教育是"造就全面发展的人的唯一方法"②，它不仅使人从外界获得知识、经验和技巧，而且能"生产劳动能力"③，增加人获得崭新的思考、认识、生产和发展能力的可能性。

2. 变革社会制度

制度是"各个人之间迄今为止的交往的产物"④，社会制度是人类在历史长河中长期、反复的交往实践中固定、规范的社会关系。生产力的发展必须依赖社会关系的保障，人类要实现对自己实践的有效控制，必须依赖社会制度方面的保证。

社会制度规定了人们劳动活动的范围和形式，合理的社会制度能调动人们的劳动积极性，最大化地发挥人们的劳动能力，并为人们提供相对自由的活动空间，反之则造成限制和约束，成为人们全面发展的障碍。而社会制度建立在一定的生产方式基础之上，因而变革社会制度最重要的在于对生产方式的变革，即对劳动分工的变革。在资本主义制度中，生产资料私有制的存在迫使人们分工为主要的两大对立阶级——无产阶级和资产阶级，特别是异化劳动现象的存在成为工人自由发展、充分发展、和谐发展和全面发展最主要的限制和障碍。变革劳动分工方式就是将以往的被动的、强制式分工改变为主动的、自主式分工，因而要实现对资本主义制度的批判和革命，使其发展到社会主义制度，最终过渡到共产主义制度。

共产主义制度是一种"有计划地生产和分配的自觉的"⑤ 社会制度，它为每个人创造"全面发展和表现自己全部的即体力和脑力的能力的

---

① 《马克思恩格斯全集》第46卷（下），人民出版社1980年版，第225页。
② 《马克思恩格斯全集》第23卷，人民出版社1972年版，第530页。
③ 《马克思恩格斯全集》第26卷（上），人民出版社1972年版，第210页。
④ 《马克思恩格斯选集》第1卷，人民出版社2012年版，第202页。
⑤ 《马克思恩格斯全集》第20卷，人民出版社1971年版，第375页。

机会"①。

结　语

　　统观全文对马克思人的本质论哲学来源的考察、发展历程的梳理、理论本身全景式的深入分析，以及对其终极指向的探讨，尤其是对人的全面发展的现实道路的探索，在理论层面透视出了以关于人的问题为研究基础和核心的历史唯物主义的历史生成过程，也为其他诸多同时关注着人的人文社会科学提供方法论借鉴和指导。在实践层面，为我国社会主义初级阶段下实现人民安居乐业具有重要的现实意义。首先，有利于我们深入理解"以人为本"基本思想的科学内涵和真正价值，在我国当前的精神文明建设过程中，坚持强调"以人为本"的要求，协调好国家、社会和个人三者之间的关系，明确各自在参与实践时应扮演的角色和应承担的责任；其次，启示我们为了进一步实现社会中每个人的发展，必须继续推动科学技术的进步，提高劳动效率，增加人们的自由时间，使人们获得更高的幸福感；再次，启示我们加大对教育事业的投入，提升全民素质，为全面建成和谐的小康社会，凝聚全国人民共同奋斗的力量，向着筑就共同的"中国梦"迈进；最后，启示我们反思现阶段实行的社会主义制度中不完善的地方，并有意识地进行合理的优化，特别是要推进社会主义民主和法治建设，增强人们在社会中的归属感和主人翁意识。

叶俊　西南大学马克思主义学院 2015 级博士研究生

参考文献

1. 著作：

[1]《马克思恩格斯全集》第 1 卷，人民出版社 1995 年版。
[2]《马克思恩格斯全集》第 2 卷，人民出版社 1965 年版。

---

① 《马克思恩格斯全集》第 20 卷，人民出版社 1971 年版，第 318 页。

[3]《马克思恩格斯全集》第3卷，人民出版社1972年版。

[4]《马克思恩格斯全集》第20卷，人民出版社1971年版。

[5]《马克思恩格斯全集》第23卷，人民出版社1972年版。

[6]《马克思恩格斯全集》第26卷（上），人民出版社1972年版。

[7]《马克思恩格斯全集》第30卷，人民出版社1995年版。

[8]《马克思恩格斯全集》第31卷，人民出版社1972年版。

[9]《马克思恩格斯全集》第40卷，人民出版社1982年版。

[10]《马克思恩格斯全集》第42卷，人民出版社1979年版。

[11]《马克思恩格斯全集》第46卷（上），人民出版社1979年版。

[12]《马克思恩格斯全集》第46卷（下），人民出版社1980年版。

[13]《马克思恩格斯全集》第47卷，人民出版社1979年版。

[14]《马克思恩格斯文集》第1卷，人民出版社2009年版。

[15]《马克思恩格斯文集》第4卷，人民出版社2009年版。

[16]《马克思恩格斯选集》第1卷，人民出版社2012年版。

[17]《马克思恩格斯选集》第2卷，人民出版社2012年版。

[18]《马克思恩格斯选集》第4卷，人民出版社2012年版。

[19]《列宁全集》第1卷，人民出版社1984年版。

[20][德]马克思：《1844年经济学哲学手稿》，人民出版社2000年版。

[21][德]马克思：《资本论》第3卷，人民出版社1972年版。

[22][德]恩斯特·卡西尔：《人论》，甘阳译，上海译文出版社2004年版。

[23][德]黑格尔：《小逻辑》，贺麟译，商务印书馆1980年版。

[24][匈]卢卡奇：《关于社会存在的本体论》（下），重庆出版社1993年版。

[25][匈]马尔库什：《马克思主义与人类学——马克思关于"人的本质"的概念》，李斌玉、孙建茵译，黑龙江大学出版社2011年版。

[26][古希腊]柏拉图著：《理想国》，郭斌和、张竹明译，北京理工大学出版社2010年版。

[27]《亚里士多德全集》第7卷，苗力田译，中国人民大学出版社1997年版。

[28][英]麦克莱伦：《马克思传》，王珍译，中国人民大学出版社

2010 年版。

[29] [美] 杜威：《人的问题》，傅统先等译，上海人民出版社 1986 年版。

[30]《西方哲学原著选读》上卷，商务印书馆 1982 年版。

[31] [法] 笛卡尔：《谈谈方法》，王太庆译，商务印书馆 2000 年版。

[32] 黄楠森、王锐生、袁贵仁等主编：《人学原理》，广西人民出版社 2000 年版。

[33] 黄楠森、陈志尚、赵敦华等主编：《人学理论与历史·人学原理卷》，北京出版社 2004 年版。

[34] 袁贵仁：《马克思主义人学理论研究》，北京师范大学出版社 2012 年版。

[35] 王令金、李元峰、张祥云主编：《马克思主义经典著作精选及导读》，中央编译出版社 2006 年版。

[36] 张云阁：《马克思思维方式论——马克思哲学与费尔巴哈哲学关系研究》，武汉大学出版社 2007 年版。

[37] 王善超：《关于人的理解》，河南人民出版社 2011 年版。

[38] 韩庆祥：《马克思的人学理论》，河南人民出版社 2011 年版。

2. 期刊：

[1] 李晓春：《马克思"人的本质"观研究述评》，《广东广播电视大学学报》2012 年第 6 期。

[2] 高清海：《"人"的双重生命观：种生命与类生命》，《江海学刊》2001 年第 1 期。

[3] 聂立清、郑永廷：《人的本质及其现代发展——对马克思人的本质实现的再认识》，《现代哲学》2007 年第 2 期。

[4] 赵伟：《马克思人本质理论的内在逻辑及其当代启示》，《江汉论坛》2011 年第 2 期。

[5] 李楠明：《对人的本质的理解是马克思实践哲学创立的内在逻辑线索》，《学术交流》2001 年第 1 期。

[6] 倪志安、侯继迎：《实践思维方式与马克思人的本质理论——关于人学的总体性方法论思考》，《西南师范大学学报》（人文社会科学版）

2004年第1期。

［7］李怡、赵庆元：《马克思人的本质理论的深层检视》，《求实》2008年第6期。

［8］吴向东：《论马克思人的全面发展理论》，《马克思主义研究》2005年第1期。

［9］赵家祥：《马克思关于人的本质的三个界定》，《思想理论教育导刊》2005年第7期。

［10］郑永廷、石书臣：《马克思主义人的全面发展理论的丰富与发展》，《马克思主义研究》2002年第1期。

［11］张奎良：《关于马克思人的本质问题的再思考》，《哲学动态》2011年第8期。

第八章

马克思主义整体性的人学维度

——马克思与黑格尔、费尔巴哈思想比较分析

摘 要：整体性问题是随着马克思主义的问世而产生的，国内外学界一直对该问题给予极大的关注。特别是2005年教育部颁布《关于调整增设马克思主义理论一级学科及所属二级学科的通知》（学位[2005] 64号）并将马克思主义理论设为一级学科以来，我国学界更是拓展了对马克思主义整体性问题的研究。总的来说，马克思主义整体性的问题曾在国内遭到误读和曲解，使得该问题的研究受到挫折和责难；但近年来，学界对马克思主义具有整体性特征已基本达成共识，尤其是在马克思主义理论学科的整体性、马克思主义理论教学的整体性、马克思主义理论研究方法的整体性和马克思主义理论自身的整体性四个层面上的研究均取得一定的成果。

本文以马克思主义整体性为研究对象，从人学维度切入，并结合马克思与黑格尔、费尔巴哈思想的比较分析及研究，尽可能全面、深入地剖析马克思主义的出场路径、批判重心、立足基础和理论旨归所筑成的内在逻辑架构，旨在揭示马克思主义理论本身所具有的内在人本逻辑及其所固有的深厚人本关怀，从而彰显马克思主义内在丰富的人文精神。

关键词：马克思主义；马克思主义整体性；人

一 感性活动的人：马克思主义的出场路径

要探寻马克思主义整体性的内在逻辑，首先要从马克思主义的出场路径，即理论出发点或逻辑起点入手。从某种意义上说，任何一个哲学家的出场路径，不仅体现其认识问题、思考问题及解决问题的视角和思维方式，同时也指明其理论思想内在逻辑的方向所在。众所周知，马克思在青年时期深受青年黑格尔派和费尔巴哈的影响，但由于此时的马克思已经开

始关注下层人民艰苦的生活境遇，并给予了他们极大的同情，使其思想的出场路径既不同于黑格尔唯心主义哲学的出场路径——"纯存在"，也不同于费尔巴哈人本主义哲学的出场路径——"感性存在"，而是在扬弃二者的基础上开辟了一条崭新的哲学出场路径——"感性活动的人"。因此，我们须在分别了解黑格尔唯心主义哲学和费尔巴哈人本主义哲学的各自出场路径的前提下，并同马克思主义的出场路径进行比较研究，才能更加深刻准确地把握马克思主义理论内在逻辑的起点。

（一）"纯存在"：黑格尔唯心主义哲学的出场路径

从康德的"哥白尼式革命"开始，德国古典哲学在否定、批判宗教神学的基础上，大力弘扬了哲学主体性精神，并将主体性视为哲学研究的中心，最终完成了哲学史上认识论的革命性转向。黑格尔作为西方哲学绝对本体论思维范式的传人和德国古典哲学唯心主义理论的集大成者，他扬弃了康德、费希特、谢林的理论，借助其卓越的辩证法解决了自康德以来一直困扰德国古典哲学的物质与精神、思维与存在、主体与客体、自然存在与社会存在等一系列的矛盾问题，将"纯存在"作为逻辑起点，构建出一个至尊完美的客观唯心主义哲学体系。

在黑格尔看来，哲学的开端必须是无限的、抽象的、绝对的存在，这是因为如果把有限的、具体的、相对的东西作为开端，那么这个东西就一定是其他东西所生成的，且其他东西也一定是另外的其他东西创造的，这样一来，这个东西就不可能具备"最原始"的特性，更谈不上"开端"了。基于"开端"的无限性、普遍性和绝对性的本质，黑格尔便将"纯存在"作为其唯心主义哲学的出场路径。首先，黑格尔认为"纯存在"就是"开始思维时，除了纯粹无规定性的思想外，没有别的，因为在规定性中包含有'其一'与'其他'；但在开始时，我们尚没有'其他'。这里我们所有的无规定性的思想乃是一种直接性的，不是经过中介的无规定性；不是一切规定性的扬弃，而是无规定性的直接，先于一切规定性的无规定性，最原始的无规定性"[1]。即哲学的开端既不是有间接性或中介性的东西，也不是被规定了的东西。其次，作为开端的"纯存在"虽然

---

[1] ［德］黑格尔：《小逻辑》，商务印书馆1980年版，第87页。

是空洞、抽象的直接物,但在黑格尔的思辨哲学体系中,还有一个完全直接性的对立物——"纯无",即无任何规定的无。"纯无"是由"纯存在"直接过渡而来,二者都不具有任何他方所设的规定性,这使得对立双方并没有实际上的差别,而是一种应有的、特殊的差别,即指谓上的差别或者完全抽象的差别。这种"纯存在"和"纯无"的关系,由于二者都无规定性,因此存在即是无,无即是存在,这样纯存在和纯无就在逻辑上实现了对立统一。最后,在黑格尔看来,"纯存在"实现于一切事物而独立存在,一方面它是一切事物的本质,另一方面一切事物又是它的表现,它是一种能动的实体,在自己发展的过程中又外化为可以相互转化的主体和客体,换而言之,它既是客体又是主体,既是物质又是精神,既是思维又是存在,其实现是一个不断对立统一的辩证的历史发展过程。

黑格尔将"纯存在"作为唯心主义哲学的出场路径,既传达了他对传统哲学的反思和批判,又显现了他对启蒙运动的主体性和理性原则的扬弃和继承。黑格尔恢复了辩证法这一最高的思维形式,从理论上彻底摧毁了以往形而上学的思维方式,被学界视为黑格尔的最大理论成果,正如马克思所说,黑格尔是"第一个全面地、有意识地叙述了辩证法的一般运动形式"①的人。然而,由于从"纯存在"这个无限的、绝对的、理性的开端出发,也为辩证思维范式的本末倒置埋下了伏笔,使得黑格尔的理论思想始终漂浮在遥不可及的彼岸世界,导致其精心构造的至高无上、完美无缺的客观唯心主义体系也遭到后人的诘难。

(二)"感性存在":费尔巴哈人本主义哲学的出场路径

费尔巴哈无疑是最先冲破传统哲学桎梏的哲学家,他继承了德国古典哲学的主体性致思理路,并终结了德国古典哲学引以为傲的思辨式本体论思维范式,开创了一个以人本主义为轴心的崭新哲学境界。费尔巴哈作为青年黑格尔派中的一员,与施特劳斯和鲍威尔一样,都坚持"不是神创造人,而是人创造神"的观点。不同的是,施特劳斯和鲍威尔认为人创造神的依据分别是"实体"、人的"自我意识",而费尔巴哈却认为人创造神的依据在于宗教的本质是人的本质的异化,始终贯彻"存在是主体,

---

① [德]马克思:《资本论》第1卷,人民出版社1963年版,第24页。

思维是宾词"的宗教观原则。费尔巴哈人本主义哲学正是从"感性存在"出发，批判宗教神学和唯心主义，将黑格尔哲学头脚倒置的意识和存在的基本关系颠倒过来，把哲学从天上拉回人间，造就了哲学史上的一场颠覆性的革命。

与黑格尔不同，费尔巴哈认为哲学的开端不应是抽象的，而是具体的。费尔巴哈的人本学在同黑格尔本末倒置的唯心主义斗争过程中，将"感性存在"这个具体的、现实的、有限的感性确定物作为开端，去抗衡黑格尔的"纯存在"那个抽象的、精神的、无限的理性虚无物。费尔巴哈认为"感性存在"就是以自然和人为本位，其中人是核心，他说："我的第一个思想是上帝，第二个是理性，第三个也是最后一个是人。神的主体是理性，而理性的主体是人。"[①] 由此可见，费尔巴哈的"感性存在"绝不同于旧唯物主义的自然物的实体存在，而是将它给予了人的意义，是人的"感性存在"。费尔巴哈是在对人与动物区别的考察中得出人的感性存在的本质，他认为人与动物的区别绝不仅仅在于人有思维，而在于人的感性。人是一种感性实体、感性存在，感性是确认人是否存在的标准。尽管动物与人一样都有感觉，甚至动物的感觉在某些方面的敏锐度高于人，但它们的感觉仅仅是在对自己有关的或者是有刺激性的有限的事物上显现出来。而人的感觉却不仅于此，相比动物而言，人的感觉是多样化的，更具有普遍性和无限性，人所表现出来的这种普遍的感觉正是感性。人的感性不仅是感觉本身，还蕴含着德行、自由、理性、思想的光芒，这是其他动物完全不具有的，人的存在归功于感性。费尔巴哈还认为，人是感性存在的具体表现就在于人是作为血肉之躯的、现实的、实在的存在，是肉体与灵魂的完美结合的感性存在；而人之所以横空出世，并非神或者某种抽象物缔造的，而是感性的自然界的功劳。他进一步指出，理性、精神只能创造著作，而不能创造人，人的起源是感性，是感性的自然界；人作为自然和理性的最高本质的头脑，也离不开它的感性基础。费尔巴哈正是通过对"感性存在"的认知开启了人本主义哲学的出场路径。

费尔巴哈把"感性存在"作为其人本主义哲学的出场路径，批判宗教神学和思辨哲学，揭示黑格尔仅仅是在"想象中"去统一"自然世界"

---

① ［德］费尔巴哈：《费尔巴哈哲学著作选集》（上），荣震华、李金山译，商务印书馆1984年版，第247页。

与"属人世界"的荒诞性,并试图以"感性存在"的人为基础去克服黑格尔哲学的矛盾,将哲学拉回有血有肉的现实人间,同时还指明了未来哲学的发展方向。然而,费尔巴哈对人的"感性存在"的认知更多的是基于人的感性的自然本质,正如他所言"新哲学将人连同作为人的基础的自然当作哲学的唯一的,普遍的,最高的对象"①。这种基于自然主义的"新哲学",虽然确认了人是感性存在物,揭示了人的自然本质,赋予了人本主义的唯物性,却脱离了人的实践和社会历史,导致了费尔巴哈在探讨社会和历史的时候又成了唯心主义者。马克思就曾尖锐地指出:"当费尔巴哈是一个唯物主义者的时候,历史在他的视野之外;当他去探讨历史的时候,他不是一个唯物主义者。"②

(三)"感性活动的人":马克思历史唯物主义哲学的出场路径

黑格尔从"纯存在"出发,构建了客观唯心主义的完美体系、恢复了概念之间的辩证逻辑,他的眼里尽是"理性活动的人";费尔巴哈从"感性存在"出发,使哲学的目光从天上投向人世,从理性转向感性,实现了近代哲学的人学转向,他的眼里尽是"感性存在的人";而马克思虽然深受黑格尔和费尔巴哈思想的影响,但他从青年时代就开始关注鲜活、具体、现实的社会,他的眼里尽是"感性活动的人"。正因如此,马克思站在巨人的肩膀上,批判地吸收了前人的理论精华,特别是扬弃了费尔巴哈的人本主义唯物论,着眼于"感性活动的人",即从现实的人及其实践活动出发,提出了关于人的解放和人的发展的整体学说。

马克思把"感性活动的人"作为马克思主义理论的出场路径。这个"感性活动的人"既不同于黑格尔和鲍威尔的抽象的"自我意识",或者是费尔巴哈的抽象的"类",也不同于施蒂纳的"唯一者"——脱离现实物质生活条件的抽象的"自我"。马克思把"感性活动的人"理解为"从事活动的,进行物质生产的"③ 个人,即"以一定的方式进行生产生活的

---

① [德]费尔巴哈:《费尔巴哈哲学著作选集》(上),荣震华、李金山译,商务印书馆1984年版,第184页。

② [德]马克思、恩格斯:《德意志意识形态》,人民出版社2003年版,第22页。

③《马克思恩格斯选集》第1卷,人民出版社1995年版,第72页。

一定的个人"①，即实践主体。值得注意的是，这里的实践主体与以往哲学将人称之为主体不同，它是"作为支配一切自然力的那种活动出现在生产过程中"②，也就是把人的存在本体、人的本质规定性视为实践。马克思认为实践不是理论人学所说的"绝对精神""绝对观念""宗教"等理性活动，也不是费尔巴哈等人所说的"爱""友情"等感性活动，而是自由自觉的、有意识的、社会性的物质生产活动。他指出实践作为人所特有的本质的生命活动，应具有以下五种具体规定性：

第一种规定性，就是物质生活资料的生产。人要维持生活，首先就必须满足衣、食、住、行和其他的一些生活必备品的需要，而获得这些的唯一途径就只能通过人与自然界之间进行的物质交换。生产物质生活本身，是人赖以生存的基础，是"一切人类生存的第一个前提"③，同时也是一切历史活动的物质前提。

第二种规定性，就是物质生活资料的再生产。人们在满足了衣、食、住、行等最基本的生存需要之后，引发了高于基本生存需要的"新"需要，即"已经得到满足的第一个需要本身、满足需要的活动和已经获得的为满足需要而用的工具又引起新的需要"，而这种新的需要产生的过程就是"第一个历史活动。"④

第三种规定性，就是人的生产。人们在解决了基本的生活问题之后，就开始了繁衍人类自身的生产活动。人同其他的异性一起繁衍他们的后代，与同他们一起进行造人活动的人结为夫妇，并与他们生产出来的孩子形成父母和子女的关系，于是夫妇和子女共同组成了家庭。这种通过人与人之间的自然生产而形成的具有血缘关系的家庭是原始社会最基础的、唯一的社会关系。

第四种规定性，就是人与人之间通过生产活动而形成的社会关系。当人们完成了基本生存需要、稍高层次的生活需要及人的繁殖生产需要之后，除了形成最原始的由于姻亲血缘关系而结成家庭的这种自然关系之外，还形成了多个人在一起共同生产、共同活动的社会关系。马克思指出

---

① 《马克思恩格斯选集》第 1 卷，人民出版社 1995 年版，第 71 页。
② 《马克思恩格斯全集》第 46 卷（下），人民出版社 1979 年版，第 113 页。
③ ［德］马克思、恩格斯：《德意志意识形态》，人民出版社 2003 年版，第 22 页。
④ 同上书，第 23 页。

这种人与人之间共同活动的方式就是"生产力",这是由于"一定的生产方式或一定的工业阶段始终是与一定的共同生活方式或一定的社会阶级联系着的"①。事实上,人与人之间从一开始就存在着一种物质的联系,这种联系不是通过"政治的或宗教的呓语"把人们联合起来,而是由人自身的需要和生产方式所决定的,它始终伴随着人类自身的悠久历史而存在并发展着,同时人与人共同合作、共同活动所创造的生产力决定着整个社会的发展状况,因此对整个人类历史的研究就绝不能脱离对"工业和交换的历史"的研究。

第五种规定性,就是人的"意识"。实践除了以上四种规定性之外,还有一种特别的规定性——人还具有"意识",也就是精神,它是与"物质"对立的存在物。其实,意识一直伴随着人的存在而存在着,是一种社会的产物。马克思提出:"意识起初只是对直接的可感知的环境的一种意识,是对于开始意识到自身的个人之外的其他人和其他物的狭隘联系的一种意识。"②这种"意识"具有双重含义:一是动物式的意识,即在对待自己于自然的关系上人和其他动物一样,自然界最初是以一种不可知的、有神秘力量的、完全异己的存在物与包括人在内的所有动物对立着,所有动物均为大自然的臣服者;二是区别于动物的意识,即人们在生产活动中意识到人与人之间的交往,意识到人在社会中的生活,人的本能被人的意识所取代,这种本能是一种被意识到了的本能,而动物永远无法感知到"意识",这是由于对其他动物而言,它向来是以"他物的关系不是作为关系而存在的"③。

实际上,实践的五种规定性存在着一定的内在联系,前一个规定性都自然地构成了后一个规定性的物质基础,而每后一个规定性又都自然地将前面所有的规定性作为物质前提。实践的第一、第二种规定性之间的关系表明,物质资料的生产不是一蹴而就的,而是一个不断发生、持续发展的变化过程;而第三种规定性即人的生产繁殖也正是为了满足物质生产和再生产不断扩大的需要;实践的第四种规定性即人与人之间的社会关系是由"生产力的总和"即实践的前三种规定性的总和所决定的;关于实践的第

---

① [德] 马克思、恩格斯:《德意志意识形态》,人民出版社 2003 年版,第 24 页。
② 同上书,第 25 页。
③ 同上。

五种规定性,在马克思看来,所谓的"疑惑""语言""意识""精神""概念""观念""宗教"等理性活动都只是人的实践本质的最终表现或衍生物而已。

马克思将"感性活动的人"作为马克思主义整体理论的出发点,一方面肯定了人是自然存在物,承认大自然对于人的先在性;更为重要的另一方面是,肯定了人的能动性,人可以通过实践活动创造出"属人的世界",并指出了以前的唯物主义(包括费尔巴哈在内)的主要缺点就在于"对对象、现实、感性,只是从客体的或者直观的形式去理解,而不是把它们当作感性的人的活动,当作实践去理解,不是从主体方面去理解"①,旧哲学对于人或者人的本质的探究,往往是从孤立的、脱离人的现实社会关系或者是从脱离人的社会实践活动去研究,最终只能得到人与动物、人与神灵之间直观区别的结论,而对人与自然世界、人与属人世界的矛盾却爱莫能助。马克思把人提升为实践主体,把人的本质规定为实践活动,并将现实的人的实际活动作为理论基础,超越了传统哲学总是囿于思辨领域构建旨在揭示世界终极本原的理论轨迹,同时指出只有从现实的人及其实践活动出发,去考察哲学的基本问题和哲学的所有秘密,才能真正把哲学从思辨的彼岸拉回现实的人间。通过对"感性活动的人"的理论阐释,马克思奠定了马克思主义理论思想的出场路径,批判了内蕴于以往哲学中的本体论思维方式,开创出一种从现实的人出发,去改变世界的新的实践观点的思维范式。正是基于对现实世界劳动人民的同情和关注,马克思将"感性活动的人"作为其理论的出场路径,并结合实践观点的思维方式的运用,进一步构建了富有人文精神、凸显对现实的人及现实社会深切关怀的马克思主义的整体理论体系,赋予其理论思想真正意义上的"属人的"特质。

二 人的异化劳动:马克思主义的批判重心

马克思出于对下层劳动人民的关怀和同情,将自己的哲学出场路径设定为"实际活动的人",并全面考察现实社会中劳动人民的苦难生活,从

---

① 《马克思恩格斯选集》第 1 卷,人民出版社 1995 年版,第 54 页。

起初对宗教的批判转向对政治的批判,然后将批判的重心放在现实世界中的人的异化劳动的批判,进而对资本主义进行无情地抨击和否定,揭示出资本主义社会的固有的、无法调和的矛盾,从而将一个充满悖论的资本主义时代更加直观的、鲜活的展现在世人面前,据此寻求克服资本主义社会种种矛盾以及使被剥削、被奴役的劳动人民真正获得解放和全面发展的有效途径。马克思将人的异化劳动作为其批判的重心,主要集中体现在19世纪40年代所著的《1844年经济学哲学手稿》之中。在此文里,马克思正式提出了异化劳动的理论,这是他对黑格尔的"精神异化"即"自我意识"异化思想和费尔巴哈的"宗教异化"即宗教是人的本质异化思想的扬弃,并受到赫斯的货币金钱异化思想的熏陶,同时研读大量斯密、李嘉图、萨伊、穆勒等资产阶级经济学家的经典著作,以及深入考察资本主义社会的真实经济现象所取得的伟大成就。因此,要弄清马克思的"人的异化劳动"理论,还需从探讨黑格尔和费尔巴哈的异化理论开始。

(一)"精神异化":黑格尔唯心主义哲学的异化理论

"异化"原本在希腊文中有"离间"、"陌生化"和"疏离"的内涵,之后随着时间的推移,在英国和法国被使用于政治经济学科范围,用以表示人们的天赋人权和原始自由向契约社会的"转让""丧失"等含义,而后被德国哲学家费希特引入哲学领域,用其来表示"非我"通过"自我"孕育而生,主体由于"异化"过程形成客体,从而成为一个哲学术语。

1. 黑格尔哲学中的"异化"概念

黑格尔对于"异化"是什么,并没有直接给出一个明确的答案,只是把"异化"概念看作与"外化"和"对象化"相似意义的词语,甚至在他的著作中,"异化"还有一定的褒义含义,具有"进化""进程"等意义。虽然黑格尔没有指出"异化"的确切概念,但他明确阐述了异化的三种形式——"'观念'从自己的抽象逻辑状态转化为自然状态,客观精神对象化为社会制度和人们的社会活动的一般对象性产物的领域,最后,人的精神物化为他的劳动产品"[①]。在黑格尔看来,"绝对精神"正是在"异化"的力量促动下在自然世界和属人世界中凸显自我,并最终

---

① [苏]纳尔斯基:《异化和劳动》,冯申译,湖南人民出版社1987年版,第7页。

完成了向自身的皈依，这种皈依不是一种原始自我意识的简单循环，而是通过批判、扬弃异化世界中的种种规定而对自身本质的真正超越和更高层次的"复归"。

2. 黑格尔"精神异化"的三种形式

第一种"精神异化"的形式是："绝对精神—自然界—主观精神"。这里的"异化"其实就是"外化"的含义，具体的表现就是抽象的、完美的观念即绝对精神扬弃异化为自然界到主观精神（自我意识）的过程。黑格尔认为自然和精神分别是"上帝"的两个"庙堂"，"上帝"（不是宗教意义上的最高统治者，而是一种抽象物）充满着二者，并呈现在二者之中，自然既是"上帝"之子，又是与"上帝"对立的"他方"[①]，也就是说，作为与自然对立的另一个"庙堂"的绝对精神，不仅容纳了"上帝"，它就是"上帝"的化身。因此，在黑格尔看来，自然界的异化其实完全可以被视为绝对精神的"自我游历"过程中的一个环节。

第二种"精神异化"的形式是："伦理—教化—道德"，就是自我意识的不断成长、发展从而引发异化并渗入人类社会和精神领域，最后演变成了伦理、政治、宗教和艺术等其他意识形态。黑格尔曾明确指出，现实社会"既是自我意识的作品，又同样是一种直接的现成的、对自我意识来说是异己的陌生的现实"[②]，而伦理精神世界也分裂为"现实的世界或精神自己异化而成的世界"和"精神于超越了第一个世界后在纯粹意识的以太中建立起来的世界"[③]。"教化"作为自然存在的"异化"，在这个"异化"的现实世界中，经过了启蒙与迷信、信仰与纯粹意识、绝对自由与恐怖、高贵意识与低贱意识等异化环节，最后扬弃异化，从而过渡到另一个有自我意识的精神世界，于是产生出一种新的意识形态——道德精神。

第三种"精神异化"的形式是："依赖意识—劳动—自为存在着的意识"，在黑格尔看来，就是奴隶的依赖意识，经过"在劳动中外在化自己"（异化），在对物的生产加工中"扬弃物"，"在陶冶事物的劳动中"

---

① ［德］黑格尔：《自然哲学》，梁志学等译，商务印书馆1980年版，第18页。

② ［德］黑格尔：《精神现象学》（下），贺麟、王玖兴译，商务印书馆1979年版，第38页。

③ 同上书，第41页。

"再重新发现自己"（扬弃异化）成为"独立的自为存在着的意识"①。也就是说，奴隶的异化意识通过劳动而外化为劳动产品，然后扬弃异化劳动，从而生成了劳动者的主体性意识。

我们不难发现，黑格尔"精神异化"的形式虽然各自相异，但它们拥有两点共性：一是都是在意识、精神领域进行的；二是都是经历了从一般异化到扬弃异化并最终达到更高层次的上升发展的环节。

3. 马克思对黑格尔"精神异化"的扬弃

实际上，黑格尔的"精神异化"的理论，展现了否定之否定的一般发展过程，成为了推动辩证法思维方式复辟的基本动力。马克思也肯定了黑格尔"精神异化"理论所蕴含的辩证性、革命性和批判性，但他还是毫不留情地指出了黑格尔的辩证法及其整个哲学思想的实质就是从"异化"即从抽象的宗教和神学出发，"历史的运动"的实质也不过是绝对精神复归到"自己的诞生地的思维"的运动而已，黑格尔所谓的"历史"并不是把人视为现实主体的社会历史，更没有把人的生产活动即劳动实践视为历史不断运动发展的根源。通过对黑格尔的"精神异化"理论的研读，马克思揭露出其"双重错误"：第一个错误是把"绝对知识"确立为整个世界的本原和尺度，将所有外化的历史和外化的复归看作逻辑的思辨的思维的生产史，这必然导致了"抽象精神与人的现实生命和现实世界"之间关系的颠倒，使"'现实的历史'蒸馏成'抽象思维的历史'"②；第二个错误是把"抽象思维"设定为"人"的本质，把人视为唯灵论的、非对象性的理性存在，这必然导致了"意识"与"现实的人"之间关系的颠倒。在揭示黑格尔哲学的"双重错误"之后，马克思还进一步探讨了二者之间的内在关系，他指出无论是"抽象的意识"还是"自我意识"，无论是"外部对象"还是"现实的人"，在黑格尔看来都是同一个东西的两个环节，这同一个东西，就是黑格尔哲学的灵魂——"绝对精神"。因此，黑格尔哲学的"双重错误"在本质上是"同一"的，要解决黑格尔哲学的错误，就必须把它们重新"颠倒"过来，即把抽象的"绝

---

① ［德］黑格尔：《精神现象学》（下），贺麟、王玖兴译，商务印书馆1979年版，第127—132页。

② 贺来：《马克思哲学与"存在论"范式的转换》，《中国社会科学》2002年第5期，第7页。

对精神"向具体的物和"现实的人"复归。

(二)"宗教异化":费尔巴哈人本主义哲学的异化理论

费尔巴哈的异化思想,实际上是在批判黑格尔唯心主义思辨哲学的过程中构筑而成的。从上文的阐述我们可以知道,黑格尔的异化主体是"绝对精神",而自然界不过是"绝对精神"的外化(对象化)物。因此,费尔巴哈认为,黑格尔的"绝对精神"在本质上等同于"上帝",而黑格尔哲学在本质上无疑等同于宗教神学。事实上,无论是宗教意义上的上帝,还是黑格尔思辨哲学概念上的"绝对精神",都是人的本质异化的产物,在费尔巴哈看来,"异化"的主体不是黑格尔的"绝对精神"——"上帝"或"神",而是感性的"人"。

1. 费尔巴哈哲学中的"对象化"概念

费尔巴哈对"异化"概念的理解与黑格尔完全不同,在他的著作中主要是探讨了作为"异化"形式之一的"对象化"的概念,并赋予它丰富的内涵。费尔巴哈关于"对象化"概念的一般理解就是人"自己的本质……作为另外的本质而成为他的对象"[①],即人把其自身的本质移至身外,并把它视为另外的本质。首先,"对象化"有本体论的含义;其次,"对象化"又是一种认识论的思维方式;最后,"对象化"还被看作一种批判方法,所谓"对象化",就是"同类的实体可互为对象"[②],换而言之,即主体和客体、实体和其衍生的对象之间存在着一种同类的关系,二者之间互为表现、互为前提,在逻辑关系中就表现为"主词"与"宾词"的统一性和相互转换性。在对黑格尔思辨哲学——宗教异化的批判中,费尔巴哈正是运用了"对象化"的含义和"对象化"这种主宾"颠倒"的方法。

2. 费尔巴哈"宗教异化"的主要内容

在费尔巴哈看来,宗教不过就是人的本质异化的产物,人的想象力便成为了其创造宗教的主要形式或主要工具。宗教的诞生,源于人们对自然

---

① [德]费尔巴哈:《费尔巴哈哲学著作选集》(下),荣震华、李金山译,商务印书馆1984年版,第38页。

② [德]费尔巴哈:《费尔巴哈哲学著作选集》(上),荣震华、李金山译,商务印书馆1984年版,第127页。

的未知、依赖和畏怖，人幻想自己获得神秘的超能量摆脱自然的束缚，成为大自然真正的主人。在自然宗教时代，人通过想象力创造出来的神是自然事物，此时人异化给"神"的本质是个人的本质，不是人的全部本质；而在基督教时代，神不再是具体的自然事物，是一种精神实体——上帝，此时人异化给"上帝"的本质，不再只是个人的本质，而是所有人的类本质。费尔巴哈曾明确表示宗教的"秘密"，就在于人将其本质对象化，接着又将其本身视为其本质"对象化了的、转化成为主体、人格的本质的对象"；于是，宗教不过是人与自身的分裂而已，而人的分裂物并非其他，就是人本身。在揭露了宗教异化的本来面目之后，费尔巴哈紧接着提出了消灭宗教异化的途径——"把异化出去的人的本质复归于人，使人与自己的类本质相统一，宗教自然就消亡了"①。费尔巴哈认为，人对宗教有一种爱，这种对"神"或者"上帝"的爱遮蔽了人的眼睛，要消灭宗教就必须揭示宗教的欺骗和虚伪性质，让人对神、上帝、宗教的爱回归到人的身上。

3. 马克思对费尔巴哈"宗教异化"的扬弃

在《1844年经济学哲学手稿》一书中，马克思对费尔巴哈"宗教异化"的思想给予高度评价，认为其最重要的贡献就是恢复了"人的感性本质和主体地位以及确立了人的社会本质（社会关系）"②。费尔巴哈是"唯一对黑格尔辩证法采取严肃的、批判的态度的人；只有他在这个领域内作出了真正的发现，总之，他真正克服了旧哲学"③。

但马克思还是发现了费尔巴哈在对宗教哲学、黑格尔辩证法乃至整个哲学批判的不彻底性和局限性。在评价费尔巴哈哲学时，马克思就明确指出费尔巴哈虽然"扬弃了肯定的东西"，但又"重新恢复了抽象、无限的东西"，这是另一种程度上的"宗教和神学的恢复"；而对于"否定的否定"，费尔巴哈也只是将其视为"哲学同自身的矛盾，看作在否定神学

---

① 张云阁：《马克思思维方式论——马克思哲学与费尔巴哈哲学关系研究》，武汉大学出版社2007年版，第167页。

② 庞世伟：《论"完整的人"——马克思人学生成论研究》，中央编译出版社2009年版，第148页。

③ [德] 马克思：《1844年经济学哲学手稿》，人民出版社2000年版，第96页。

（超验性等等）之后又肯定神学的哲学，即同自身相对立而肯定神学的哲学"①，这实际上是对黑格尔辩证法中合理元素的一种倒退认识。

（三）"异化劳动"：马克思主义的批判重心

马克思通过对黑格尔"精神异化"思想和费尔巴哈"宗教异化"思想的批判分析，继承了黑格尔辩证法的合理内核和费尔巴哈人本主义哲学的基本内核，探究现实社会中的经济现象，关注劳动人民的生存状况，提出了"人的异化劳动"思想。在关于异化问题的探讨上，他认为费尔巴哈"宗教异化"思想已经基本完成了对宗教的批判，而政治异化的批判也将告一段落，进而把对人的异化劳动视为其批判的重心，着眼于现实生活中的活生生的异化现象，将矛头直接指向现实的"人吃人"的资本主义社会，从而完成了从对天国的批判到对现实的批判的转向。

1. 马克思哲学中的"异化"概念

马克思的"异化"概念的正式提出，是在1844年5月底6月初完成的《1844年经济学哲学手稿》之中，"劳动所生产的对象，即劳动的产品，作为一种异己的存在物，作为不依赖于生产者的力量，同劳动相对立。劳动的产品是固定在某个对象中的、物化的劳动，这就是劳动的对象化。劳动的现实化就是劳动的对象化。在国民经济学假定的状况中，劳动的这种现实化表现为工人的非现实化，对象化表现为对象的丧失和被对象奴役，占有表现为异化、外化"②。即在资本主义社会中，工人的劳动是一种现实的、对象化的劳动，通过这种对象化的劳动创造出了劳动对象，但这些劳动对象、劳动产品不仅不属于它们的创造者，而且劳动产品和劳动者之间还有着水火不容的、互不依赖的、对立存在的关系，更为甚者的是，被创造出来的劳动对象不仅不受造物者的制约和控制，还反过来操纵、奴役劳动者。

2. 马克思"异化劳动"的四种形式

在《1844年经济学哲学手稿》中马克思提出，人的本质是"有意识的自由自觉的活动"，而异化劳动不仅没能使人的活动满足于人的这一本质，反而导致人的活动仅仅变成了维持个人生活和生存的必要手段。马克

---

① ［德］马克思：《1844年经济学哲学手稿》，人民出版社2000年版，第96页。

② 同上书，第52页。

思经过大量的相关著作研读和长时间的现实生活考察，终于发现了致使现实的物质关系中出现的人的自我分裂及人的本质的自我异化的因果缘由——"人同自己的劳动产品、自己的生命活动、自己的类本质相异化的直接结果就是人同人相异化"①。这便是"异化劳动"的四种主要形式。

第一种"异化劳动"的形式是："劳动产品的异化"。马克思认为，劳动的异化最先表现为劳动的对象化，即"劳动的产品是固定在某个对象中的、物化的劳动"②。因此，劳动所创造的财富也不属于劳动者本身，而属于对财富拥有权利的他人，"他"是一个没有付出辛勤劳动却拥有财富的人。于是将会导致这样的结果：工人虽然是商品的创造者、生产者，但并非商品的操控者、所有者，并且其生产率越高自己就越贫贱、越畸形。劳动产品的异化，看起来是劳动产品或自然界制约和控制工人，其实是资本家、私有制操纵和奴役工人。

第二种"异化劳动"的形式是："劳动过程的异化"。在资本主义社会中，劳动过程异化是劳动产品异化的原因，而劳动产品异化又是劳动过程异化的结果。"产品不过是活动、生产的总结，因此，如果劳动的产品是外化，那么生产本身就必然是能动的外化，或活动的外化、外化的活动。在劳动对象的异化中不过是总结了劳动本身的异化、外化。"③ 这种劳动的异化性集中表现在工人的劳动不仅不是自觉、自愿地劳动，而且还是受迫、被逼的劳作。工人辛辛苦苦地劳动，却只能带来这样的结果：所有的劳动过程和劳动经历，只能被他人生生剥夺而去。

第三种"异化劳动"的形式是："人的类本质的异化"。毋庸置疑，人是一种类存在物，他从事有意识的生命活动，无论是在实践上和理论上，人都把类当作自己的对象，他的活动本应是自为的和自由的，但是在私有制条件下，人的类本质不再是自由自在地劳动实践，而是被异化为维持肉体生存和现实生活的必需途径。这将会导致人的类本质外化为异己的本质，而在这个过程中，无论是自然界还是人的精神本质都随着人的类本质的异化而沦为奴役自己本身的可怕力量。

第四种"异化劳动"的形式是："人同人之间的异化"。实际上，人

---

① ［德］马克思：《1844年经济学哲学手稿》，人民出版社2000年版，第59页。

② 同上书，第52页。

③ 同上书，第54页。

与人之间异化的具体表现就是其劳动产品、劳动过程、类本质的异化。当一个人同自己的劳动产品、自己的劳动过程、自己的类本质异化时,其实就是他同他自身相异化的时候,也是他同他人相对立、相异化之时。异化劳动使人创造出同他自身相对立的劳动产品,经历一种奴役、压迫的劳动过程,与此同时还丧失掉了作为人的类本质,最终将会产生人与他人相异的关系。最后,人与其本身的劳动产品、其本身的劳动过程、其本身的类本质以及他人相对立的必然后果就是私有财产的产生,并成为无产阶级和资产阶级的不可调和的矛盾的根源。

3. 马克思的"异化劳动"思想对以往异化观的超越

马克思的异化思想超越了黑格尔关于精神运动的异化复归理论和费尔巴哈的宗教异化观,将人的异化劳动作为其批判的重心,基于现实社会中被剥削、被奴役的下层劳动人民的感性活动,从劳动活动这个特殊角度切入,深度剖析异化在资本主义社会的表现形式,透视出资本家通过剩余价值榨取无产阶级劳动果实的实质,揭露出资本主义社会"人吃人"的丑陋本质。马克思不仅从理论层面给予了资本主义社会的严厉批判,并且形成了马克思自己的异化史观:"在马克思那里,异化劳动所形成的人的异化,也并不是全部人类史,而仅仅是人类生成史的一个阶段。"[1] 因此,按照马克思的观点,异化劳动现象是人类劳动的必然规律,它产生、发展、消亡是一个历史发展的必然过程。只要异化劳动现象存在,社会中的人的自我分裂和自我异化状况就不会发生改变;而只要消除异化劳动、消灭私有制,社会中的人的自我分裂和自我异化状况就会发生改变。因此,必须有一个担负起消除异化劳动、消灭私有制的历史重任和完成人类解放的历史使命的团体或者阶级,这个阶级必须始终以被剥削、被奴役人民的利益为己任,并始终站在与资产阶级相对立的层面上——"人类社会和社会化的人类"即无产阶级就应运而生了。

三 人类社会和社会化的人类:马克思主义的立足基础

在确立了马克思主义的出场路径以及批判的重心转向现实生活中人的

---

[1] 李鹏程:《马克思早期思想探源》,人民出版社2008年版,第42页。

异化劳动之后，马克思开始思考"谁"将担负起消除异化劳动、消灭私有制的历史重任和完成人类解放的历史使命的问题。我们发现不同于黑格尔哲学的立足基础"纯思"和旧唯物主义的立足基础"市民社会"，马克思的新唯物主义的立足基础则是"人类社会和社会化的人类"，即无产阶级。在马克思看来，只有马克思主义的立足基础"人类社会和社会化了的人类"即无产阶级这个从其一出生就饱受压迫和摧残的并始终与资产阶级站在对立面的阶级，才能真正消灭剥削，消灭私有制，最终实现全人类解放。马克思主义的立足基础"人类社会和社会化的人类"的最终确立，是马克思对黑格尔哲学的立足基础"纯思"和旧唯物主义的立足基础"市民社会"的扬弃，同时充分考察当时的社会现实状况从而获得的成果。因此，研究马克思主义的立足基础，必须从马克思对黑格尔哲学和旧唯物主义的立足基础的反思和批判入手。

（一）"纯思"：黑格尔哲学的立足基础

通过第一部分第一个问题对黑格尔哲学出场路径的阐释，我们知道黑格尔哲学的出场路径是"纯存在"。"纯存在"作为黑格尔哲学的开端，从某种意义上而言，就是思"有"——纯思，它既是思维主体（我思）的"有"，也是思维对象（存在）的"有"。在黑格尔哲学中，"纯思"一出场就表现为纯客观的特性，并将思维与存在的关系"毫无疑问地"、"彻底地"同一其中，而"思"就消解在这个同一体中并且不具备任何的规定性，换言之，就是只是"有"从内容中推导出来，同时结果是藏匿在其中的，随后经过"纯思"自身的辩证展开，即结论从"有"中推演出来，再回归到原始开端，并在复归中才看出选择开端的正确性。那么，所有的关键就在于这一推演和复归的过程，"纯思"就在这一过程中体现出"纯存在"作为哲学开端的合法性。因此，"纯思"体现了一种辩证发展的思维方式，而黑格尔整个的客观唯心主义的逻辑体系就根植于此。

黑格尔将"纯思"作为其哲学体系的立足基础，把哲学划分为"逻辑学—自然哲学—精神哲学"三部分，接着把逻辑学划分为"存在论—本质论—概念论"三个阶段、自然哲学划分为"力学—物理学—有机物理学"三个阶段、精神哲学划分为"主观精神—客观精神—绝对精神"三个阶段，其中的每个阶段又划分为三个环节，每个环节继续划分为三个更加细小的环节。不难发现，黑格尔体系的结构都是三一式构造，每一个相对独立的部分都由三个阶段组成，而每一个相对独立的阶段又都由三个环节构成，不同的部分、阶段、环节都具有不同的特点，并在每个相对独立的层级中起着不同的作用。进一步来说，就是事物在发展的过程中，第一阶段一般是肯定环节（正），处在一种比较低级的统一状态，内部的矛盾尚未凸显；第二阶段一般是否定环节（反），处在一种较为高级的对立状态，事物内部的矛盾开始激化；第三阶段是事物在更高层次上的矛盾的统一阶段（合），事物呈现出一个由低到高的"正—反—合"（肯定—否定—否定之否定）的辩证发展状态。当然，黑格尔这种三段式的结构安排绝不是形式主义，而是立足于"纯思"，并受到事物内在的矛盾发展的制约。在事物发展的肯定阶段，其实已经蕴含着否定和综合即否定之否定，但他们还处于萌芽状态；到了否定阶段，事物已经从肯定面中产生出自身的对立面，并且达到了不可调和的程度；而事物无论是在肯定或否定的阶段都是片面的，均无法到达自身的统一。只有在综合阶段，肯定和否定的对立都得到了调解，从而达到了自身的统一，事物才能进入比前两个阶段更加高级、更加全面的状态。因此，在黑格尔看来，事物的发展实际上是一个向自身不断复归的过程，只是这个过程中不断有旧的矛盾得到消减，而新的矛盾不断滋生，于是又产生了新一轮、高级别的循环运动而已。

诚然，黑格尔立足于"纯思"，完成了辩证法的复归，构建了其完满的哲学体系，开启了现代西方哲学发展的新的道路。而马克思也正是汲取了黑格尔辩证法的合理内核，形成了唯物主义的辩证法，为整个马克思主义理论确立了科学的方法论。但是，正是由于黑格尔哲学将"纯思"作为其立足基础，过于彰显出理性能力对于终极本体确定性的追求，尽管完成了用概念逻辑去表达辩证法，却因为受到其客观唯心主义哲学和本末倒置的思辨哲学的制约，使得黑格尔的概念辩证法无法很好地实现辩证法本身所具备的发展原则和统一原则。

（二）"市民社会"：旧唯物主义的立足基础

"市民社会"最先由亚里士多德提出，后经西塞罗转译，主要指政治共同体或城邦国家。在此之后的历史长河中，"市民社会"的概念经历了与自然社会相分离、与政治国家相分离、与经济社会相分离的三个阶段①。马克思在《关于费尔巴哈的提纲》第十条中,指出旧唯物主义的立脚点就是"市民社会",这里的"市民社会"实质上是一个与"政治社会"相对立的经济体,主要指的是在社会中占主导地位的社会物质生活关系,即资本主义社会的经济关系。这无疑表明了包括费尔巴哈在内的一切旧唯物主义,是立足于资本主义经济基础之上的意识形态,代表着资产阶级的根本利益,都是打上资本主义烙印的哲学②。

尽管很多旧唯物主义哲学家,都不愿承认他们的哲学是为资产阶级代言的,但由于在阶级社会中,哲学作为意识形态的重要组成部分,必然会带有鲜明的阶级性,甚至是党性,"任何哲学总是代表一定阶级的利益,总是要以一定的阶级作为他的哲学基础,总是要为一定阶级服务的,超阶级的、为全人类服务的、无阶级性的哲学是不存在的"③。实际上,旧唯物主义哲学所表现出来的不彻底性和局限性,恰恰反映出他们所代表的资产阶级的妥协性和保守性。就拿德国的资产阶级来说,他们的崛起晚于英法等国的资产阶级,同时还伴随着本国无产阶级的觉醒,在作为一支独立的政治力量同封建势力作斗争以及争取阶级利益的时候,就更加凸显资产阶级的两面性:其一,作为当时对抗封建王权最强大的政治集团,他们在有力地冲击了封建统治的同时,还壮大发展了自己阶级的势力,但由于自身的妥协性,未能一举推翻德国的封建王朝;其二,面对日益壮大的无产阶级,资产阶级试图联合无产阶级共同对抗封建阶级;但由于资产阶级自身的保守性,害怕自己的政治成果遭到无产阶级的夺取,使得资产阶级在革命斗争中表现得畏首畏尾,甚至时常调转枪头同封建统治者一起打击襁褓中的无产阶级。这必然导致了代表着德国资产阶级的德国古典哲学在文化领域沿袭了他们在政治领域的软弱无能,使得德国古典哲学家们不仅不从现实生活出发,也不在实践中寻求解决社会问题的方法和途径,还用一种晦涩难懂的哲学语言表达他们对现实的不满及对政治权益的诉求,正如马克思所言,这些"意识形态家们尽管满口讲的都是所谓'震撼世界'

---

① 刘同舫:《马克思人类解放理论的逻辑演进》,人民出版社2011年版,第92页。
② 张云阁:《马克思思维方式论——马克思哲学与费尔巴哈哲学关系研究》,武汉大学出版社2007年版,第202页。
③ 同上。

的词句，却是最大的保守派"，因为他们"只为反对'词句'而斗争"、"只是用词句来反对这些词句"，"他们就绝对不是反对现实的现存世界"①。

旧唯物主义立足于"市民社会"，为资产阶级服务，但仍有不少旧唯物主义者对此不仅予以否认，还宣称自己是"共产主义者"，费尔巴哈就是其中典型的代表人物。在费尔巴哈的《因〈唯一者及其所有物〉而论〈基督教本质〉》一文中，他既不承认自己是一个唯物者，更否认自己是一个唯心主义者，认为自己是一个社会中的人——共产主义者。在费尔巴哈看来，人由于生下来就生活在社会中，因此人便是社会的人；正因于此，他是社会中的人，他就成了共产主义者。费尔巴哈所说的"共产主义者"，实际上不过是将"共产主义"作为"人"的宾语，而不是那个代表着工人、农民等被压迫、被剥削阶级利益的团体。马克思对此给予了严厉的批判，他一针见血地指出费尔巴哈的"共产主义者"是一个空洞的词汇，不过是对"共同人"偷换概念而已。毋庸置疑，旧唯物主义的立足基础——"市民社会"，对于唯心主义将哲学立足于"纯思"、"精神"、"思维"等主观存在而言，有了很大的进步，他们不仅将哲学的视野从虚无缥缈的彼岸世界拉回了有血有肉的现实世界，还看到了"市民社会"在社会生活中的重要地位以及对国家政治生活的巨大影响。诚然，正是由于立足于"市民社会"，受到资产阶级本身的不彻底性的局限，也使得旧唯物主义无法真正做到让理论直面现实，更加无法去改变现实。

（三）"人类社会和社会化的人类"：马克思主义的立足基础

通过对黑格尔哲学和旧唯物主义（包括费尔巴哈在内）的立足基础的无情批判并结合现实社会的深邃思考，马克思终于在《关于费尔巴哈的提纲》的第十条提出了"新唯物主义的立足点则是人类社会或社会化的人类"的超越性论断。不同于包括费尔巴哈在内的旧唯物主义的立足基础代表着资产阶级的生产关系的"市民社会"，马克思出于对贫苦大众的深切同情和对人类命运的深度担忧，将自己的理论思想始终立足于"人类社会和社会化的人类"，彰显出其哲学思想浓厚的人文情怀。值得

---

① [德] 马克思、恩格斯：《德意志意识形态》，人民出版社2003年版，第10页。

注意的是,这里的"人类社会"主要是指消灭剥削、压迫和私有制的共产主义社会;而"社会化的人类"则是指在剥削、压迫和私有制被消灭后,仍有一定的社会关系存在的共产主义社会。正如旧唯物主义哲学带有资产阶级属性那样,马克思主义则是为广大贫苦大众服务的哲学,是打上了无产阶级烙印的理论思想。

在马克思和恩格斯生活的时代,无产阶级的力量日益壮大,从一开始时对资产阶级的依附逐渐走向挣脱资产阶级的操控。但在旧唯物主义的眼中,无产阶级不过是扮演着"资产阶级进行革命的同盟军"和"为资产阶级夺取政权而进行战斗的'第三个战士'"[①]的角色,他们认为这些贫穷、愚昧的"下等人"不仅无法独立承担革命的任务,而且也不会对推动历史进程起到巨大的促进作用。而马克思则是真正意识到无产阶级巨大革命力量的第一人,在对现实社会的考察中,他敏锐地看到了无产阶级良好的组织性和纪律性,并犀利地认识到无产阶级与生俱来的革命性。在马克思看来,无产阶级无疑是担负"推翻那些使人成为被侮辱、被奴役、被遗弃和被蔑视的东西的一切关系"[②]的历史重任的最佳人选,这是因为他们从来到这个世界的第一天起,就处在社会的最底层,不仅要忍受经济上的剥削,还要承受政治上的压迫,如果不拿起武器向剥削、压迫他们的社会抗争,那么他们将永远处在物质极度匮乏和精神饱受摧残的双重危机之下。尽管在19世纪三四十年代,欧洲工人运动可谓是风起云涌,比起以往的工人运动而言,组织纪律性有所加强。政治诉求有所增加,但由于缺乏科学的革命理论指导,最终还是失败了。马克思正是看到了无产阶级对科学的革命理论的急迫诉求,并怀着对贫苦大众和无产阶级的同情和关怀,才下定了立志为无产阶级的革命运动提供科学的理论指南、为实现全人类的解放而奋斗终生的决心,他坚信:"批判的武器当然不能代替武器的批判,物质力量只能用物质力量来摧毁;但是理论一经掌握群众,也会变成物质理论。"[③]

马克思主义立足于"人类社会或社会化的人类",为广大贫苦大众和

[①] 张云阁:《马克思思维方式论——马克思哲学与费尔巴哈哲学关系研究》,武汉大学出版社2007年版,第214页。

[②] 《马克思恩格斯选集》第1卷,人民出版社1995年版,第10页。

[③] 同上书,第9页。

无产阶级服务，还为工人运动提供科学的理论指导，不单单体现了马克思主义饱含的人文关怀和解放全人类的宏伟哲学目标，更是表现了马克思主义对以往旧哲学的超越，主要体现在以下三个方面：

第一，马克思主义将"人类社会和社会化的人类"作为其立足基础，彻底扬弃了唯心主义和包括费尔巴哈在内的旧唯物主义的"虚假人道"。以往的旧哲学总是将"个体"与"类"的关系颠倒，不是将个人的发展作为一切人的发展的基础，而是将"一切人的发展看作是个人的发展的前提"，这样就必须牺牲掉一部分人的利益和幸福去成就整个"类"的发展；马克思揭开了旧哲学虚伪的人道主义面纱，将"个体"与"类"的关系颠倒回来，他提出："每个人的自由发展是一切人的自由发展的条件"①，即只有每个人的自由发展才能真正实现整个人类的自由发展，反之，任何以牺牲一部分人的发展为条件的行为都无法达到整个"类"的真正发展。

第二，马克思主义将"人类社会和社会化的人类"作为其立足基础，将哲学理论同革命斗争实践紧密相连。马克思对广大的贫苦大众和无产阶级不仅仅是心理上的同情，在实践中也给予了他们强大的理论指导和帮助。在当时的社会中，劳动人民所有的精神食粮便只能来源于剥削阶级对他们灌输的奴化教育以及天生被剥削的思想。显然，这样的思想境界完全不可能帮助无产阶级在革命斗争中获得成功，并且在一定程度上还会滋生一些错误的革命斗争路线、方针、政策，阻碍无产阶级的革命道路健康发展。正是在这样的情况下，代表着无产阶级世界观的马克思主义应运而生，它向世界宣布了无产阶级才是克服"市民社会"、实现人类解放的首要社会力量；同时，它弥补了无产阶级在精神资料生产方面的缺憾，从精神理论层面为无产阶级的革命斗争保驾护航，实现了理论和实际的完美结合、科学性和革命性的高度统一。

第三，马克思主义将"人类社会和社会化的人类"作为其立足基础，将哲学的功能从"解释世界"提升到"改变世界"。马克思在《关于费尔巴哈的提纲》的第十一条明确指出："哲学家们只是用不同的方式解释世界，而问题在于改变世界。"② 从前的哲学总是围绕着"世界的本原或始

---

① 《马克思恩格斯选集》第1卷，人民出版社1995年版，第294页。
② 同上书，第61页。

基（理念）是什么"这个中心去思考和构建思想，旧哲学家们都费尽心思去寻找能够"解释世界"的绝对概念和原理，不在乎它们究竟是"理念"还是"始基"，他们认为只要真正掌握住解释世界的真理，就能够把握现实世界。一切旧哲学被视为"解释世界"的理论，主要是受到了他们哲学立足基础的局限。我们知道哲学带有一定的阶级属性，都是为一定的阶级所服务，例如旧唯物主义立足于"市民社会"，代表了资产阶级的阶级意志，即使对所存在的社会有所不满，但囿于资产阶级本身的局限性，也无法彻底改变现存世界，仅仅为了阶级利益的实现进行一些小修小补。而马克思将"人类社会或社会化的人类"作为其理论的立足基础，不但摒弃了黑格尔哲学完全存在于精神领域的立足基础"纯思"，还批判了旧唯物主义哲学打着资产阶级烙印的立足基础"市民社会"，撕毁了以往一切旧哲学打着为劳苦大众抱不平的虚伪面纱，并宣告了这些根植于"纯思""市民社会"等的以往一切旧哲学终究对"改变世界"无能为力。马克思公开宣布自己的哲学立足基础是"人类社会和社会化的人类"，自己的哲学是为劳苦大众和无产阶级服务，哲学的功能不再是"解释世界"而是"改变世界"，哲学的目的就是为了实现全人类的解放和人的自由而全面的发展，自此揭示出马克思主义的理论旨归。

四 人的全面而自由的发展：马克思主义的理论旨归

马克思出于对劳苦大众和下层人民的关注和同情，以及对前人特别是黑格尔和费尔巴哈哲学思想的反思和批判，并结合资本主义的现实生活状况，从"实际活动的人"出发，对"人的异化劳动"进行无情批判，并找到了肩负消灭剥削、消灭私有制、完成人类解放的历史重任的"人类社会或社会化的人类"即无产阶级之后，马克思主义面临着一个新的问题，即无产阶级将建立一个怎样的世界和人在其中将如何发展的问题，这便是马克思主义的理论旨归所在。由于马克思主义的出场路径、批判重心、立足基础和理论旨归共同构成了马克思主义理论的内在人本逻辑，并将马克思主义串联成一个不可分割的整体，因而马克思主义的理论旨归也无法脱离人类解放和发展这条充满人文情怀和人本精神的红线。马克思在《共产党宣言》中就提出："当阶级差别在发展进程中已经消失而全部生产集中在联合起来的个人的手中的时候"，"代替那存在着阶级和阶级对立的资产阶级旧社会的，将是这样一个联合体，在那里，每个人的自由发展是一切人的自由发展的条件"①。最后这高度浓缩的 20 个字，不仅彰显出马克思主义"以人为本"的理论特征，更是准确地表明了无产阶级建立的世界中人的发展趋势和马克思主义的终极目标——"人的全面而自由的发展"。而马克思主义理论旨归的提出，同样也是基于对黑格尔客观唯心主义的哲学指向"人的理性的发展"和费尔巴哈人本主义的哲学指向"人的感性的发展"的批判继承。

（一）"人的理性的发展"：黑格尔客观唯心主义的哲学指向

黑格尔客观唯心主义哲学将"纯存在"作为出场路径，通过对"绝对精神"处于异化状态的反思和批判，并始终立足于"纯思"，使最终的哲学指向又重新回到了精神世界——"人的理性"的发展。尽管西方哲学发展到康德那里，其"人为自然立法"将人的地位提高到了一个从未有过的高度，但没能达到最高点。直到黑格尔这个"作为德国乃至整个欧洲的无冕之王"的出现，才把西方哲学内蕴的形而上精神以显性的方式呈现在世人面前，将人的精神、人的理性赋予至高无上的地位。

黑格尔把人归结为"理性"——既能表现实体的存在又能展现主体的存在的"绝对理念"。黑格尔认为"绝对理念"具有双重性：一方面，"绝对理念"作为宇宙中唯一的客观的实体而存在，是世间万事万物的本原和始基。值得注意的是，黑格尔这里的"实体"，既不同于柏拉图那里的与可知世界的存在或精神实体的存在即理性存在相对立的"实体"，也不同于亚里士多德那里的作为主词的众多具体事物总称的"实体"，而是特指意识的经验对象，即与个别的事物意思相似。黑格尔还进一步指出，"实体"这个个别具体的事物总是以一种普遍存在的形式呈现，正如其言："我所说出的，永远仅仅是一般的东西或共相"，而绝对理念的生成和完善的过程就是"从个别的感觉经验的具体事物出发上升到最高的层次之间的逻辑过程"。因此，"凡生活中真实的伟大的圣神的事物，其所以真实、伟大、神圣，均由于理念。哲学的目的就在于掌握理念的普遍性和真形象"②。黑格尔的"实体"其实就是"绝对理念"本身，而"绝对

---

① 《马克思恩格斯选集》第 1 卷，人民出版社 1995 年版，第 294 页。
② ［德］黑格尔：《小逻辑》，贺麟译，商务印书馆 1980 年版，第 35 页。

理念"作为"实体",又在为"人的崇高何以可能"提供必要的佐证。另一方面,"绝对理念"又是作为不断运动、发展、变化的主体而存在,世间万事万物都是其自我认识、自我实现的辩证过程的外部体现,均为"绝对理念"的衍生物。黑格尔这里的"主体",与康德所言的绝对主体不同,绝不是那种统领一切的主体,而是"绝对理念"不断外化、不断发展的阶段或者过程。

实际上,在黑格尔本人看来,实体等同于意识对象,主体则等同于人的自我意识,正如马克思所说:"人的本质,人,在黑格尔看来=自我意识。"① 黑格尔的"绝对理念"其本质就是人的精神、人的理性,它不仅主宰宇宙万物,还主宰人类历史。人之所以异于其他动物的地方不止在于他具有思想,关键在于他有精神、有理性,理性是人之所以为人的本质。这种理性是与生俱来的,它不需要借助于任何一种外力来驱动,它自己规定、决定自己,不受任何具体时空的限制,自由、永恒地存在着。因此,黑格尔认为人的发展、社会历史的发展,实质上就是人的精神、人的理性的发展。人在历史生活中之所以受到挫折,无非是"理性的狡计",因为理性需要牺牲一些人才能够成就历史的发展;而历史上的英雄人物或伟大人物之所以能够获得成功,是因为他们的高瞻远瞩与时代最先进的理性相吻合,成为世界精神、时代理性的代言人,推动着历史前进。无可否认,黑格尔对人的理性的弘扬达到了极致,但由于过分强调人的精神、人的理性的发展,完全脱离了人的感性存在,忽视了人的感性活动,使得人成为一种高深莫测、可望而不可即的"精灵",最终只能生成"片面的人"。

(二)"人的感性的发展":费尔巴哈人本主义的哲学指向

费尔巴哈的人本主义哲学将"感性存在"作为出场路径,通过对"宗教"的异化现象的反思和批判,并始终立足于"市民社会",使得其最终的哲学指向与黑格尔哲学的指向完全不同,而是使哲学从天上落到人间,重新回归现实世界——"人的感性"的发展。费尔巴哈反对黑格尔哲学对人的片面理解——忽视人除了理性之外的其他属性,而把理性当作人的唯一的或全部的属性、当作人来理解,尽管他继承了黑格尔从人与动

---

① 《马克思恩格斯文集》第1卷,人民出版社2009年版,第207页。

物相区别的方法论去考察人的问题，但由于他从感性的人、现实的人出发，同时重视社会现实和人的生存状况，因而得出了与黑格尔完全相异的哲学指向。

不同于黑格尔，费尔巴哈把人归结为"感性"——既包括人，又包括自然界，并将人作为核心和基础的"感性存在"。在费尔巴哈看来，不单单自然界是感性的存在，人更是感性的存在，这是因为人是有血有肉、看得见摸得着的感性的实体，是世上最真实、最实在的感性存在。尽管人有思维、精神、思想、理性、感情，但都必须依附于人的肉体而存在，甚至是"灵魂"那样神圣的东西，离开了人的肉体都将不复存在。因而，人"不再是漂游在绝对理念天穹中不可琢磨的精灵，而是站在大地上面的一个活生生的有血有肉的生物"①。费尔巴哈之所以将人赋予感性存在的内涵，源于对黑格尔"绝对理念"的批判。费尔巴哈认为，黑格尔的"绝对理念"实质上仅仅是人的本质的对象化，不过是将人本身具有的本质割裂在人本身以外，并使之成为本体，成为始基，成为万事万物的操控者——"上帝"。这样就完完全全颠倒了认识的实际过程，事实上，"绝对理念"不过是从人本身抽象出来的精神，精神脱离了人本身，成为异己的本质，人的理性被赋予了神性。因此，黑格尔并没有真正解决思维和存在的关系问题，思维与存在的同一性不过是思维与其本身的同一性，始终没有超越思维范畴。而费尔巴哈则在批判的过程中寻找到了解决思存关系问题的基础——"人"，这是由于人本身就具有二重属性，他既是一个自然存在物，又是一个有思维能力的存在物，只有"人"才能肩负起自然世界和属人世界的统一大任。于是，费尔巴哈摒弃了黑格尔通过"绝对精神"解决哲学基本问题的思维范式，而是基于对人这个感性存在的考察和研究，寻找主体与客体、思维与存在、自然世界与属人世界的关系问题的答案。

实际上，在费尔巴哈看来，人的感性就等同于"感性存在"，而这种抽象的理解无疑将会导致其在人的问题的认知上出现一定的偏差。首先，费尔巴哈的"人"是脱离历史的人。每个人都是孤立的个体存在于历史长河之外，他认为个体是由那些完全脱离历史进程的"属性"或"不变

---

① 张云阁：《马克思思维方式论——马克思哲学与费尔巴哈哲学关系研究》，武汉大学出版社2007年版，第133页。

本性"等构成，所以他就抛开历史过程，无视历史条件对人的发展的约束，以及人在历史中的改变，只是"停留在理论的领域"，"停留于抽象的'人'"①。其次，费尔巴哈的"人"是脱离社会的人。他只是把人的本质归结为生物学上的"类"，仅仅从自然角度对人的本质进行诠释，无视人与人之间的社会关系。最后，费尔巴哈的"人"是脱离实践的人。因此，尽管费尔巴哈试图用"感性存在"代替黑格尔的"绝对理念"，但由于脱离了历史、社会、实践的前提，以及丢弃了黑格尔哲学的辩证法，使他具有自然观上的唯物主义者和历史观上的唯心主义者的"双重身份"。正因如此，费尔巴哈的"感性的人"的发展，也将陷入直观的，脱离历史、社会和实践的"单纯"发展，最终只能生成"抽象的人"。

（三）"人的全面而自由的发展"：马克思主义的理论归宿

马克思主义将"感性活动的人"作为出场路径，通过对"人的异化劳动"的现象进行反思和批判，并始终立足于"人类社会和社会化的人类"，使其最终的理论旨归既不同于黑格尔客观唯心主义的"人的理性的发展"，也不同于费尔巴哈人本主义的"人的感性的发展"，而是将二者批判地吸收之后，提出自己的哲学归宿——"人的全面而自由的发展"。黑格尔的"人的理性的发展"，过分地强调和夸大人的精神的发展、人的思想的发展，完全脱离了人的感性存在，这种人的发展只能使其成为"精灵"或者"片面的人"；费尔巴哈的"人的感性的发展"，则过分强调和夸大人的感性存在的发展、人的感性直观的发展，完全脱离了历史的、社会的、实践的前提，这种人的发展只能使其成为"抽象的人"；而马克思的"人的自由而全面的发展"，重视人的感性活动，把人的发展置于历史进程、社会状况和实践活动之中，使得人不再只是发展成为"片面的人"或者"抽象的人"，而是真真正正的、有血有肉的"完整的人"。

所谓"人的全面而自由的发展"其实就是指现实中的人在挣脱主观和客观的制约的基础上，劳动实践能力、社会关系、个人素质等方面的全面、充分、自由发展，并且能够自觉自为、积极主动地发挥自身的个性、天赋、独立性及创造性。一方面，人的"全面发展"主要是马克思依据

---

① 《马克思恩格斯选集》第1卷，人民出版社1995年版，第78页。

当时的资本主义社会中由于人的异化劳动而产生的人的实践能力的单向度甚至是畸形的发展和总是要将牺牲一部分人的发展作为另外一部分人的发展的前提及条件的不平等发展状态所提出的，而他追崇的人的"全面发展"，不但要实现人德行、智商、体能的协调发展以及综合素质的提升，还要充分保障人的所有合法权利；另一方面，人的"自由发展"主要是依据工业社会中由于人的劳动的不自由而导致的人格依附性和个性形式化的现象所提出的，他所追崇的人的"自由发展"，是要在人根据自身的兴趣、爱好、特长等自由选择、自觉主动地进行实践劳动的基础上，最大限度地发挥人的个性和创造性。实际上，无论是人的"全面发展"，还是人的"自由发展"，均作为发展的不同视域统一于人的整体发展之中，前者代表了人的发展的丰富性和人所获得的解放的广度，而后者则代表了人的发展的超越性和人所获得的解放的程度，二者始终显现出一种并列的、相互依存的关系。

关于人的全面而自由的发展的基本内容的划分，主要是依据对人的全面而自由的发展的内涵和人的本质的内容的考察。关于人的全面而自由的发展的内涵上文已作阐释，此处就不再赘述。而对于人的本质，在马克思看来，不应像理论人学那样只是从简单的"人是感性或理性的动物"入手，而是必须从"人之所以为人"的三个本质特性——"类特性、社会特性和个人特性"[1]来探讨。因此，根据人的全面而自由发展的内涵和人的本质的内容，人的全面而自由的发展的基本内容也就包括了人的类本质的发展、人的社会关系的发展和人的个性的发展三个方面。下面将一一进行阐述：

其一，人的类本质的发展。在本文的第一部分第三个问题就曾提到过人的"类本质"是指人的"自由的有意识的活动"，换而言之，人的类本质就是人的劳动实践活动。人的劳动实践活动就是人自觉自为地进行认识世界和改造世界的一切行为，它不仅集中体现了人的自然、社会和精神素质，还是实现主体和客体、主观和客观、属人世界和自然世界辩证统一的必要条件。每个人作为组成人"类"的基本单位，都必须充分、全面地发挥和发展这种"类本质"，因为只有这样，人才能真正地区别于其他动

---

[1] 黄楠森：《人学原理》，广西人民出版社2000年版，第435页。

物,才能使人真正地成为人。由于人的"类本质"——人的劳动实践活动本身的复杂性和多面性,使人的类本质的全面而自由的发展也具有双重性。一方面,人的劳动实践活动必须彰显出人的主体性特征。人作为实践主体和"能动的自然存在物",将生命力、自然力化作天赋、才能、欲望存于人体内,能够按照自己的意愿去独立自主地、自由自觉地认识世界和改造世界,发挥人的全部天赋、才能和力量,在活动的过程中实现主体客体化和客体主体化。另一方面,人的劳动实践活动必须彰显出多样性特征。人的劳动实践活动不应是一种简单的分工或重复性的劳作,曾经"在私有制和旧分工的条件下",人"被异化为'工具',分割为'碎片',成为'单面人'"①;对此,马克思提出了人的劳动实践活动应该是丰富的、多样性的,"任何人都没有特殊的活动范围,而是都可以在任何部门内发展,社会调节着整个生产,因而使我有可能随自己的兴趣今天干这事,明天干那事,上午打猎,下午捕鱼,傍晚从事畜牧,晚饭后从事批判,这样我就不会使我老是一个猎人、渔夫、牧人或批判者"②。因此,只有充分发挥人的劳动实践活动的主体性和多样性,才能实现人的"类本质"的全面而自由地发展。

其二,人的社会关系的发展。人的社会关系主要是指人在生存和生产过程中与他人之间产生的各种复杂关系,包括血缘关系、地缘关系、业缘关系等。在马克思看来,人总是以一定的社会关系存在,而"社会本身即处于社会关系中的人本身"③。于是,人的发展就无法脱离一定的社会关系,并同人的社会关系的发展息息相关。社会关系作为人的劳动实践活动的组织方式,不仅为人的全面而自由的发展提供必要的现实条件,同时还通过社会条件制约着人的发展。社会关系本身的发展呈现出从片面走向全面的趋势,主要经历了三个阶段:第一个阶段是在自然经济社会形态中形成的"人对自然的依赖关系",第二个阶段是在商品经济社会形态中形成的"人对物的依赖关系",第三个阶段是在产品经济社会形态中形成的"人对人的依赖关系"。随着人与人之间的联系和协作的不断加强,势必

---

① 庞世伟:《论"完整的人"——马克思人学生成论研究》,中央编译出版社2009年版,第231页。
② [德] 马克思、恩格斯:《德意志意识形态》,人民出版社2003年版,第29页。
③ 《马克思恩格斯全集》第46卷(下),人民出版社1980年版,第226页。

寻求与之相适应的全面而丰富的社会关系。因此，要使人的社会关系获得全面而自由的发展，就必须达到个人发展和整个人类社会发展的和谐统一，个人的发展是所有人的发展的前提和基础，而所有人的发展是个人的全面而自由的发展的保障和归宿。

其三，人的个性的发展。人的个性实际上就是人的个别性或个人性，主要体现为人在思想、性格、品质、意志、态度、情感、行为上不同于他人的特质，每一个人都有其独特的个性，个性化是人存在的基本形式，正如马克思所言："人是一个特殊的个体，并且正是他的特殊性使他成为一个个体，成为一个现实的、单个的社会存在物。"① 在资本主义社会，人们受到分工和异化劳动的限制和奴役，导致人的个性遭到极大的压抑，人如同从一个模子印出来的一样；而在共产主义社会，"有个性的人"取代了"偶然性的人"，在"这个集体中个人是作为个人参加的"②。人的个性的全面而自由地发展，其实包含着人的独特性、自主性和创造性的充分发展。首先，人的个性实质上就是人的独特性，人的劳动实践活动是人区别于其他动物的类本质，而人的独特性就是人区别于他人的特性。人的个性要想得到充分发展，必须保证人的独特性的发展。值得注意的是，人的独特性的发展不但是个人的意愿，而且是社会发展的需要，只有人们在独特性上的优势互补，才能创造出一个精彩纷呈的社会。其次，人的自主性的发展是人的个性的发展中非常重要的一个方面。人具有自主性才能实现自己的个性，使人"成为自己的社会结合的主人，从而也就成为自然界的主人，成为自身的主人——自由的人"③。实际上，自主、自觉、自由三者是密不可分的，人只有自觉才能有自主性，而有了自主性才能够去实现自由，最终获得自由才能发挥个性。最后，人的创造性的发展是人的个性的发展的高级阶段。人本身具备的潜能、天赋、才能不仅能够被发掘和施展，更为重要的是可以自由地运用并发挥出独特的用途或创造出新颖的事物，在认识世界的同时更好地去改造世界，甚至是创造世界。因此，人的个性的全面而自由地发展要求人的独特性、人的自主性和人的创造性协调统一，充分发展。总之，要达到人的全面而自由地发展，必须使人的类

---

① 《马克思恩格斯全集》第42卷，人民出版社1979年版，第123页。

② 《马克思恩格斯全集》第3卷，人民出版社1960年版，第85页。

③ 同上书，第760页。

本质、人的社会关系和人的个性协调、充分发展，这标志着人与自然的和谐共处、人与物的优化整合以及人与人之间的融洽相处。

人的全面而自由地发展要想得以从理想变为现实，在马克思看来，只有在"自由人的联合体"，即共产主义社会才能真正得以实现。在那里，人的自由个性才能得到真正的全面发挥，最终实现人的解放和人的全面而自由地发展。无产阶级通过颠覆资产阶级政权，消除旧的分工、私有制和异化劳动，消灭阶级、国家，在全面彻底的社会变革的基础上实现人自身的全面解放，包括经济解放、政治解放、文化解放、劳动解放和精神解放，进入"自由人的联合体"，从而实现人的自由而全面地发展。"自由人的联合体"，是由自由人所组成的集体。所谓"自由人"就是指作为社会、自然界和人自己本身的"主人"的人。在"自由人的联合体"中，人不再是高度抽象的存在物，更不是精神上和肉体上的"畸形人"，不再受到完全异己的力量的威慑和驾驭，没有等级、阶级之分，而是作为人性复归的现实的人而存在。由于旧的精细的分工形式的消失，人从体力劳动和脑力劳动的对立中解放出来，生产力高度发达，社会的物质财富充足，劳动不再是人们唯一谋生方式，而人们更多的是运用实践活动去改造世界和实现自身的价值，完成从必然王国到自由王国的飞跃。

陈婷婷　海南大学教务处　行政人员

参考文献

[1]《马克思恩格斯全集》第 3 卷，人民出版社 1960 年版。
[2]《马克思恩格斯全集》第 40 卷，人民出版社 1982 年版。
[3]《马克思恩格斯全集》第 42 卷，人民出版社 1979 年版。
[4]《马克思恩格斯全集》第 46 卷（下），人民出版社 1980 年版。
[5]《马克思恩格斯选集》第 1—4 卷，人民出版社 1995 年版。
[6]《列宁选集》第 2 卷，人民出版社 1995 年版。
[7]《斯大林文选》（下），人民出版社 1963 年版。
[8] 马克思：《资本论》第 1 卷，人民出版社 1963 年版。
[9] 马克思、恩格斯：《德意志意识形态》，人民出版社 2003 年版。
[10] 马克思：《1844 年经济学哲学手稿》，人民出版社 2000 年版。

［11］列宁：《哲学笔记》，人民出版社1993年版。

［12］斯大林：《斯大林文选》（下册），人民出版社1963年版。

［13］［德］黑格尔：《小逻辑》，贺麟译，商务印书馆1980年版。

［14］黑格尔：《法哲学原理》，商务印书馆1982年版。

［15］黑格尔：《自然哲学》，梁志学等译，商务印书馆1980年版。

［16］黑格尔：《精神现象学》（下），贺麟、王玖兴译，商务印书馆1979年版。

［17］［德］费尔巴哈：《费尔巴哈哲学著作选集》（上、下），荣震华、李金山译，商务印书馆1984年版。

［18］［匈］卢卡奇：《历史与阶级意识》，杜章智、任立、燕宏远译，商务印书馆1999年版。

［19］［意］葛兰西：《实践哲学》，徐崇温译，重庆出版社1990年版。

［20］［德］柯尔施：《马克思主义和哲学》，王南湜、荣新海译，重庆出版社1989年版。

［21］［美］马尔库塞：《单向度的人——发达工业社会意识形态研究》，刘继译，上海译文出版社1989年版。

［22］［英］麦克莱伦：《马克思传》，王珍译，中国人民大学出版社2006年版。

［23］［英］伯尔基：《马克思主义的起源》，伍庆等译，华东师范大学出版社2007年版。

［24］［法］阿尔都塞：《保卫马克思》，顾良译，商务印书馆1983年版。

［25］约·施拉夫斯坦：《梅林传》，邓仁娥译，人民出版社1989年版。

［26］［苏］纳尔斯基：《异化和劳动》，冯申译，湖南人民出版社1987年版。

［27］庄福龄：《简明马克思主义史》，人民出版社2004年版。

［28］康渝生：《马克思主义哲学的人学致思理路》，社会科学文献出版社2004年版。

［29］韩庆祥：《马克思人学思想研究》，河南人民出版社1996年版。

［30］郝敬之：《整体马克思》，东方出版社2002年版。

[31] 俞吾金：《传统重估与思想位移》，黑龙江大学出版社 2007 年版。

[32] 张曙光：《人的世界与世界的人：马克思的思想历程追踪》，北京师范大学出版社 2009 年版。

[33] 庞世伟：《论"完整的人"——马克思人学生成论研究》，中央编译局 2009 年版。

[34] 刘同舫：《马克思人类解放理论的逻辑演进》，人民出版社 2011 年版。

[35] 张云阁：《马克思思维方式论——马克思哲学与费尔巴哈哲学关系研究》，武汉大学出版社 2007 年版。

[36] 李鹏程：《马克思早期思想探源》，人民出版社 2008 年版。

[37] 黄楠森：《人学原理》，广西人民出版社 2000 年版。

[38] 韩庆祥：《马克思的人学理论》，河南人民出版社 2011 年版。

[39] 王双桥：《人学概论》，湖南大学出版社 2004 年版。

[40] 郭大俊：《从整体上研究马克思主义》，《当代世界与社会主义》1996 年第 3 期。

[41] 奚广庆：《关于马克思主义整体研究的几点看法》，《华东理工大学学报》（社会科学版）2007 年第 4 期。

[42] 赵敦华：《马克思哲学的三个来源和三个组成部分》，《北京大学学报》（哲学社会科学版）2007 年第 11 期。

[43] 逄锦聚：《研究和把握马克思主义整体性的四个角度》，《南开学报》（哲学社会科学版）2008 年第 4 期。

[44] 王贵明：《论马克思主义的整体性》，《探索》1999 年第 4 期。

[45] 肖巍：《马克思主义理论整体性研究断想》，《思想理论教育》2007 年第 2 期。

[46] 张耀灿等：《关于马克思主义整体性的几点思考》，《福建师范大学》（哲学社会科学版）2006 年第 3 期。

[47] 高放：《马克思主义没有三个组成部分吗——兼谈马克思主义教研体系改革问题》，《江汉论坛》2005 年第 5 期。

[48] 梅荣政：《马克思主义是完整世界观》，《高校理论战线》1996 年第 8 期。

[49] 王良铭：《从马克思主义理论体系形成的历史进程看其整体

性》，《江苏社会科学》2007年第1期。

［50］南普照：《试论马克思主义的整体结构》，《哈尔滨师专学报》1997年第4期。

［51］张雷声：《马克思主义整体性的三个层次》，《思想理论教育导刊》2008年第2期。

［52］张云阁：《马克思主义整体性的三维逻辑》，《新东方》2010年第2期。

［53］陈学明：《中国的马克思主义研究必须反对五种割裂》，《毛泽东邓小平理论研究》2007年第6期。

［54］何怀远：《马克思主义理论整体性的历史发生学解读》，《南京社会科学》2006年第6期。

［55］顾钰民：《关于马克思主义整体性研究的思考》，《思想理论教育导刊》2008年第2期。

［56］顾海良：《科学理解　系统把握　整体建设——关于马克思主义理论一级学科建设思考》，《思想理论教育》2006年第6期。

［57］梁树发、黄刚：《克思主义整体性研究综述》，《重庆社会科学》2008年第9期。

［58］梁树发：《马克思主义整体性与马克思主义定义问题》，《党政干部学刊》2005年第3期。

［59］贺来：《马克思哲学与"存在论"范式的转换》，《中国社会科学》2002年第5期。

第九章

马克思"跨越卡夫丁峡谷"思想研究

摘 要：晚年的马克思在对东方落后国家特别是对俄国的社会考察后，提出了俄国有可能不通过资本主义制度的"卡夫丁峡谷"，而是通过吸收资本主义制度创造的一切积极的发展成果，在政治、经济、文化落后的基础上直接进入社会主义，实现社会跨越发展的设想，这一理论设想被后人称为马克思晚年的"跨越论"思想。该思想深化和发展了人类社会发展的规律，丰富了马克思的唯物史观，为东方落后国家寻求社会发展道路提供了独特的理论视角，在实践上则开启了东方落后国家独特的社会主义实践道路。

笔者通过对文本的仔细阅读，运用文献研究法和归纳法，从一个更加宏观、科学的新的视角来理解该思想，从而还原一个真实、科学的"跨越论"思想。东欧剧变、苏联解体后，社会主义事业在世界范围内遭受了空前的挫折和打击，在这样的现实情景下，中国共产党不断解放思想、深入剖析我国国情，走出了一条具有中国特色的社会主义道路，在社会主义事业发展的低谷阶段将其推向前进。进入21世纪以来，在新的历史条件下，我们更应该深入研究不同于西欧国家情况的东方落后国家如何不通过资本主义制度的"卡夫丁峡谷"，而又可以实现经济、社会的又好又快发展，把社会主义事业不断推向新的高度，这无疑具有重要的理论和现实意义。

关键词：马克思；"卡夫丁峡谷"；历史进程；跨越；中国特色社会主义

一 绪论

（一）问题的提出与意义

马克思把毕生的精力都放在了对人类社会和人的解放的理论探索上，

受历史条件等方面因素的限制,他早期和中期研究的重点主要是西欧社会。19世纪70年代后,马克思把研究的重点从西方转向了东方,开始关注俄国、中国等东方落后国家,创建了东方社会理论,而东方社会理论的核心内容就是"跨越卡夫丁峡谷"思想(简称"跨越论"思想),这是马克思理论体系中为数不多的和中国有关联的一个部分,也是笔者选择研究"跨越论"思想的第一个原因。此外,学术界关于"跨越论"思想的研究虽然很多,但在很多问题上都没能达成共识,甚至在某些问题的理解上所持的观点还是截然相反的,本文在广泛吸收各专家学者研究成果的基础上,阐述了一些自己的观点,希望能对"跨越论"思想的研究有所启示,这是笔者选择研究该题目的第二个原因。

我国的社会主义制度是在较为落后的社会条件下建立起来的,这与马克思早期所阐述的社会主义国家将首先在西欧主要发达国家同时发生完全不同,尤其是在东欧剧变和苏联解体后,许多人开始质疑在落后国家建立社会主义制度的可行性,而马克思的"跨越论"思想阐述的就是在落后国家建立社会主义制度的设想,这是笔者选择研究马克思"跨越论"思想的第三个原因。

"跨越论"思想虽然是马克思针对俄国的一种设想,但其中蕴含的一些方法论原则和启示对当今社会,尤其对当今世界范围内的社会主义国家具有重要的启示作用,此外,马克思之外的其他马克思主义经典作家也随着时代的变化不断丰富发展了他的这一思想。这些发展成果使得"跨越论"思想与我国现阶段的社会主义建设有着密切的联系,科学理解这些思想的内涵对我国社会主义建设有着重要的指引作用。因此,马克思的"跨越论"思想及其后续经典作家对该理论进行完善的理论成果对我国现代化建设有着重要的理论和现实意义。

(二) 研究现状

国际学术界对"跨越论"思想的研究以1972年美国学者劳伦斯·克拉德《卡尔·马克思的民族学笔记》的出版为标志,随后也陆续出现了一批高质量的专著和文章,如苏联学者安德烈夫的《马克思主义史的手稿篇章》等,这在国际范围内掀起了研究晚年马克思思想的浪潮,我国学术界也是受其影响开始研究晚年马克思的。我国对马克思"跨越论"思想的研究以1982年陈启能在《历史研究》上发表的《关于产生资本主义的历史必然性问题——对马克思给查苏利奇的信的理解》为标志,随后学术界陆续发表了上百篇具有重要影响力的文章,随着研究的不断深入,陆续出现了一批专著,如:王继荣的《"卡夫丁峡谷"理论与东方社会道路问题再研究》等,专著的发表标志着我国在该问题上的研究已经非常深入、具体、全面,在许多问题、许多领域都达成了共识,取得了重要的理论研究成果。

此外,在取得重要成果的同时,我们还应看到我国学术界在该问题的研究上还有较大的分歧,有很多观点甚至是截然相反的,总结起来,在以下三个大的领域还有较大分歧:第一,学术界关于是否存在"跨越论"思想有很大的争议;第二,对"跨越论"思想内涵的理解还有较大分歧;第三,关于"跨越论"思想的适用范围也有很大的分歧。

(三) 论文的难点及创新点

笔者通过对马克思关于"跨越论"思想相关论述的仔细阅读,重点解决的难点问题有:第一,重视对文本的研究,从学术界有争议的研究热点出发,还原一个真实、科学的"跨越论"思想;第二,科学认识"跨越论"思想与我国社会主义制度的建立和发展的关系及其对我国现阶段社会主义现代化建设的启示。

本文的创新点有:第一,关于正确看待"跨越论"思想的视角问题。笔者认为,科学理解"跨越论"思想不能断章取义,应该从一个更加宏观的角度来整体把握和科学理解该思想,把它当作一个理论体系来看待,真正做到理解它的思想精髓;第二,关于中国是否成功跨越了"资本主义制度的卡夫丁峡谷",笔者认为中国不但成功跨越了,而且还实现了对该理论体系的丰富和发展,形成了重要的理论研究成果。

(四) 论文结构及研究方法

文章共分为四个部分,第一部分为绪论,首先,主要介绍为什么选择这个问题研究及研究它的意义;其次,介绍了该问题在学术界的研究现状;最后,介绍了本文主要解决的问题、创新点以及所采取的研究方法等。

文章的第二部分主要介绍马克思"跨越论"思想的由来。首先,介绍了马克思在怎样的背景下提出了该思想;其次,介绍了提出该思想的主要理论依据；最后，介绍了"跨越论"思想的基本内容。

文章的第三部分是对"跨越论"思想的深度解析。这部分是本文最核心的内容。首先，针对学术界对它的理解存在的主要分歧，谈一下自己的观点；其次，谈到了后续经典作家对"跨越论"思想的丰富和发展；最后，阐述了"跨越论"思想与人类社会五形态理论的关系。

文章的第四部分介绍的是中国跨越"卡夫丁峡谷"的理论与实践。本章首先介绍了"跨越论"思想在我国的最初成果——新民主主义社会；其次介绍了"跨越论"思想在当代中国的理论创新——中国特色社会主义理论体系；最后介绍了中国对"跨越论"思想的贡献有哪些。

本文运用的研究方法主要有两个，一是文献研究法，这是本文最主要的研究方法，因为本文作的就是基础理论的研究，基础理论研究最基本的要求，也是最重要的要求就是忠于文本、忠于作者；二是归纳法，由于笔者理论水平有限，要想在研究"跨越论"思想上有所贡献，对国内外专家学者关于"跨越论"思想的分析、解读、评价、定位等进行梳理和归纳是必不可少的一个环节。

二 马克思"跨越论"思想的由来

任何一个理论都是反映时代发展特点并为时代发展服务的，针对俄国社会发展出现的新情况、新形势，马克思提出了"跨越论"的设想，它是建立在马克思对世界范围内社会主义革命新形势的关注和对俄国社会长期考察的基础上并为俄国社会服务的，虽然马克思关于"跨越论"思想的直接论述并不多，但它的产生也是有着深刻的时代背景和理论条件的，而且还包含着丰富的思想内涵。

（一）"跨越论"思想产生的背景分析

1. 西欧现实的社会状况与马克思科学社会主义的预言形成了反差

基于对西欧社会长期的历史和现实考察，马克思、恩格斯认为在自由竞争的资本主义时代，各主要发达资本主义国家彼此之间的关系非常密切，社会主义革命要想取得胜利必须满足的条件就是各国工人阶级联合起来共同战斗，他们在《共产党宣言》中还进一步指出："联合的行动，至少是各文明国家的联合的行动,是无产阶级获得解放的首要条件之一"①,这就是马克思关于社会主义革命"共同胜利论"的思想。然而,随着1848年欧洲大革命的失败,工人运动逐渐转入低潮;1871年,马克思所期待的世界上第一个社会主义国家也随着巴黎公社工人运动的失败而告终。再后来1873年席卷资本主义世界的经济危机也没能引起工人运动的再次高涨,与马克思设想的恰恰相反,此后的资本主义世界非但没有出现马克思所期待的社会危机,反而进入了资本主义世界的相对和平和稳定的发展时期。

2. 新的世情、俄国特殊的国情对马克思的启示

1861年的农奴制改革对于俄国社会来说是一个具有划时代意义的事件,俄国从此由封建社会进入了资本主义社会,但这次农奴制的改革并不彻底,俄国社会的主要组织形式依旧是农村公社,农村公社的社员,即农民,他们受到了残酷的经济剥削和政治压迫,俄国面临着沉重的社会危机,阶级斗争愈演愈烈,沙皇的专制统治也被推到了危险的境地。

与俄国国内情况形成鲜明对比的是俄国民众的革命思想异常活跃,各种革命思潮不断涌现,尤其是俄国的民粹派思想不断流行,民粹派主张彻底消灭农奴制和沙皇的专制制度,在俄国现有的农村公社的基础上直接进入社会主义。他们认为俄国大部分土地是农村公社集体占有的,俄国农民有集体协作的劳动传统和习惯,他们是天生的共产主义者。

面对沉重的国内危机,马克思主义也开始在俄国迅速传播开来,随着《资本论》在俄国的传播,一些以"真正马克思主义者"自居的人以"历史发展的必然性"为由,认为按照马克思的科学社会主义理论,俄国的农村公社将逐步解体,并将最终发展到资本主义的生产方式,我们称之为保守的革命派。针对保守革命派的这种观点,马克思在《给〈祖国纪事〉杂志编辑部的信》中指出:"如果俄国继续走它在1861年所开始走的道路,那它将会失去历史所能提供给一个民族的最好机会,而遭受资本主义制度所带来的一切灾难性的波折"②,"俄国与西欧的情况大不相同,按照《资本论》的一般论述,'会给我过多的荣誉,同时也会给我过多的侮

---

① 《马克思恩格斯选集》第1卷,人民出版社1995年版,第291页。
② 《马克思恩格斯选集》第3卷,人民出版社1995年版,第340页。

辱'"①。与保守的革命派不同，民粹派主张挽救农村公社，走与西方不同的发展道路，希望从社会主义的"胚胎"——农村公社出发，避免资本主义的发展阶段，直接过渡到社会主义。而保守的革命派认为农村公社作为一种腐朽的社会组织形式将逐渐解体，这是人类社会发展的客观规律。面对民粹派和保守的革命派之间关于俄国的农村公社将何去何从问题的唇枪舌箭，俄国"劳动解放社"成员维·伊·查苏利奇致信马克思："要是您肯对我国农村公社可能的各种命运发表自己的观点……那么您会给我们多大的帮助啊。"②马克思对此来信极为重视，经过长时间的思索和对俄国社会的考察，他在回信中指出："可见，这一运动的'历史必然性'明确地限于西欧各国"③，此时的马克思开始考虑俄国社会的跨越问题。

（二）"跨越论"思想产生的理论条件

1. 民粹派思想家针对俄国特殊国情提出的有关发展道路的主张

民粹派思想家是1861年俄国农奴制改革时期主要的革命力量，但由于受到社会历史条件和阶级的局限性的影响，他们之中能真正做到客观、科学了解马克思的人并不多。但从客观上讲，他们勇于对俄国社会发展道路进行探索，提出了一些具有建设性的主张，对马克思关于俄国社会的看法也有一定的启示作用，马克思对民粹派思想家提出的主张的态度前后也有很大的变化。

19世纪50年代初期，民粹派思想家赫尔岑针对俄国特殊的国情提出了俄国可以走一条不同于马克思在《资本论》中提出的西欧社会的发展道路，俄国社会可以在农村公社土地集体所有的基础上直接过渡到更高级的形式，即社会主义社会的形式。起初，马克思对赫尔岑这种社会发展模式的设想持批判和否定的态度，认为他是典型的空想社会主义者，他的这种想法是毫无道理可言的。但是从19世纪70年代中期开始，随着马克思对俄国社会的深入了解，他对赫尔岑的态度开始有所转变，1877年马克思在给《祖国纪事》编辑部的信中写道："但是无论如何，绝不能从这里理解我对'俄国人为他们的祖国寻找一条不同于西欧已经走过而且正在

---

① 《马克思恩格斯选集》第3卷，人民出版社1995年版，第342页。
② 《马克思与恩格斯与俄国政治活动家通信集》，人民出版社1987年版，第378页。
③ 《马克思恩格斯选集》第3卷，人民出版社1995年版，第774页。

走着的发展道路'的努力的看法。"① 从这句话中可以明确地看出,此时的马克思开始高度重视以赫尔岑为代表的民粹派思想家对俄国社会发展道路的理论贡献。

2. 人类学、考古学的发展对马克思的启示

19世纪50年代之后,随着人类学、考古学的发展,人类逐渐掌握了大量原始社会的资料,马克思对这些史料有着极大的兴趣,先后读了大量的资料。通过阅读,马克思掌握了人类各民族自远古以来的各种公社的形式,对他们的起源、结构、性质以及不同历史条件下的命运有了深入的了解,并最终写下了《人类学笔记》(《古代社会史笔记》)。在该书中,马克思认为俄国的农村公社在世界范围内是保存最完整的,也是最广泛存在的,作为前现代社会最基本的社会组织形式,俄国的农村公社既和封建经济形式并存又和资本主义经济形式并存,这使得其有"二重性"的特征,所以必须从俄国历史和世界历史的相互关联中来考察它未来的发展道路。

毫无疑问,人类学和考古学的发展为马克思研究俄国农村公社和俄国社会发展道路提供了大量的历史资料,这使得马克思能够从世界历史的角度宏观地把握俄国社会未来的发展方向,并不断完善自己的历史哲学和唯物史观,因此,马克思《人类学笔记》的发表为马克思"跨越论"思想的提出作了理论上的铺垫。

(三)"跨越论"思想的基本内容

马克思对"跨越论"思想的文本论述主要包括四个方面,它们分别是:给《祖国纪事》杂志编辑部的信、给查苏利奇的复信、马克思和恩格斯为《共产党宣言》1882年俄文版写的序言、马克思与俄国政治活动家的通信集。跨越"卡夫丁峡谷"思想是马克思晚年重要的理论研究成果,在马克思的理论体系中占有重要的地位,本文从该思想的逻辑界定、跨越的条件、跨越的主体和"跨越论"思想的实质四个方面作如下论述。

1. "跨越论"思想的逻辑界定

我们研究马克思"跨越论"思想应遵循的最基本的逻辑前提就是坚决反对把马克思早期关于西欧社会发展道路的论述作为唯一尺度来衡量东

---

① 《马克思恩格斯选集》第3卷,人民出版社1995年版,第339页。

方落后国家的发展道路。原始社会、奴隶社会、封建社会、资本主义社会、共产主义社会，这五种社会形态是依次递进的关系，马克思认为这就是人类社会发展的一般规律，但人类社会发展的一般规律丝毫不排除人类社会发展的特殊性，两者是辩证统一的关系，马克思的"跨越论"思想就是在分析俄国特殊国情的基础上，认为俄国有可能走上一条与西欧国家完全不同的、特殊的社会发展道路，所以我们决不能简单机械地用西欧社会发展的模式去规定俄国社会的发展前景。马克思在论述俄国农村公社和社会发展前景时，面对民粹派思想家对《资本论》的误解，明确指出《资本论》中关于社会发展规律的论述"仅限于西欧各国"，并不能把它当作一把万能的钥匙去解决所有国家的社会发展问题。

此外我们在研究"跨越论"思想时还必须注意，我们现在看到的文本是100多年前的，当时的世界形势、社会历史条件、文化背景甚至是语言表达方式都和现在有很大的不同，我们不能用现在的眼光和思维方式去解读马克思当年所写的理论文本，这也是我们研究"跨越论"思想必须遵守的逻辑前提。

2. 关于跨越的条件

马克思针对俄国农村公社提出的"跨越论"设想，是关于人类社会发展特殊道路的设想，既然是特殊道路，必然就会受到特别条件的约束，按照马克思的文本论述，实现跨越的条件主要包括以下两点：

首先，俄国国内必须率先爆发民主革命，俄国的民主革命唤醒西欧主要资本主义国家逐渐消沉的工人运动，使得西欧的工人运动革命重新高涨并取得革命的最终胜利，胜利后这些国家还要给予俄国民主革命必要的帮助。马克思通过对俄国社会的历史和现状长期深入的研究认为，俄国农村公社相对完整的现状正在逐步改变，有像其他国家曾经存在过的农村公社的命运一样被资本主义生产方式替代的趋势，要想保证农村公社的相对完整性并逐渐实现它向社会主义形态的过渡，唯一的办法就是通过俄国国内革命力量的干预。但随着俄土战争的胜利以及沙皇对国内革命力量的成功镇压，马克思意识到由于俄国国内革命力量的弱小，仅仅依靠他们是远远不够的，此时的马克思开始寄希望于西欧工人阶级对俄国革命的帮助上，于是1882年马克思在《共产党宣言》俄文版序言中写道："假如俄国革命将成为西方无产阶级的信号而双方互相补充的话，那么先进的俄国土地公有制可能成为共产主义发展的起点。"①

最后,落后的俄国必须吸收和利用资本主义国家创造的一切先进的东西来发展生产力。一个国家、一个地区在特定的国际国内背景下,可以实现制度上的跨越,即可以实现生产关系上的跨越,但生产力是社会赖以存在和发展的前提,由于生产力具有历史继承性,人们不能随心所欲地选择生产力,也就是说想要跨越资本主义生产力是不可能的。马克思在《致帕·瓦·安年柯夫》的信中说:"这里不必再补充说,人们不能自由选择自己的生产力——这是他们的全部历史的基础,因为任何生产力都是一种既得的力量,是以往的活动的产物。"②

3. 关于跨越的实体

所谓实体指的是马克思在"跨越论"思想中所设定的实现跨越的主要部分,主要包括两个方面:一是实现跨越的阶段;二是实现跨越的主体。关于跨越的实体学术界也没能达成共识,分歧很大。

首先,我们来讨论一下关于跨越阶段的分歧,一些学者认为跨越的阶段是俄国整个资本主义的发展阶段,是指俄国由前资本主义国家直接过渡到后资本主义国家(社会主义国家),即俄国实现的是制度间的跨越;另外一些学者认为跨越的只是资本主义发展中的"可怕的阶段",而不是跨越整个资本主义阶段,即实现的是制度内的跨越;笔者更认同第二种说法,因为自1861年俄国农奴制改革之后,俄国就已经走上了资本主义的发展道路,既然俄国已经走上了资本主义的发展道路,也就不存在跨越整个资本主义阶段的情况。

最后,关于跨越主体的论述,这一部分需要讨论的是马克思对实现跨越部分的论述主要是针对哪一部分,是俄国的农村公社,还是整个俄国社会呢?马克思在《共产党宣言》1882年俄文版序言写道:"俄国公社,这一固然已经大遭破坏的原始土地公共占有形式……它还必须先经历西方的历史发展所经历的那个瓦解过程呢?"③ 1881年3月8日马克思给维·伊·查苏利奇的复信中这样写道:"这种农村公社是俄国社会新生的支点;可是要使它能发挥这种作用,首先必须排除从各方面向它袭来的破坏

---

① 《马克思恩格斯选集》第1卷,人民出版社1995年版,第251页。
② 《马克思恩格斯选集》第4卷,人民出版社1995年版,第532页。
③ 《马克思恩格斯选集》第1卷,人民出版社1995年版,第251页。

性影响，然后保证它具备自然发展的正常条件。"从以上文本的相关论述我们会发现马克思关于跨越主体的论述主要是针对农村公社的，而不是整个俄国社会。但是通过研究不难发现，俄国不可能出现这样的状况：农村公社是社会主义性质的，其他的东西则是资本主义性质的。马克思的相关论述也证明了这一点，如1877年马克思在给《祖国纪事》杂志编辑部的信中写道："假如俄国想要遵照西欧各国的先例成为一个资本主义国家……它就会和尘世间的其他民族一样地受到那些铁面无情的规律的支配"[1]，不难看出，在这里马克思是希望整个俄国进入社会主义，而不仅仅是农村公社。在这篇文章中马克思还写道："俄国是应当像它的自由派经济学家们所希望的那样……俄国可以在发展它所特有的历史条件的同时取得资本主义制度的全部成果"[2]，通过马克思的这两段叙述，我们可以得出这样一个结论：俄国可以以农村公社实现跨越为前提条件，进而实现整个俄国社会的跨越。

4. "跨越论"思想的实质

虽然马克思的"跨越论"思想是针对俄国提出的，但我们要想真正理解它所体现的科学内涵，就应该把它作为一个部分放到马克思的整个理论体系中去，从整体上把握它，把"跨越论"思想与马克思早年对西欧社会发展道路的探索结合起来，从而厘清马克思关于人类社会发展道路的整个思想脉络，这才是研究马克思主义理论的科学方法。因此从这种意义上讲，我们对"跨越论"思想的理解不能仅仅把它拘泥在俄国社会中，而应该不断拓宽它的外延，具体来讲，它的外延就是像俄国一样落后的东方各国。所以我们可以说"跨越论"思想的实质是在论述东方落后国家特殊的社会发展道路问题，而不仅仅是在阐述俄国社会发展的特殊情况。马克思在论述该思想时通过辩证地看待东方落后国家所特有的历史条件与世界无产阶级革命运动的相互关系，提出了一个崭新的、重要的理论设想，即落后国家在特定的历史条件下如何既能避免资本主义发展中奴役、剥削和掠夺的阶段，又能实现民族的独立、国家的富强和人民的解放的设想。

---

[1] 《马克思恩格斯选集》第3卷，人民出版社1995年版，第341页。

[2] 同上书，第340页。

三 马克思"跨越论"思想的深度解析

理论是为生活在现实社会中的人服务的,马克思的"跨越论"思想更是如此,因为实现该思想的途径就是"不通过资本主义制度的卡夫丁峡谷",即让俄国社会的发展避免资本主义制度所带来的灾难性的后果。除此之外,由于后续经典作家对"跨越论"思想的不断丰富与发展,我们对它的理解应该上升到一个广义的高度,把它当作一个理论体系来看待。鉴于该思想的重要性,我们必须研究学术界在该思想上的主要分歧,在科学理解它的基础上,再深度解析该理论体系丰富的思想内涵。

(一)"跨越论"思想中的主要争议问题研究

我国学术界自20世纪80年代开始研究"跨越论"思想以来,在该思想所涉及的许多具体问题上都达成了共识,但我们也必须看到,在该思想所蕴含的一些主要问题上仍有着很大的分歧,这些问题主要表现在三个方面,笔者通过对文本的研读,对这三个主要问题分别进行解读。

1. 关于"跨越论"思想存在与否的问题研究

晚年马克思在理论创作中是否正式提出过"跨越论"思想是学术界争论的一个焦点问题,即"跨越论"思想是否存在的问题。学术界否认该思想存在的原因主要有两点:一是"跨越论"只是马克思的思想酝酿,并没有正式提出;二是"不通过"和"跨越"是有很大区别的。笔者通过对相关资料的查阅和研读,认为"跨越论"思想是真实存在的,理由如下:

持"跨越论"思想只是马克思的思想酝酿观点的学者认为,马克思对"跨越论"的论述很少,对该思想论述最多的文本主要集中在马克思给查苏利奇的四封复信中,而复信中前三封只是草稿,作为正式复信的第四封内容很少,很简单;这些学者还认为,马克思在论述"跨越论"思想时用的一些词汇都是极具"模糊性"和"不确定性"的,如:"假如""如果"等。笔者认为,上述学者认为"跨越论"只是"思想酝酿"的理由是站不住脚的。首先,一个理论是否被正式提出过,不能以对它相关论述的多少为判断标准;其次,"跨越论"思想是对俄国社会发展前景的一些设想和预测,由于马克思对"跨越论"思想的探索一直持续到他生命的结束，所以，马克思在对它的论述中使用一些不确定性的词汇也是很正常，很合乎常理的，而且这些词汇的使用也恰恰说明了马克思在理论创作中的严谨性和科学性。

持"不通过"与"跨越"有本质区别观点的学者认为，马克思在对"跨越论"思想的文本论述中使用的一直都是"不通过"，从来都没使用过"跨越"这一词，而且"不通过"和"跨越"所指的对象是完全不同的，所以他们有着实质性的区别。前者指的是资本主义的原始积累阶段，实现"不通过"后，俄国的社会形态依旧是资本主义，因为俄国仅仅是跨越了资本主义的原始积累阶段，进而进入了资本主义较高级的阶段，社会形态并没有改变；后者指的是社会形态的改变，实现"跨越"后，俄国将从资本主义的社会形态进入共产主义的社会形态，具体说就是社会主义形态。通过笔者在上一章中关于"跨越论"思想内涵的论述不难发现，马克思在文本中对俄国社会的设想就是过渡到社会主义，虽然只是制度内的跨越，但也引起了社会形态的改变，所以两者所指的对象完全相同，没有本质的区别，"跨越论"思想是真实存在的。

2. 关于生产力能否跨越问题研究

"跨越论"思想的实质就是在研究落后国家如何缩短资本主义发展阶段或不经过资本主义发展阶段过渡到更高级的社会主义形态的问题，在这期间实现的是制度的跨越，或者说是生产关系的跨越。生产关系是可以跨越的，这一点在学术界基本上达成了共识，但关于生产力能否跨越的问题，学术界还有较大争议。笔者通过对马克思相关文本的解读，认为生产力是无法跨越的，原因如下：

所谓"生产力的跨越"是指在实现资本主义制度跨越的同时，也实现了充分吸收资本主义制度所创造的一切先进生产力成果，完成了资本主义生产力发展阶段的跨越。无论是十月革命胜利后的俄国，还是1957年社会主义改造完成后的中国，当时的社会生产力发展水平和发达资本主义国家相比都是远远落后的，由于生产力发展的连续性和不可替代性，无论当时还是现在，实现"跨越论"思想的国家都不可能完成对生产力的跨越。此外，无视生产力发展的客观规律性，贸然推进生产力的跨越，也必将会遭受社会生产力发展规律的制约，其结果也必定是失败的。我国社会主义建设历史上的"大跃进"运动就是否认生产力发展的客观规律，主观上认为生产力可以跨越，结果则是遭受了重大挫折，其教训是深刻的。

此外，我们还必须明白实现生产力的跨越和实现生产力的跨越式发展是完全不同的。前者的含义我们已经说过，并且肯定了它的不可跨越性。实现生产力的跨越式发展是指，在遵守生产力发展客观规律的同时，生产力某一发展阶段的时间可以缩短。这一观点是完全正确的，马克思曾说过："一个社会虽然既不能跳过也不能用法令取消自然的发展阶段，'但是它能缩短和减轻分娩的痛苦'，其基本方法就是'一个国家应该而且可以向其他国家学习'。"① 我们一定要避免把生产力的跨越和生产力的跨越式发展混淆起来，因为不能分清两者的区别和联系是误认为生产力可以跨越的主要原因。

3. 关于"跨越论"思想适用性问题研究

马克思的"跨越论"思想是针对俄国社会提出的，但自从学术界开始研究马克思的"跨越论"思想以来，还一直有这样一种分歧：20世纪以来，以中国为首的其他东方落后国家的社会主义革命与建设实践和马克思的"跨越论"思想是否有直接、必然的联系？这就涉及马克思"跨越论"思想的适用性问题。一种观点认为，两者具有必然的联系，这些国家社会主义制度的建立成功跨越了"资本主义制度的卡夫丁峡谷"，论证了"跨越论"思想的科学性；另一种观点则认为，这些国家社会主义制度的建立和发展与马克思的"跨越论"思想毫无关系，马克思只是针对俄国的农村公社提出了"跨越论"思想，不能把该思想强加硬套到这些国家上。笔者以中国为例，从科学理解"跨越论"思想的视角和实质出发来解决这一存在争议的问题。

关于中国是否成功实现"跨越论"思想，学术界有两种截然不同的观点。一种认为没有跨越，主要原因有：一是中国走上社会主义道路不是在这一思想的指导下实现的，"跨越论"思想传入我国是在20世纪80年代初期；二是中国革命走向胜利是在列宁"一国胜利论"思想的指导下实现的，而马克思的"跨越论"思想有一个先决条件就是西方多国同时发生无产阶级革命，革命胜利后，西方各国给予俄国帮助，即"多国同时胜利论"，而中国革命的胜利并没有得到其他国家的帮助，相反，中国革命的胜利是在西方国家的敌视和围剿中进行的。这些观点从表面上看是

---

① 《马克思恩格斯选集》第2卷，人民出版社1995年版，第101页。

忠于客观历史事实的，但是并没有真正把握"跨越论"思想的实质，因为我们不能片面、狭隘、孤立地来理解马克思的这种思想，"跨越论"思想虽然是针对俄国问题提出的，但是也渗透着马克思对像俄国这样同一类的政治、经济落后国家的思考。另一种观点认为中国成功跨越了资本主义制度的"卡夫丁峡谷"。笔者更认同第二种看法，而且认为中国不但成功实现了"跨越论"，而且还丰富和发展了马克思的"跨越论"思想。研究"跨越论"思想时我们必须重视对文本的精读，但是我们不能被文本所束缚，应该利用马克思主义的立场、观点和方法去发现新情况、解决新问题。我们在研究"跨越论"思想时不应教条地、片面地把它看成定论，而是应该注重它所体现的方法论原则，否则就成了本本主义。笔者认为科学理解"跨越论"思想应该从一个更加宏观的视野来看待它，因为"跨越论"思想的实质是在论述实现社会主义道路的多样性问题，指出了社会主义革命不仅有马克思在《资本论》中提出的西欧发达国家那一条道路，经济落后的国家在特定的历史条件下还可以走上一条不通过或缩短资本主义发展阶段而直接进入社会主义阶段的特殊道路。所以从这个角度讲，中国不但成功跨越了，而且还丰富和发展了该思想，因为中国共产党领导下的中国人民建立的社会主义制度把中国从一个半殖民地半封建的社会直接过渡到了社会主义社会，实现了制度间的跨越，此后，中国共产党人经过不断地探索，开辟了一条具有中国特色的社会主义建设道路，使"跨越论"思想又得到了进一步的完善和发展。

（二）"跨越论"思想的丰富和发展

任何一个科学理论的形成都是一个不断完善、发展的过程，马克思的"跨越论"思想尤为如此，因为该思想只是马克思晚年针对俄国提出的一个社会发展道路的设想，马克思逝世后，对"跨越论"思想的丰富和发展就成了马克思主义继任者不得不面对的问题，这一任务理所应当地落到了无产阶级领袖和科学社会主义的导师恩格斯、列宁和斯大林的身上。

1. 恩格斯对"跨越论"思想的完善和发展

恩格斯一生致力于推动马克思主义学说不断向前发展，恩格斯从19世纪70年代就开始和马克思共同关注俄国问题，并于1875年4月完成了《论俄国的社会问题》一文的写作。恩格斯在继承马克思"跨越论"思想的基础上继续深入研究俄国问题，独立地作出了如下新的理论突破：

第一，根据俄国出现的新情况，"与时俱进"地分析俄国实现跨越式发展的可能性。恩格斯在继承马克思"跨越论"思想的基础上，着重通过俄国社会发展的动态变化来分析其实现跨越发展的条件和措施，而不单单满足于理论的设想。这主要表现在他认为俄国之所以能够保留农村公社的相对完整性是因为现在的俄国农业生产和农村公社都还处于极端落后和封闭的状态，俄国社会生产力的发展程度还不足以使其解体。但恩格斯对俄国农村公社的发展前景持的是悲观的态度，他指出1861年沙皇实行农奴制改革后，国内相对稳定，资本主义也开始快速发展起来，农村公社进一步解体。他还指出，农村公社自身存在的问题也不利于其进一步的发展，最显著的表现就是农村公社成员之间财富的严重不均等，恩格斯写道："在俄国，土地不时在各个家长之间进行分配……他们放高利贷，榨取农民大众的脂膏。"① 另外，和沙皇有着密切关系的俄国贵族们所占有的土地状况和纳税状况对俄国的农村公社来说也是一个沉重的打击。针对上述俄国的这种状况，马克思写道："没有一个国家像俄国这样，……全体人民群众都被这种寄生性的罗网覆盖和缠绕。"② 此时的恩格斯认为，俄国的农村公社早已度过它的黄金发展时期，如果还有挽救农村公社可能性的话，唯一的条件就是："西欧在这种公社所有制彻底解体以前就胜利地完成无产阶级革命……提供在整个农业制度中实行必然与此相联系的变革所必须的物质条件。"③ 事实证明恩格斯的推断是完全正确的，西欧的无产阶级革命没能取得胜利，更没有给俄国的农村公社向社会主义过渡提供必要的物质帮助，俄国的农村公社和其他国家农村公社的命运一样最终解体。

第二，阐明了马克思的"跨越论"思想与民粹派思想家的理论的区别。恩格斯指出，民粹派思想家一直都在否认资本主义在俄国发展的可能性，他们认为俄国革命的主力军是农民，只要能调动起农民革命的积极性并保证农村公社的相对完整性，俄国就一定能在现有的基础上直接过渡到社会主义。特卡乔夫，民粹派思想家最重要的代表人物之一，曾发表《致弗里德里希·恩格斯先生的公开信》一文，文章指出由于俄国没有城

---

① 《马克思恩格斯选集》第3卷，人民出版社1995年版，第281页。
② 同上书，第275页。
③ 同上书，第282页。

市无产阶级，也没有资产阶级，因此，只要推翻政治权力——沙皇的专制统治，农村公社就可以直接过渡到社会主义的所有制形式。文章还指出虽然俄国农民的文化程度不高，但他们有"团队协作、公有制原则"的精神，更具社会主义的热情，他们比欧洲的工人阶级在思想上更接近社会主义。

  针对民粹派思想家上述的理论设想，恩格斯进行了反驳。他指出1861年之后，俄国资本主义有了一定的发展，已经出现了城市无产阶级和资产阶级，要想实现社会主义的变革，不但需要变革的主导力量——无产阶级，也需要无产阶级的敌人——资产阶级，因为消灭阶级的过程本身就是社会进步的重要标志。恩格斯在《论俄国的社会问题》中写道："不但需要有能实现这个变革的无产阶级，而且还需要有使社会生产力发展到能够彻底消灭阶级差别的资产阶级"，"资产阶级正如无产阶级本身一样，也是社会主义革命的一个必要的先决条件"[①]。他还指出，由于农民的阶级局限性，俄国的社会主义革命不能依靠农民，但鉴于俄国无产阶级队伍的相对弱小，俄国的农民必须承担更多的革命责任。此外，民粹派思想家认为俄国的农民是天生的共产主义者、真正的社会主义者并以此否定资本主义大生产，主张在俄国公社小土地劳动和小农经济的基础上建立社会主义，这种观点也遭到了恩格斯的批判。因为村社成员之间的劳动组合形式只是一种简单的、低层次的合作形式，它实质上只是资本家剥削农民的一种工具而已，随着生产力的发展，这种劳动组合形式必将成为农业生产发展的桎梏。因此，这种合作社形式要想实现向社会主义的过渡必须吸收资本主义大工业带来的先进性的东西。恩格斯同时还批判了民粹派思想家的俄国的农民是本能的革命者的观点，他认为俄国的农民只有在他们处于极端贫困时才会萌生革命的念头。

  2. 列宁在社会主义革命与建设实践中对"跨越论"思想的丰富和发展

  列宁在俄国这样一个政治、经济、文化都很落后的国家成功领导了社会主义革命，在实践中证明了人类社会发展的道路是有特殊性的，这与马克思的"跨越论"思想是一脉相承的。列宁随后又在社会主义建设实践

---

① 《马克思恩格斯选集》第3卷，人民出版社1995年版，第273页。

方面摸索出了一条适合俄国社会发展的道路，列宁在社会主义革命与建设中形成的一些理论研究成果在逻辑上延伸了马克思、恩格斯提出的"跨越论"思想，是对该思想的丰富和发展。总结起来，主要包括以下两个方面：

第一，明确提出了社会主义革命的胜利可以率先在一个落后国家发生，即社会主义革命"一国胜利论"的观点。

首先，根据新的时代特点，列宁明确提出东方落后国家和西方发达国家相比更具革命条件，也更容易爆发社会主义革命。列宁指出："世界历史发展的一般规律，不仅丝毫不排除个别发展阶段在发展形式上和顺序上表现出的特殊性，反而是以此为前提的。"① 列宁根据马克思主义的一般原理与帝国主义的时代特点，创造性地提出了落后国家有可能首先爆发社会主义革命的观点。列宁关于"一国胜利论"的最早论述是在《论欧洲联邦口号》一文中，他指出："政治经济发展的不平衡是资本主义的绝对规律。由此就应得出结论：社会主义可能首先在少数或者甚至是单独一个资本主义国家内获得胜利。"② 此后，列宁还在《无产阶级革命的军事纲领》中再次强调了该观点。实践证明，列宁的判断是完全正确的，十月革命的胜利在整个人类社会的发展史上是具有划时代意义的大事件。

最后，列宁还对东方落后国家的革命性质作了深刻的分析。列宁认为这些国家要完成的是推翻本国封建主义和西方帝国主义的双重压迫，实现国家独立的民主革命；除此之外，列宁还强调在完成民主革命、实现国家的独立后，应尽可能地将民主革命顺势转变为社会主义革命。列宁指出："我们比谁都更彻底地进行了资产阶级民主革命……我们知道社会主义革命和资产阶级民主革命之间并没有隔着一道万里长城。"③ 列宁还具体分析了有可能实现转变的原因：一是由于东方落后国家的革命处于帝国主义统治全球的时代，这些国家的革命也就不自觉地被纳入了世界无产阶级革命的体系之中；二是这些国家的资产阶级普遍具有软弱性和妥协性，这些国家中很多民主革命的领导者都是无产阶级，再加上这些国家的无产阶级接受了马克思主义的科学理论，完全有可能实现革命性质的转变。

---

① 《列宁选集》第4卷，人民出版社1972年版，第690页。
② 《列宁全集》第2卷，人民出版社1987年版，第709页。
③ 《列宁全集》第42卷，人民出版社1987年版，第170页。

历史证明，列宁的这些观点不仅对当时的俄国，还对许多东方落后国家的民族民主革命和社会主义建设有深远的影响，具有重要的国际意义。

第二，以俄国为代表的东方落后国家在率先取得社会主义革命的胜利后，可以独立自主地进行社会主义建设。

早在十月革命爆发之前，列宁就开始思考俄国的无产阶级在取得革命胜利后如何进行社会主义建设的问题。受马克思"跨越论"设想的影响，当时列宁的思想还停留在寄希望于其他国家的无产阶级对他们的帮助上，但俄国十月革命的胜利非但没有出现列宁设想的那样成功带动其他国家建立社会主义政权，并在社会主义建设中相互提供帮助，反而引起了西欧一些国家的围剿。现实的情况迫使列宁不得不思考独立进行社会主义建设的可能性问题，经过长期的思考和实践，列宁认为要想独立进行社会主义建设必须分两步走，一是必须要战胜沙皇的残余势力和西方政权对社会主义政权的围剿，巩固新生的无产阶级的政权；二是"建立新的经济关系……我们不仅是一种能够抵抗军事扼杀的力量，而且是一种能够树立榜样的力量"[1]。这里所指的"新的经济关系"就是指社会主义性质的生产关系，"榜样的力量"则是指俄国独立地进行社会主义建设，为后起的社会主义国家提供社会主义建设的经验和理论指导。到1920年年底，随着国内革命战争的基本结束，列宁认为俄国开始具备独立进行社会主义建设的最基本条件，经过短暂实施战时共产主义政策之后，列宁根据俄国的特殊情况和世界经济发展的趋势，找到了一条适合俄国发展的社会主义建设道路：开始实施新经济政策，新经济政策的实施标志着新生的俄国无产阶级政权完全有能力、有智慧，独立自主地进行社会主义的建设。

3. 斯大林对"跨越论"思想的理论创新

斯大林对苏联社会主义的建设和以中国为首的东方落后国家的革命前途问题明确提出了自己的看法，这些富有新意的、具有很高理论价值的观点丰富发展了马克思的"跨越论"思想。

第一，明确提出了以中国为首的东方落后国家的民主革命的前途是社会主义。斯大林认为，俄国十月革命的胜利不仅沉重地打击了帝国主义在世界范围内的统治，而且为广大的东方落后国家送去了马克思主义的科学

---

[1] 《列宁全集》第40卷，人民出版社1987年版，第28—29页。

理论。斯大林在积极肯定东方民主革命的同时还明确提出了这些国家的革命前途是社会主义,斯大林得出这样的结论主要是基于两方面的考虑:一是当时的时代特征,当时世界发展的大趋势主要表现为帝国主义在全世界范围内的剥削、压迫和无产阶级革命的此起彼伏;二是爆发民主革命的东方落后国家的主要社会矛盾,当时这些国家的主要社会矛盾就是人民群众同帝国主义和本国封建势力之间的矛盾。1926 年 11 月斯大林在共产国际执行委员会中国委员会的会议上指出:"我以为中国未来的革命政权……将是中国走非资本主义发展,或者更确切些说,走向社会主义发展的政权。"[1] 在这里,斯大林明确提出了中国民主革命的前途就是社会主义,应该说,当时的世界东方有许多和中国国情及革命性质类似的国家,斯大林对中国革命前途分析时所运用的观点和方法对认识其他东方落后国家的革命问题具有普遍性的意义。

第二,首次提出"一国建成社会主义"的理论设想并取得成功。在前面的章节中我们提到了列宁曾首次提出了社会主义革命"一国胜利论"的观点,随着十月革命的胜利,列宁的这一理论设想经受住了实践的检验。但社会主义革命的胜利只是意味着无产阶级掌握了国家政权,社会主义革命的胜利与建成社会主义是完全不同的两个概念。无产阶级领导的国家政权能否取得社会主义建设的胜利在当时还是一个全新的课题,第一次领导社会主义建设的导师列宁也没有明确提出过一国可以率先建成社会主义的理论设想。列宁逝世后,斯大林继承并发展了列宁主义,随着苏联建设成就的不断发展,他根据苏联社会主义建设过程中积累的经验,对一国进行社会主义建设的可能性和必要性进行了分析和论证。1924 年年底,斯大林发表了《十月革命和俄国共产党人的策略》一文,文章指出在社会主义革命取得胜利后,无产阶级能够利用手中的政权建成社会主义,这是斯大林首次提出"一国能够建成社会主义"的思想。随着苏联社会主义建设的顺利进行,斯大林对"一国建成社会主义"理论有了一个更成熟、更科学的认识,如:1926 年斯大林在共产国际执行委员会第七次扩大会议上明确指出了一国建成社会主义的标准问题,他指出:"建成社会主义是什么意思呢? 在苏联建成社会主义就是在斗争进程中用本身的力量

---

[1] 《斯大林选集》(上卷),人民出版社 1979 年版,第 489 页。

战胜苏联本国的资产阶级。所以问题归纳起来就是苏联无产阶级能不能战胜本国的资产阶级。"① 另外，斯大林还进一步阐述了战胜资产阶级的含义，他认为战胜资产阶级不仅仅是在政治上战胜他们，还包括在经济上甚至是文化上战胜他们，只有这样才算真正意义上战胜了他们，才算社会主义建设取得了成功。

斯大林提出的"一国能够建成社会主义"的理论不仅解决了列宁当时不能确定的有关社会主义建设能否在一个国家率先建成的问题，还丰富发展了马克思的"跨越论"思想的外延，因为"一国能够建成社会主义"的理论设想和马克思的"跨越论"思想在精神实质上是一致的，他们都是在解决落后国家的"跨越式"发展问题。

（三）"跨越论"思想与马克思人类社会发展五形态理论的关系

在学术界有这样一种声音，认为马克思晚年提出的"跨越论"思想否认了他本人提出的关于人类社会发展五形态理论的认识，是马克思的自我纠错。笔者认为这种观点是站不住脚的，它没能真正理解马克思主义理论的本质，严重割裂了马克思思想发展与时俱进的特点。因此，我们要研究马克思的"跨越论"思想，必须科学认识它与马克思关于人类社会发展五形态理论的关系，这是我们无法回避的问题。

1. 马克思关于人类社会五形态理论的相关论述

马克思在1848年的《德意志意识形态》一文中按照所有制形式，把人类在历史上的生产发展阶段分为"部落所有制"、"古典古代的公社所有制和国家所有制"、"封建的或等级的所有制"和"资本主义所有制"。随后，他又在1849年的《雇佣劳动和资本》一文中指出："生产关系的总和起来就构成所谓社会关系，构成所谓社会……古典古代社会、封建社会和资产阶级社会都是这样的生产关系的总和，而其中每一个生产关系的总和同时又标志着人类历史发展中的一个特殊阶段。"② 在这里，尽管在这个时期他已经明确地提出了"古典古代社会"、"封建社会"和"资产阶级社会"的三种社会形态，再加上在古典古代社会以前出现的原始社

---

① 《斯大林选集》（上卷），人民出版社1979年版，第510页。
② 《马克思恩格斯选集》第1卷，人民出版社1995年版，第345页。

会和未来的共产主义社会构成了人类历史的"五形态理论",但真正完整地提出"五形态理论"的是他在1859年所写的《〈政治经济学批判〉序言》一文,"大体说来,亚细亚的、古代的、封建的和现代资产阶级的生产方式可以看作是经济的社会形态演进的几个时代"①。与此同时,马克思通过对资本主义生产方式的深刻剖析,揭露了资本主义制度固有的,在其制度内无法调和的矛盾,并据此指出资本主义社会终究是会被未来共产主义社会所取代的。由此可见,这就完整地构成了马克思关于"五形态"的依次更替论述,即原始社会、奴隶社会、封建社会、资本主义社会和共产主义社会(社会主义社会是其初级阶段),马克思认为这就是人类社会发展的一般规律。

2. 马克思的"跨越论"思想是对他关于人类社会发展五形态理论的重要补充

科学理解马克思的"跨越论"思想是一个重大的理论问题,"跨越论"思想的本质是在论述实现社会主义道路的多样性问题。马克思关于人类社会形态发展规律的认识的最大理论贡献在于他成功撇开了单个国家或地区纷繁复杂、毫无规律的社会发展状况,以生产力和生产关系的矛盾运动为切入点,采用辩证唯物主义的研究方法,科学地抽象出了人类社会形态发展的一般规律,厘清了人类社会发展的脉络。马克思从纷繁复杂的具体国家的社会发展中抽象出了人类社会发展的一般规律,但我们在研究整个世界历史背景下单个国家具体的社会发展道路时,必须在遵循一般规律的前提下重点分析该国家特殊的国情、所处的特殊时代、在整个世界中的地位等因素,从而得出该国家具体的发展道路。马克思曾经这样论述:"极为相似的事情,在不同的历史环境中出现就引起了完全不同的结果……这种历史哲学理论的最大长处在于它是超历史的"②,从马克思的这段论述中可以清楚地明白他关于人类社会发展形态的论述并不否认"跨越论"思想中阐述的人类社会发展道路的特殊性,它们之间是辩证统一的关系。

此外,通过对马克思关于"跨越论"思想实现条件的分析,我们可以看出"跨越论"思想体现的正是人类社会发展道路普遍性与特殊性相

---

① 《马克思恩格斯选集》第2卷,人民出版社1995年版,第33页。
② 《马克思恩格斯选集》第3卷,人民出版社1995年版,第342页。

统一的规律，与他关于人类社会形态一般规律的论述是一脉相承的。马克思在论述人类社会形态时认为，由于生产力与生产关系矛盾规律的作用，决定了社会主义制度必须建立在资本主义生产力高度发达的基础上，具体说，就是当资本主义生产关系无法容纳资本主义生产力发展时，必须有新的、更高的生产关系出现才能促进生产力的进一步发展时，社会主义制度建立的物质条件才具备，马克思的"跨越论"思想的提出也是以此为前提的。马克思反复强调，社会主义在西欧的胜利是俄国社会成功跨越资本主义制度"卡夫丁峡谷"的前提条件之一，假如在世界范围内资本主义生产方式刚刚建立，如果此时提出"跨越论"设想，这种理论设想必定是荒谬可笑的。马克思的"跨越论"思想反映的是在资本主义高度发达的时代大背景下，由于俄国特殊的国情，有可能走上成功跨越资本主义制度"卡夫丁峡谷"的特殊发展道路，但这种特殊的发展道路是在遵循人类社会发展规律的前提下进行的，受社会发展一般规律的制约，它并不违背社会发展的一般规律，而是对人类社会发展规律的丰富和发展。

四 中国跨越"卡夫丁峡谷"的理论与实践

在现存的社会主义国家中，中国毫无疑问是跨越"资本主义制度卡夫丁峡谷"最成功的典范。作为最成功的典范，"跨越论"思想在指导中国革命与建设实践的同时，还在中国这片热土上有了新的发展，基于中国对"跨越论"思想的特殊重要性，我们有必要对中国成功跨越"资本主义制度卡夫丁峡谷"的理论与实践进行一个详细的阐述。

(一) 新民主主义社会：中国跨越"卡夫丁峡谷"的最初成果

1. 新民主主义社会理论的形成

马克思的"跨越论"思想及后续经典作家对该思想的丰富和发展是指导中国革命和建设实践的理论基础，新民主主义社会理论的形成就是"跨越论"思想在中国的最初成果。

中国共产党建党之初，由于对中国国情和社会发展道路认识上的偏差，导致了革命初期不断遭受挫折。随着中国共产党对国情认识的不断深化，中共二大提出了"二次革命"论。在国共第一次合作失败的教训中，中国共产党对中国革命的发展前景有了比较正确的认识,认为中国革命胜利后,既不是资产阶级性质的政权,也不是无产阶级专政性质的政权,毛泽东同志把这种政权的性质表述为"一个革命民众合作统治的国家",此时的中国共产党已经充分认识到发展资本主义经济的必要性。

1936年毛泽东在会见斯诺时指出,中国当时革命的目标不是社会主义,更不是共产主义;1937年5月,毛泽东在为全国党代表会议所做的结论中指出:"从资产阶级占优势到无产阶级占优势,……不流血的转变是我们所希望的,我们应该力争这一点。"[①] 在这里,毛泽东首次提出了实行和平的手段而不是暴力的手段向社会主义过渡的思想。1940年1月,毛泽东写下了《新民主主义论》一文,在该篇文章中,毛泽东重点分析了我国走新民主主义革命道路的历史必然性问题。《新民主主义论》的发表标志着新民主主义社会理论的形成。

2. 新民主主义社会的特点

第一,政治上,实现工人阶级领导下的各革命阶级联合执政的政权。中国共产党对新民主主义社会政治特点的认识是一个随着当时社会状况的变化而不断发展的过程。这一点从党对国家的描述中就可以看到,党最初把国家描述为"工农共和国",后来又改为"人民共和国",抗日战争爆发后,根据现实的需要,又提出了成立"民主共和国"的口号。通过这些称谓不难发现,随着革命形势的发展变化,我们的党对我国的国体和政体的认识在不断加深。此外,关于新民主主义社会在政治上的特点,必须强调的是它发展的方向是社会主义,这一点从工人阶级的领导和人民民主专政上可以看到。

第二,经济上,多种经济成分共同发展。为了在贫穷落后的中国大地上尽可能快地推动经济的发展,改善普通大众的生活状况,我们的党在对资本主义经济成分的态度上采取了相当开明的政策。保护一切合法的个人私有财产,充分认识到了当时的资本主义经济对国家经济发展的巨大贡献,并明确指出新民主主义经济的经营主体由国家、私人、合作经营者三者组成。

第三,文化上,新民主主义文化是无产阶级文化思想领导下的民族

---

① 《毛泽东选集》第1卷,人民出版社1991年版,第276页。

的、科学的、大众的文化。

新民主主义文化是"民族的"文化。它主要是指新民主主义文化建设首要的目的就是为维护中华民族的独立、反对列强对我国的侵略和我国社会发展的社会主义方向而服务的。

新民主主义文化是"科学的"文化。任何一个民族的文化我们都应该辩证地来看待，也就是说，世界上没有一种文化是完全科学的，中华民族的文化也是如此，所以我们必须抵制中华民族文化中的糟粕部分。

新民主主义文化是"大众的"文化。所谓"大众的"文化是指新民主主义文化应该为占我国绝大多数的工人、农民等劳苦大众服务。

总之，我国新民主主义社会的建立，是我国成功实现对"资本主义制度卡夫丁峡谷"跨越的第一步，标志着我国成功实现了对资本主义制度的跨越，也确保了我国发展道路的社会主义方向，是"跨越论"思想在我国的最初成果。

（二）中国特色社会主义理论体系："跨越论"思想在当代中国的理论创新

1. 中国特色社会主义理论体系产生的背景

第一，和平与发展的时代背景。在马克思主义指导下建立起来的中国共产党，具有宽广的视野和敏锐的政治智慧，在科学把握世界发展总趋势、总特点的大背景下，提出了和平与发展是时代主题的论断。

第二，我国现在处于并将长期处于社会主义初级阶段的具体国情。无论是革命时期还是建设时期，正确认识国情是党带领人民走向胜利的最基本的要求，我国现在最大的国情就是我国还处在社会主义的初级阶段。从20世纪70年代末到21世纪初，中国共产党带领中国人民在社会主义现代化建设和改革开放的实践中，取得了举世瞩目的伟大成就，这些成就的取得正是在中国特色社会主义理论体系的指导下实现的，而中国特色社会主义理论体系的提出和形成正是基于我们还处于社会主义初级阶段这一最基本的国情。

2. 中国特色社会主义理论体系的理论构建

第一，中国特色社会主义理论体系的基本内涵。

以邓小平、江泽民、胡锦涛为核心的党的三代领导集体立足于中国国情，具体地、历史地分析我国在社会主义建设中遇到的新情况、新问题，有针对性地提出了能指引中国社会主义建设持续健康发展的指导思想，形成了重要的理论研究成果，即中国特色社会主义理论体系。

中国特色社会主义理论体系的主题是发展。我国的社会主义制度是在贫穷落后的基础上建立起来的，新中国成立初期，我国在建设社会主义的探索中走了许多弯路，面对这样的局面，邓小平同志提出了改革开放的伟大举措，推动了我国经济的快速发展；"三个代表"重要思想在贯彻执行"发展"这一主题的同时，还强调了"立党为公、执政为民"的服务理念，强调发展的成果让人民共享；进入21世纪以来，党的领导集体提出的科学发展观等战略思想，彰显了党牢牢把握住"发展"这一主题，重点解决社会发展中存在的突出问题，强调经济、政治、社会、文化、生态和人的健康、和谐发展。

中国特色社会主义理论体系的精髓是解放思想、实事求是、与时俱进。"文革"后，以邓小平为核心的党的第二代领导集体，否定"两个凡是"的错误观点，提出了"实践是检验真理的唯一标准"的论断，在"解放思想、实事求是"的思想路线指导下，实施了改革开放的伟大决策。以江泽民同志为核心的党的第三代领导集体，面对世界格局大变革、大调整、局部冲突不断的世情和我国社会主义现代化建设过程中出现的一些突出问题，适时提出了"与时俱进"的思想主张，强调我们党的思想路线要跟得上时代发展的需要，要与我国社会的发展和世界的发展趋势保持高度一致。

第二，中国特色社会主义理论体系的主要特征。

科学性。首先，中国特色社会主义理论体系的首要特征就是它的科学性，所谓科学性首先指的是它既立足于马克思主义的基本原理，又不拘泥于文本，真正做到了马克思主义与中国具体国情的结合，实现了马克思主义的本土化；最后，它始终坚持用发展的观点、实践的观点和群众的观点来解决我国社会主义建设过程中遇到的问题，取得了积极的成果。

时代性。任何一个理论的产生都是和时代发展紧密联系在一起的，从时代中产生并为时代的发展服务。面对自20世纪70年代末以来，世界形势出现的新特点和新特征，以邓小平、江泽民、胡锦涛为代表的党的三代领导集体深入研究了这些新变化，从时代发展的特点和趋势出发，审时度势，提出了既符合马克思主义的基本原理又顺应时代潮流、反映时代特点、适合中国发展的指导思想，形成了中国特色社会主义理论体系。

开放性。所谓开放性特征指的是它在形成过程中所具有的开放性，具体来说，就是它在总结国际社会中其他国家（特别是一些社会主义国家）在社会建设中正反两方面的经验教训的基础上，吸收了一切外来文明中的积极成果，具有很强的包容性；我国从改革开放开始到最终建成社会主义现代化国家必定是一个漫长而又复杂的历史过程，中国特色社会主义理论体系也需要与时俱进，以适应社会发展的新要求，满足社会发展的新需求，所以，它必须是一个不断发展的、开放的理论体系。

3. 新民主主义社会理论与中国特色社会主义理论体系的关系

新民主主义社会理论与中国特色社会主义理论体系都是为我国的社会主义建设服务的，深入了解两者之间的联系和区别，对我们深入认识党的思想路线和现阶段的社会主义现代化建设，有着重要的理论和现实意义。

第一，两者之间的一致性。首先，无论是新民主主义社会理论还是中国特色社会主义理论体系，都是马克思主义与中国国情相结合的理论成果，都坚持用马克思主义的立场、观点、方法来解决中国社会的发展问题。其次，两者的基本立场和价值观也是一致的，它们都坚持科学社会主义的立场和观点，两者都强调了无产阶级政党的领导地位和党的群众路线。最后，在具体的施政方针上两者也有相似之处。政治上，都欢迎民主党派、无党派人士等爱国群体参与国家的政治建设。经济上，都实行公有制主导下的多种经济成分共同发展。文化上，两者都倡导马克思主义指导下民族的、科学的、大众的文化。

第二，两者之间的区别。由于新民主主义社会理论和中国特色社会主义理论体系形成的时代背景完全不同，这也就导致了两者反映的社会形态也是完全不同的，前者反映的是我国新民主主义社会的社会形态；后者反映的是我国社会主义的形态。两者反映的社会形态的不同也就决定了他们反映的社会主要矛盾和中心任务的不同，前者反映的新民主主义社会依旧是一个阶级社会，社会的主要矛盾是人民大众同帝国主义、资产阶级顽固派之间的矛盾，阶级矛盾的性质决定了我们的中心任务是保卫新生的新民主主义政权，对国家进行社会主义改造，保证我国发展的社会主义方向；后者反映的社会主要矛盾是人民日益增长的物质文化需要同落后的社会生产力之间的矛盾，这也就决定了我们的中心任务就是经济建设，不断发展社会生产力。

总之，中国特色社会主义理论体系是继新民主主义社会之后"跨越论"思想在我国的另外一个重要成果,它为我国的社会主义建设指明了方向,是"跨越论"思想在我国的进一步深化和发展。新民主主义社会使我国实现了对生产关系的跨越,由于生产力的不可跨越性,中国特色社会主义理论体系的实质就是发展我国的生产力,具体说是为实现我国生产力的跨越式发展而服务的,中国仅仅用了30年左右的时间就取得了其他国家花费了上百年时间才取得的生产力发展成果就是最好的证明。

(三) 中国道路对马克思"跨越论"思想的超越

中国在半殖民地半封建社会的基础上,经新民主主义社会的短暂过渡,直接进入了社会主义的发展阶段。无论是马克思还是后续经典作家对"跨越论"思想的解读都是立足于制度内的跨越的,像中国这种制度间的跨越以及成功实现跨越后中国经济、文化的落后程度是革命导师们未曾想到的,也没有相关的理论阐述,所以中国对资本主义制度"卡夫丁峡谷"跨越的过程,包含着对该思想超越的丰富的内容。

1. 社会主义本质理论

马克思主义经典作家对"跨越论"思想的论述主要体现在如何实现跨越的层面上,对实现跨越后如何进行社会主义建设并没有作详细的论述。只有列宁、斯大林对社会主义建设的理论和实践进行了探索,形成了一定的理论研究成果,为其他社会主义国家的经济建设提供了借鉴,但他们的社会主义建设经验也有其反面的教训,苏联的最终解体就是很好的说明。改革开放之前,我国的经济始终在一个低水平、低层次的发展阶段中徘徊,与世界经济发展的趋势严重脱轨。随着20世纪中国三大历史性转折之一的改革开放的实行,我们的党对社会主义的本质有了一个科学的认识,一切符合"三个有利于"的所有制经济都可以而且应该为我们的社会主义服务。另外,我们不应该把计划经济和市场经济分别看成是社会主义和资本主义的东西,它们只是一种经济模式,不存在姓资姓社的问题。以邓小平为核心的党的第二代领导集体,在总结社会主义经济建设正反两方面的基础上,对社会主义的本质有了一个科学的论断:解放生产力,发展生产力,消灭剥削,消除两极分化,最终达到共同富裕。

2. 社会主义发展阶段理论

关于跨越之后的社会主义所要经历的发展阶段,马克思并没有详细的文本记载,马克思对共产主义的社会形态发展阶段的论述只有在《哥达纲领批判》中有所体现，该文章只是简单地将共产主义社会分为共产主义的低级和共产主义的高级两个阶段。随后的革命导师列宁将马克思所说的共产主义的低级阶段称为社会主义，并在深入分析当时苏联社会主义发展水平的基础上，又将社会主义阶段分为"初级形式的社会主义"和"发达的社会主义"。毛泽东从中国的特殊国情出发，在抗日战争期间就认为当时的中国社会形态就是半殖民地半封建社会，再加上后来的新民主主义社会，毛泽东在五形态理论的基础上又提出了"半殖民地半封建社会"和"新民主主义社会"这两种全新的社会形态，丰富了马克思关于人类社会形态的认识。随着社会主义建设的发展，毛泽东对社会主义有了一个更加科学的认识，明确将社会主义划分为两个阶段，即不发达的社会主义阶段和比较发达的社会主义阶段。邓小平在列宁和毛泽东对马克思的共产主义的低级阶段，即社会主义阶段认识的基础上，又将社会主义阶段分为社会主义初级阶段和社会主义高级阶段，并认为社会主义初级阶段是"不够格"的社会主义，随后党又认为社会主义的初级阶段应该包含几个具体的发展阶段，是一个长期发展的过程，"我们已经经历了若干个具体的发展阶段，还要继续经历若干个具体的发展阶段"[①]。

3. 社会主义经济理论

第一，社会主义市场经济体制。马克思早期设想的社会主义社会是建立在资本主义市场经济高度发达的基础上的，包括其晚年对俄国"跨越论"的设想也是建立在西欧发达资本主义国家工人运动的胜利和胜利后对俄国的帮助上的。但中国的社会主义是在经济文化落后和帝国主义的围剿中建立和发展起来的，这和当时马克思所设想的情景有着本质的区别。由于生产力发展的不可跨越性，在中国发展商品经济已经成为一种大的趋势，但由于受到马克思在科学社会主义中的公有制和经济发展计划性思想的影响以及社会主义注重"公平"和市场经济注重"效益"的冲突，如何处理社会主义和市场经济的关系成为一个世界性的课题。改革开放以来，随着人们思想的不断解放和对经济发展规律认识的深化，人们逐渐纠正了思想认识上的误区，认识到"市场"和"计划"只是调节经济的手段，社会主义和"市场经济"并不矛盾，两者是完全可以结合到一起的，

---

① 江泽民：《论"三个代表"》，中央文献出版社2001年版，第29页。

于是形成了现在的社会主义市场经济。在它的推动下，我国的社会主义经济实现了持续、快速的发展，这在社会主义发展史上是一个伟大的创举，发展了马克思"跨越论"设想实现后如何进行社会主义建设的思想。

第二，社会主义的基本经济制度。马克思文本论述的重点是如何建立社会主义制度的问题，关于如何建设社会主义制度马克思只是简单阐述了社会主义发展的总体思路和特征，受历史条件的限制，马克思并没有对其发展的具体形式进行详细论述。所谓基本经济制度是指统治阶级为了维护其政治统治而建立起来的、代表统治阶级利益的基本经济关系，简言之，它指的是各种经济成分在社会中的地位、比例和相互关系，基本经济制度是由生产力发展水平决定的。我们的党在我国社会主义建设的漫漫征途中逐渐摸索出一条适合我国国情、向社会主义高级阶段过渡的基本经济制度：公有制为主体、多种所有制经济共同发展。

4. 社会主义发展动力理论

世界的多样性是人类社会发展的必然规律，马克思在论述"跨越论"思想时也意识到了资本主义社会和社会主义社会的共存将成为世界发展的新趋势，至于两种社会制度应该如何相处，马克思根据当时的世界形势认为两种社会制度是敌对的关系，很难实现和平共处、共同发展。随着时代的发展，尤其是20世纪70年代末以来，我国逐渐形成了具有中国特色的社会主义，它丰富了马克思在"跨越论"思想中对两种制度关系的判断和他的"国家学说"：在中国实行"一国两制"和改革开放的决策。改革开放加强了我国与世界其他国家的交流合作，无论是社会主义国家还是资本主义国家，在遵守和平共处五项原则的基础上都可以交往。它除了继承马克思"跨越论"思想中吸收资本主义发展的一切积极成果思想外，还丰富了社会主义的发展动力，即加强与资本主义国家的交流合作，以此来提升我国的发展动力。历史的发展证明，无论是"一国两制"还是改革开放，都是符合历史发展潮流的，都促进了中国社会的稳定和发展。

总之，马克思晚年"跨越论"思想的提出，为研究人类社会发展道路提供了一个崭新的视角，"跨越论"思想主要是解决落后国家如何建立社会主义制度的问题，中国道路在丰富落后国家如何建立社会主义制度的思想的同时还完成了马克思未完成的新的历史任务：解决社会主义如何发展的问题，扩展了该思想的外延；本文对马克思"跨越论"思想的研究只是一个开始，对该课题的研究还远远没有结束，如：关于落后国家社会主义道路多样性问题、中国道路对"跨越论"思想的发展等相关问题，随着历史的发展，必定会有新的创新。

闫红波　海南职业技术学院商学院　辅导员

参考文献

[1] 《马克思恩格斯选集》第 1—4 卷，人民出版社 1995 年版。

[2] 《马克思与恩格斯与俄国政治活动家通信集》，人民出版社 1987 年版。

[3] 孟宪东：《晚年马克思"跨越论"思想研究——兼论东方社会主义的历史发展》，当代中国出版社 2008 年版。

[4] 蒋学杰：《论马克思"跨越论"思想的发展观意义》，吉林大学出版社 2012 年版。

[5] 孙来斌：《"跨越论"与落后国家经济发展道路》，武汉大学出版社 2006 年版。

[6] 张云飞：《跨越峡谷——马克思晚年思想与当代社会主义发展理论》，人民出版社 2001 年版。

[7] 王继荣：《"卡夫丁峡谷"理论与东方社会道路问题再研究》，中国社会科学出版社 2004 年版。

[8] 陈海燕：《东方社会发展道路论——从马克思到邓小平》，高等教育出版社 2000 年版。

[9] 丰子义：《发展的反思与探索——马克思社会发展理论的当代阐释》，中国人民大学出版社 2006 年版。

[10] 《列宁选集》第 4 卷，人民出版社 1972 年版。

[11] 《列宁全集》第 2、40、42 卷，人民出版社 1987 年版。

[12] 《斯大林选集》上卷，人民出版社 1979 年版。

[13] 《毛泽东选集》第 1 卷，人民出版社 1991 年版。

[14] 《毛泽东文集》第 7 卷，人民出版社 1999 年版。

[15] 江泽民：《论"三个代表"》，中央文献出版社 2001 年版。

[16] 何萍、李维武：《马克思主义中国化探论》，人民出版社 2002 年版。

[17] 汪青松：《马克思主义中国化与中国化的马克思主义》，中国社会科学出版社 2004 年版。

[18] 金增林：《邓小平社会发展思想研究》，大连出版社 1996 年版。

[19] 许蓉：《马克思跨越"卡夫丁峡谷"的理论意义》，《理论探索》2004 年第 6 期。

[20] 张思、刘玲玲：《简析马克思跨越式发展理论与中国社会主义革命》，《法制与社会》2006 年第 11 期。

后　　记

摆在读者面前的这部著作，是我指导的马克思主义基本原理专业2007—2012级九位研究生的硕士论文精编而成。其中九章及作者分别为：第一章，董良杰；第二章，石灵慧；第三章，陈迎；第四章，朱娜；第五章，曾德虎；第六章，郭士博；第七章，叶俊；第八章，陈婷婷；第九章，闫红波。之所以将九位硕士研究生的论文编辑成书予以出版，主要基于以下三个方面的考虑：

一是九位研究生的硕士论文有一定的质量保证。对于马克思主义基本原理专业的研究生，我对他们的指导，一直坚持"一纲三目"原则。"一纲"：就是要求研究生对马克思主义发展史要有一个清晰的把握，要知道马克思主义经典作家们在不同时期的思想状况，要知道这一时期思想状况与上一个时期和下一个时期的思想状况是一个怎样的关系，要把这种历史的逻辑梳理清楚。"三目"：一是要重点研读马克思主义经典作家重要时间节点上的重要篇什；二是要重点研究马克思主义的基本观点；三是要重点研讨马克思主义理论界关注的热点问题。我的这些研究生，虽然在本科来自不同的学校、不同的专业，但他们在我这里学习形成了三个共同的特点：一是特别配合。对于导师提出的要求都能严格地、认真地、不折不扣地去执行。例如指定的阅读书目、写读书笔记等，他们都能坚持始终，持之以恒；二是特别刻苦。他们读研期间，都是很辛苦的。可以毫不夸张地说，别的同学看书的时候，他们在看书，别的同学休闲的时候，他们也要看书，他们的付出是双倍的；三是特别执着。毋庸讳言，今天，我们的一些研究生在从事自己的专业学习时，"三心二意"的人是大有人在的。令我感到欣慰的是，我的这些研究生，虽然有的在入学之初，专业思想还不甚坚定，但随着学习与研究的一步步深入，他们对马克思主义基本原理这个专业的认同感、自豪感非常突出，这一点，一直被其他专业的同学所称道。正是由于他们具备了这三个"特别"，才使得他们硕士论文质量有了保证。九名同学的论文都得到了答辩委员会成员的高度肯定，其中，董良杰同学的论文还被评为 2011 年海南省优秀硕士论文,这也是海南大学马克思主义理论学科的研究生首次获此殊荣。董良杰、陈迎和叶俊三位同学还考取了博士研究生。

二是九名研究生的论文虽然选题不一,但都是围绕着马克思哲学思想展开的,这就使得他(她)们论文有了一条主线。每篇论文虽然都是一个独立的完整的部分,但九篇论文正是由于有了马克思哲学思想这个主线,而使得它们又构成了一个整体,这使得将这九篇论文编辑成书有了逻辑基础。

三是海南大学马克思主义理论学科的支持。海南大学马克思主义理论学科是海南省重点学科,拥有马克思主义理论一级学科硕士学位授予权,2007 年开始招收马克思主义基本原理硕士学位研究生。这些年来,海南省教育厅、海南大学均对海南大学马克思主义理论学科给予了积极的政策与经费支持,2015 年,海南省委宣传部与海南大学签署了共建海南大学马克思主义学院的战略协议,使得海南大学马克思主义学科迎来了千载难逢的发展机遇,一批研究成果相继问世,本书就是得到了海南大学马克思主义学科予以资金的资助,才得以付印出版。

现在,九名研究生,有的参加工作,有的还在继续攻读博士学位;有的留在了海南,有的回到了北方;有的已经结婚生子,有了自己的小家庭。看到他们工作和家庭都非常如意,作为导师,我感到由衷的高兴!

本书组稿过程中,董良杰博士联络师弟师妹,收集论文,编辑成书,并给本书起了一个既好听又专业的书名;陈迎博士协助校稿,并将不全的引文全部补齐;其他的作者积极配合,保证了本书按时出版。

本书的出版得到了中国社会科学出版社的大力支持,责任编辑任明老师认真负责,勤奋敬业,保证了本书顺利出版,在此表示衷心的感谢!

张云阁

2016 年 3 月 12 日